KB242132

의대 입시
합격 방식

의대 입시 합격 방식

의대생 학부모이며
현직 고등학교 교사가 쓰다

이 경 욱 지음

JISANGSA

이경욱

[의대생 학부모이며, 현직 고등학교 교사]

1988년, 처음으로 교사가 되고 싶다는 꿈을 꾸었다. 그리고 1999년 첫 발령을 받아 교육 현장에 들어선 이후 지금까지, 한결같이 교육과 진로진학의 접점을 고민하며 학생들과 함께 걸어왔다.

현재는 경남 창원고등학교에서 영어 교과를 담당하고 있으며, 교육과정과 진학지도의 실제가 일치하는 학교를 꿈꾸고 있다. 2003년에는 경남지역 최초로 일반고 2학년 학생의 카이스트 합격을 도왔고, 이후에도 수많은 우수 대학 진학 사례를 지도하면서 교육과 진학 사이의 숨겨진 간극을 체감해 왔다. 이를 채우기 위해 현장에서의 노력과 함께 다양한 외부 활동에도 참여해왔다.

2010년부터 2년간은 동국대학교 입학사정관 자문위원으로 활동했고, 2011년에는 학급 독서문집 콘테스트에서 고등부 은상을 수상하였으며, 교육청 학력향상 TF위원으로도 참여했다. 창의인성과 독서교육에도 힘써 2012년에는 창의인성교과연구회 회장을 맡아 'TIE, NIE 그리고 책의 합집합'이라는 융합적 독서교육을 실천했고, 2014년에는 청소년 인문학 읽기 전국대회 지도교사로 참여했다.

2016년에는 동아리형 행복맞이학교 회장을 맡아 독서 기반 진로탐구 동아리를 운영했으며, 같은 해 교육부 선정 독서 책 쓰기 동아리에서 《지식광장 2.0이 만난 칼 세이건의 코스모스》를 발행하였다. 이어 2019년에는 창원시 전공심화연구동아리인 '리버럴 아츠 구글러'를 지도했고, 2020년에는 교사독서교육연구회 회장, 2021년부터는 전공교양도서 박람회를 기획 및 개최하는 등 꾸준한 실천을 이어오고 있다. 특히 '지식광장 2.0'이라는 독서지식공유협업 동아리를 지속적으로 지도하며, 에듀테크와 영어독서를 결합한 진로탐구 수업을 개발해왔다. 교원 특별연수 기간에는 《진로탐구 영어독서: 위대한 생각(Great Minds), 위대한 책(Great Books)》을 주제로 1년간 연구하며 교육과정의 진로 연계 가능성을 실험하였다. 2025년에는 수업 나눔에 참여하여 '단락을 넘어서다 -질문과 AI가 함께하는 새로운 영어의 세계'라는 수업을 보였다.

가정에서는 두 아이의 아버지로서 육아와 진학지도를 병행하였다. 교사로서의 경험과 학교의 도움을 바탕으로 자녀의 진로를 직접 지도하였고, 서울대학교 생명과학부, 부산대학교 의과대학, 울산대학교 의과대학 등에 합격시키는 경험을 통해 교육과 진학의 실제를 몸소 체득할 수 있었다. 이 과정에서 육아와 교육, 진로지도의 본질에 대한 시야가 넓어졌고, 그것이 곧 학교 현장에서의 실천으로 이어졌다. '교육과정 없는 진로진학은 맹목이고, 진로진학 없는 교육과정은 공허하다'는 확신은 교육 인생 전체를 관통하는 좌표가 되었다. 수많은 독서와 성찰의 시간이 그 기반을 다져주었다.

역사, 사회, 철학, 진로, 과학, 우주, 생물학, 언어 등 다양한 분야의 책들을 탐독해 왔고, New York Times를 꾸준히 읽으며 국제 정세에도 눈을 돌리려 노력해왔다. 그 결과, 교육, 진학, 미래사회에 대한 하나의 관점을 구성하게 되었고, 그것이 오늘의 실천으로 이어지고 있다. 혹시 책 내용 중 수정이나 보완이 필요한 점, 혹은 더 나누고 싶은 이야기가 있다면 liecos72@hanmail.net 혹은 블로그 '교육과 진학 브릿지'(https://blog.naver.com/liecos72)를 통해 언제든 소통할 수 있다.

지금까지의 삶과 교육의 궤적은 여전히 '교육과 진학의 다리를 놓는 사람'이라는 말에 가장 가깝다.

들어가며

지금 되돌아보니 꽤 먼 길을 걸어왔다. 30여 년 전 교육철학 수업 교수님께서 해주신 말씀이 떠오른다. "여러분들 같은 젊은 교사가 빨리 학교로 가서 더 나은 학교가 되도록 노력해야 합니다. 여러분들이 교사로서 학교에 들어가는 것 그 자체가 학교의 개선입니다"라고 말했다. 그때는 그 의미를 잘 몰랐다. 어쨌든 사범대를 졸업하고 교사가 되어 학교에 왔다.

학교에 온 후 2000년대 초에 우연히 신문에서 카이스트 신입생 모집광고를 보았다. 그 당시도 카이스트는 멋진 이름의 대학이었다. '지원자격 : 국내 고교 2년 수료예정자로서 본교의 과학영재선발위원회로부터 지원자격을 인정받은 자'라는 부분이 눈에 띄었다. 어떻게 고교 2년 수료가 가능한지 궁금했다. 카이스트에 전화로 문의한 후 인문계고 2학년도 카이스트에 지원이 가능하다는 것을 처음으로 알게 되었다. 2학년 우리 반에는 NASA를 꿈꾸며 언제나 수학 공부를 즐기는 '과학도' 학생이 1명 있었다. 우리는 그해에 함께 노력해서 카이스트에 합격했다. 그 당시에 본교에는 조기졸업 규정이 없었다. 학칙에 조기졸업 규정을 만들고 경남지역 최초로 인문계고에서 조기졸업을 했다.

언제나 인생에서 그렇듯이 새로운 경험은 많은 것을 일깨워 주었다. 세상에는 우리가 모르는 제도와 방식이 많다는 것과 세상을 알고 노력하면 불가능도 가능할 수 있다는 것을 배웠다. 그렇게 대학입시 혹은 진로진학의 세계로 들어갔다. 그때부터 계속해서 우수한 학생들의 우수한 대학 진학을 도왔다. 그때는 최고의 대학으로 진학시키는 것이 교육인 줄 알았다. 학교와 사회의 분위기도 그랬다.

가정에서는 큰아들이 태어나며 부모가 되었고 얼마 후에 작은아들도 태어났다. 학교에서는 수업과 진학지도로 바빴고, 가정에서는 아내와 함께 두 아이를 키우기에 여념이 없었다. 학교에서는 '최고의 대학 보내기', 집에서는 '바람직하고 똑똑한 아이 키우기'를 노력하며 보냈다. '교육'이라는 공통분모를 가지고 학교와 가정에서 생활하며, 점차 학교교육, 사교육, 자녀교육, 진로진학에 더 관심을 갖게 되었다. 그렇게 시간은 느리고도 빠르게 지나갔다.

몇 년의 시간이 더 흐른 후, 최고의 대학에 보내는 진학 방식에 뭔가 문제가 있음을 느꼈다. 학급의 모든 학생 한 명 한 명이 자신이 희망하는 대학과 학과에 갈 수 있도록 더 노력을 해야 한다는 걸 깨닫고 반성했고 진학지도의 방향을 바꿨다. 한 명 한 명의 학생에게 더 신경을 써서 노력하니 학생들이 조금이라도 더 만족하는 결과가 나왔다.

시간이 더 흘러가며 더 많은 학교교육과 가정교육을 경험하면서 '바람직한 아이와 좋은 대학 진학'이라는 이 두 가지는 서로 상반되기도 하지만 동시에 하나의 모습으로 존재할 수도 있다는 관점을 가지게 되었다. 이 두 가지를 하나로 조화시키기 위해서는 가정에서는 육아와 아이 교육에 대해 더 많은 부모의 노력이 필요했고, 학교에서는 교육과 진학에 대한 더 노력이 필요했다. 부모와 교사의 노력에 더해 교육과 육아에 대한 지식과 정보가 더 필요하다는 것도 느끼게 되었다. 언젠가 이 부분에 도움이 되는 책을 써야겠다는 마음이 이즈음부터 생겼다.

기억은 흐릿하지만 어느 즈음에 교육과 입시에 대한 갈등이 시작되었다. 도대체 교육은 무엇이고, 진학은 뭘까? 왜 교육이 입시에 파묻혀 있는 걸까? 교육보다 진학이 더 중요한건가? 교육의 목적이 진학인가? 이러한 의문점이 생기면서 교육에 대해 다시 생각하고 공부했다. 교육의 목적, 교육의 의미, 왜 우리에게는 교육이 필요한가 등을 고민하면서 진학에 중점을 두기보다는 교육과 교육과정 그 자체의 의미를 알려고 노력했다.

가정에서는 어느덧 작은아들도 많이 자랐고, 큰아들도 많이 자라 고3이 되어 의대를 지원하게 되었다. 학교에서는 진학에 관심과 경험이 많은 교사였고 우수한 대학에 대한 진학지도 경험도 많았지만, 의대 진학 지도를 해 본 경험은 없었다. 처음으로 큰아들 담임 선생님의 상담과 도움으로 부모로서 의대 진학을 함께 지도했지만, 의대로 가는 길을 알기 위해서는 부모로서 많은 공부가 필요했다. 의대 입시는 일반적인 대학입시와 꽤 다른 세상이라는 것을 알게 되었다.

의대 입시와 관련해서 직접적인 도움을 받을 책과 자료가 부족해서 여기저기 찾아보

앉다. 동시에 고등학교 교사로서 의대에 대해서 너무 몰랐다는 것도 마음이 불편했다. 책과 정보도 곳곳에 흩어져 있거나 많이 부족했다. 계속해서 큰아들 진학을 위해서 틈틈이 의대 진학에 대해 열심히 찾고 공부했다.

의대에 대해 열심히 공부하고 큰아들이 의대에 합격하고 입시가 끝나면서, 교육과 진학 그리고 의대에 대한 나름의 관점과 안목을 가지게 되었다. 유홍준 교수의 《나의 문화유산 답사기》라는 책에서 읽은 "사랑하면 알게 되고 알게 되면 보이나니, 그때 보이는 것은 전과 같지 않으리라"라는 조선 정조 때 문장가 유한준의 말이 떠올랐다. 부족하지만 내가 가지게 된 대학입시와 의대 진학에 대한 지식과 안목을 또 다른 시공간 속에서 또 언젠가 처음 그 길을 걷게 될 동시대의 부모들에게 공유하고 싶은 마음이 생겼다.

고교교육과 대입제도는 특수한 관계이다. 고교교육과 대입제도는 밀접하지만 성격이 다르다. 교육은 다양성과 발산의 개념이 필요하지만, 대입제도는 통일성과 수렴이 필요하다. 교육의 다양성을 알아야 입시의 통일성을 이해할 수 있고, 교육의 발산을 알아야 입시의 수렴도 이해할 수 있다.

교육이 추구하는 인간상은 멀리 떨어져 있고, 합격해야 하는 대입제도는 가까이 있다. 부족하지만 이 책은 고교교육과 대입제도 둘 다를 동시에 이해하고자 하는 책이다. 아무리 좋은 대입제도도 기본적으로는 학생들을 어떤 기준으로 줄을 세우는 방식이다. 대학 또한 서열이라는 줄에 서 있다. 서열에서는 제일 앞줄이 대부분의 방향을 결정한다.

서열의 제일 앞을 알아야 전체 서열의 구조를 제대로 이해할 수 있다. 서울대가 그 줄의 제일 앞에 있던 시절에는 서울대의 대입제도를 이해하면 많은 것이 이해되었다. 서열의 제일 앞이 의대로 바뀐 지금 시대에는 39개 의과대학 입학전형을 이해해야 대입제도를 이해할 수 있고, 교육도 알 수 있다. 그것이 부득이하게 의대 입학과 관련된 책을 출간하게 된 이유이다.

의대를 중심으로 이야기하고 있지만, 책에서 제시되고 있는 의대 합격의 방식은 많은 다른 주요 대학 학과의 합격 방식의 적용에도 도움이 된다. 의대 합격의 방법을 말하고 있지만, 사실은 대학 합격의 방법을 말하고 있다. 그게 그나마 위안이 된다.

되돌아보면 오랜 시간 교육과 진학에 대한 고민을 왜 했는지, 본질적으로 무엇에 대한 고민인지 몰랐던 시절도 있었다. 한때는 진로진학을 고민하면서 진로진학을 열심히 공부했고, 다른 때는 교육과정을 고민하면서 교육과정을 열심히 공부하기도 했다. 교육과정과 진로진학 둘 다에 대한 고민을 포기하지 않고 계속 공부하면서 보이지 않던 것도 보이게 되었다.

이제 오랜 시간 동안 품었던 문제가 무엇인지는 알게 되었다. 문제가 무엇인지 알게 되니 스스로의 생각도 가질 수 있게 되었다. 이 책을 쓰면서 지금까지 끊임없이 가졌던 문제는 "교육과정과 진로진학의 균형"을 찾는 과정이었다는 것을 알게 되었다.

교육이 대학입시라는 현실의 고려 없이 교육 이상만을 추구한다면, 혹은 대학입시가 교육의 의미와 목적에 대한 고민 없이 현실만을 추구한다면 둘은 평행선을 그리며 계속 다른 길로 나아가게 된다. 그것은 모두가 함께 살아가는 사회를 위해서도 바람직하지 않다. 교육이 추구하는 바는 현실 속에서 이뤄져야 한다. 물론 현실의 학교에서는 교육 이상과 교육 현실 간의 관계가 너무 복잡하다. 이 부족한 책이 그 간격을 좁히는 데 조금이라도 도움이 되는 책이 되면 좋겠다는 작지만 소중한 바람을 가져본다.

포기하지 않고 오랫동안 꾸는 꿈은 현실이 될 수도 있다. TED의 공식 슬로건은 "퍼뜨릴 가치가 있는 생각들"이다. 많이 부족한 이 책의 내용도 퍼뜨릴 가치가 있는 생각 중의 하나이기를 꿈꾼다.

하나 더 덧붙일 것은 이 책 전반적인 관점에 관한 것이다.

오랜 시간 지방 일반고 남자고등학교에서 교육과 진학을 생각해 오고 바라보며 생활해 왔기에 이 책 전반에는 지방 일반고 남학생을 중심으로 하는 관점이 무의식 속에 녹아 있다. 그 부분도 참고 부탁드린다. 시간의 흐름 속에서 우리는 우리의 인식과 관점이 현실 속에서 어떻게 형성되었는지를 잊어버리곤 한다. 무언가를 본다는 것은 세계관을 보여주는 것이다. 무언가를 본다는 것은 보는 사람이 살아오고 생각해 온 삶의 결과물을 보여주는 것이다. 그래서 무언가를 본다는 것은 무언가를 보여주는 것이 아니라 사실은 자신을 보여주는 것이며, 무언가에 대해 말하는 것이 아니라 자기 자신에 대해 말하는 것이다. 본다는 것은 그 자신의 세계관이다. 오랫동안 본다는 것에 대해 고민하면서 얻은 결론이다.

어느덧 세상의 변화가 너무 깊어지고 있다. 인간이 세상을 어떻게 만들어 갈 것인가를 고민해야 하는데, 벌써 그 시절은 흘러가고 있고 인공지능이 우리 인간을 어떻게 바꿀까를 걱정해야 하는 시대가 되어버렸다. 지구의 주인공이 바뀔 수도 있는 미래 시대가 우리 인간에게는 더 힘들고 더 서글픈 시대가 될 수도 있다. 인간 간의 경쟁이 아니라 인공지능과 경쟁해야 하는 시대를 준비해야 하는 시간이 다가오고 있다. 그러나 일부 사람들은 아직도 인간과의 경쟁에 모든 것을 바치려고 한다. 이제 인공지능이 이끌어가게 될 특이점의 시대에는 대학 입학은 개인의 인생을 결정하는 데 있어서 부득이한 것이지만 최소한의 일이 되어야 할 것이다. 나의 두 아이와 우리나라의 모든 아이와 지구촌의 모든 아이가 경험해보지 못한 미래 시대에 인간으로서 행복한 삶을 살 수 있는 방법을 잘 찾기를 바란다.

부족한 이 책은 만 2년에 걸쳐 쓰여졌다. 집필하는 동안 AI와 특이점을 만났고, 의대 정원 2,000명 증원의 폭풍 속에 같이 들어갔고, 속수무책으로 무너지던 의료계와 의학교육을 함께 겪었다. 본의 아니게 '의료와 의학의 세계' 속에 함께 있었다. 불확실한 현재를 기술하면서 미래를 읽어내는 일은 쉽지 않았지만, 그 강을 지나 이제 앞이 조금씩 보이는 '의료와 의학의 시대'로 들어왔다. 마치 찰스 디킨스(Charles Dickens)의 소설 '두 도시 이야기(A Tale of Two Cities)' 첫 문장이 이 책과 함께 한 듯하다.

부족한 이 책을 통해서 학부모들이 봐야할 것은 파도가 아니고 바람이다. 정확한 정보를 구하기 보다는 교육과 입시를 이해하는 통찰을 바탕으로 정보를 판단하는 역량을 갖추기를 바랄 뿐이다.

차 례

제 1 장
고교선택, 교육활동, 의대 진학

<h1 style="text-align:center">제 2 장
의대 합격으로 가는 학교생활기록부와 수능</h1>

<h1 style="text-align:center">제 3 장
한눈에 보는 의과대학 입학전형</h1>

제 4 장

자신만의 의대 합격 전략 찾기

제 5 장

교육이 입시가 되어 가는 시간

2　성장하는 자녀와 함께하는 부모의 역할　205

부록

의과대학 추천도서

제 1 장

고교선택, 교육활동, 의대 진학

1 의과대학으로 가는 첫 시작, 고등학교 선택

1 ▸ 다양화와 서열화가 공존하는 고등학교 현황

고등학교 유형에 따른 고교의 선택은 대학 입학전형 방식의 유불리를 불러오고, 이는 점점 더 학생에게 의과대학 진학의 중요한 출발점이 되고 있다. 2025년 기준으로 전국의 다양한 고등학교 유형별 학교 수는 아래 자료와 같으며, 학교 수는 해마다 소폭의 변동이 있다는 점을 참고해야 한다.

출처 : 나무위키, 위키백과, Perplexity, ChatGPT

고교유형	세부 고교유형	모집 시기	학교 수
일반고	일반고 (학군지 일반고, 기숙형고, 남고, 여고, 남녀공학 등)	12월	1,541
	자율학교(전국선발 자율학교)	12월	49
	과학중점학교	12월	109
영재학교	영재학교	5~6월	8
특목고	과학고	8~9월	20
	외국어고	12월	45
	국제고	12월	8
	예술고	9~10월	30
	체육고	9~10월	15
	마이스터고	10~12월	53
자율고	자율형사립고(일반고 전환에 대해 헌법소원과 행정소송 중)	12월	33→감소
	자율형공립고(일반고 전환으로 감소 중)	12월	96→30
	자율형공립고 2.0(미래 불투명)	미정	100
특성화고	특성화고	10~12월	464
	대안학교	10~12월	25

2025년 기준 초등학교는 6,183개지만, 중학교는 3,259개, 고등학교는 2,355개이다. 고등학교 유형별 학생 수를 정리해 보는 일은 의대 진학과 관련한 고등학교 선택에 있어 중요한 판단 기준이 될 수 있다. 전국 8개 영재고의 모집정원은 789명이며, 20개 과학고는 1,638명, 53개 외국어고·국제고는 7,146명을 모집하고 있다. 10개 전국단위 자율형 사립고(자사고)는 2,575명, 24개 광역단위 자사고는 7,398명의 학생을 모집하고 있다.

전국적으로 학부모 선호도가 높은 학군지 일반고의 학생 수는 약 1만~2만 명 내외로 추정된다. 영재고와 과학고를 제외한 다른 고교유형에서는 의대 진학률이 비교적 높지만, 동시에 고3 미진학률도 평균 40% 이상으로 상당히 높은 편이다.

전국 17개 시도의 고등학교 입학전형에는 지역별로 약간의 방식 차이는 있지만, 대부분 학생은 일반고에 진학한다. 일반고도 세부적으로는 다양한 유형이 있어 선택의 폭이 넓다. 공립고와 사립고, 과학 중점학교, 자율학교, 기숙형 고등학교, 남고, 여고, 남녀공학 등 유형이 매우 다양하다. 고등학교는 학생의 능력과 적성, 학습 능력 등을 종합적으로 고려하여 선택하는 것이 바람직하다. 그러나 현재의 복잡한 고등학교 유형에 비해 중학교에서 제공되는 고등학교 입학 관련 정보는 상대적으로 부족한 편이다.

학부모와 학생이 더욱 합리적인 진학 결정을 내릴 수 있도록, 중학교 차원에서 더 많은 정보 설명회와 진학 상담의 기회를 제공할 필요가 있다. 전국 17개 시도에 설치된 고등학교 진로진학교사협의회가 고등학생들의 대학 진학을 지원하는 것처럼, 중학교에서도 진로진학교사협의회와 같은 조직이 고교 진학 관련 정보를 더 자주, 더 다양하게 학부모와 학생에게 제공할 필요가 있다.

고교유형 중에서 공립고와 사립고를 살펴보자. 공립고와 사립고는 각각의 장단점이 있다. 공립고는 우수한 교육활동을 운영하고 있음에도 불구하고, 의대 진학 결과는 전반적으로 사립고보다 낮은 편이다. 그러나 입시 결과만을 기준으로 학교를 선택해서는 안 된다. 입시 결과는 고교 선택의 중요한 참고자료이긴 하지만, 그것이 전부는 아니다. 교육 전문 신문 베리타스알파는 2023년 고교별 의학 계열 합격생 수를 자체 조사해 보도했다. 상위 30개 학교 중 사립고가 25개교, 공립고는 5개교였다. 이러한 결과에는 다양한 배경 요인이 작용했겠지만, 공립고가 학생과 학부모가 원하는 진로와 진학에 대해 보다 강한 책무감을 가져야 한다는 사실은 분명하다.

고등학교 교육과정 총론에는 다음과 같이 명시되어 있다.

"고등학교 교육은 학생의 적성과 소질에 맞게 진로를 개척하며 세계와 소통하는 민주 시민으로서의 자질을 함양하는 데에 중점을 둔다."

진학은 진로의 한 부분이면서 동시에 핵심적인 영역이기도 하다. 따라서 공립고에는 진로진학에 대한 더욱 확고한 책무성이 요구된다.

일반고는 기본적으로 남고, 여고, 남녀공학고, 기숙형고 등으로 구분되며, 일반적으로 는 남녀공학보다는 남고와 여고에 대한 선호도가 더 높다. 필요에 따라 기숙형 고등학교 가 선호되기도 한다. 자율학교(전국 선발 자율학교 등) 역시 일반고의 한 형태로 분류된 다. 자율학교는 자율형 사립고와 유사한 점이 있지만, 분명한 차이가 있다. 자율학교는 자율적인 교육과정을 도입하여 학교의 자율성을 강화하고, 더욱 다양한 교육환경을 제공 하는 것을 목표로 한다. 자율학교는 전국 단위로 학생을 모집하는 농어촌 자율학교와 광 역 단위로 모집하는 농어촌 자율학교로 나뉜다. 이 중에는 매우 뛰어난 진학 실적을 보이 는 학교도 다수 존재한다.

일반고의 한 유형인 과학 중점학교는 수학·과학 교육에 중점을 두는 고등학교이다. 매년 다소의 변동은 있으나, 현재 서울 18개교, 부산 6개교, 대구 5개교, 인천 7개교, 광 주 4개교, 대전 2개교, 울산 3개교, 경기 23개교, 강원 3개교, 충북 5개교, 충남 4개교, 전북 4개교, 전남 5개교, 경북 9개교, 경남 7개교, 제주 4개교에서 과학 중점학교가 운영 되고 있다.

과학 중점학교는 최근 중요성이 커지고 있는 교육과정 내 과목 선택 측면에서, 일반 고에 비해 수학·과학 관련 과목의 선택 폭이 학교 자체적으로 더 넓다는 점에서, 의대 학 생부 종합전형 진학에 강점을 가진 학교 유형으로 평가될 수 있다.

현재 우리나라 고등학교는 교육적인 다양화와 입시적인 서열화가 공존하고 있다. 교 육적으로는 다양한 학교 유형이 바람직하지만, 대학 진학이라는 현실이 개입되면서 고교 간 선호도가 발생하고, 결과적으로 고등학교는 입시를 위한 전략적 선택의 대상이 되며 어느 정도 서열화될 수밖에 없다. 이는 학생과 학부모에게 고등학교 선택 시, 학교의 입 시 결과와 학생 본인의 내신 및 수능 성적 위치가 중요한 기준이 되기 때문이다.

학생과 학부모가 의대 진학을 목표로 고등학교를 선택할 때, 주요한 고려 요소 중 하나는 해당 학교의 의대 합격생 수이다. 그러나 단순히 의대 합격자가 많다고 해서 내 아이에게 적합한 학교라고 단정할 수는 없다. 의대 진학 결과가 우수한 학교들도 그 입시 결과의 유형이 다양하기 때문이다. 예를 들어, 수시 진학 우수학교, 수시 교과전형 우수학교, 수시 학생부 종합전형 우수학교, 수능 전형 우수학교, 고3 재학생 의대 진학 우수학교, N수생 의대 진학 우수학교 등으로 나눠볼 수 있다. 학교별로 이와 같은 정보를 정확히 파악하기는 어렵고, 분석 자료 역시 충분하지 않지만, 일반적으로 의대 합격 최상위 고등학교들은 N수생과 수능 전형 합격자의 비율이 비교적 높은 것으로 추정된다. 따라서 학생의 학업 성향과 역량을 충분히 고려해, 해당 학생에게 가장 적합한 의대 진학 방식을 잘 지원해 줄 수 있는 고등학교를 선택하는 것이 중요하다.

기존의 학교 유형에 더해 교육부는 지역의 교육 여건을 개선하기 위해 시도별로 자율적인 교육 모델을 운영하는 '자율형 공립고 2.0' 40개교를 2024년에 발표하였다. 이는 기존의 자율형 공립고 1.0을 자사고나 특목고 수준으로 끌어올리려는 큰 변화로 볼 수 있다. 고등학교 선택에서 주의 깊게 살펴봐야 할 새로운 학교 유형이 하나 더 생긴 것이다. 자공고 2.0은 개방형 교장 공모제, 교사 초빙 임용제, 자사고·특목고 수준의 교육과정 자율성 등을 갖추고 있어, 향후 의대 진학 결과가 점차 향상되는 학교로 자리매김할지는 미지수다.

<자공고 1.0 및 자공고 2.0 비교>

구분	자율형 공립고 1.0 (2009~)	자율형 공립고 2.0 (2024~)
운영방식	■ 지자체와 협약 체결·운영 ■ 학칙, 예·결산, 교육과정 운영방법 등 세부사항은 학교운영위원회를 통해 결정	■ 지자체 및 대학·기업·법인 등과 협약 체결·운영 ■ 협약 이행을 위한 '협약운영위원회' 구성 (학운위 대체 가능)
교육과정	■ 일반고와 동일한 수준	■ 자사고·특목고 수준의 자율성 부여
교장임용	■ 교육경력이 있는 공무원·교원만 신청 가능	■ 개방형 교장공모제 적용(예정)
교사배치	■「초중등교육법 시행령」에 따라 학교별 정원에 맞게 배치	■ 정원의 100%를 초빙 임용 가능 ■ 교원 추가배정 및 산학겸임교사 임용 지원 가능
재정지원	■ 교육청별 시침에 따라 학교운영비 지원	■ 기존 학교운영비 + 특별교부금 및 교육청 대응 투자(2억원) ■ 협약기관 및 지자체 추가 재정지원 가능

<자율형 공립고 2.0 선정 지역 및 학교>

지역	학교명	지역	학교명
부산(2)	장안고, 경남고	충북(4)	청주고, 청원고, 충주고, 제천제일고
대구(5)	포산고*, 강동고, 경북여고, 다사고*, 군위고*	충남(3)	금산여고*, 공주고, 서산 대산고*
광주(5)	수완고*, 상일여고, 광주고, 전남고*, 광주제일고	전남(11)	나주고, 봉황고*, 매성고, 목포고, 여수고*, 도초고, 영암고*, 순천고, 남악고, 광양고, 해남고*
경기(2)	군포 중앙고*, 파주 운정고		
강원(3)	원주고, 춘천고, 상동고	경북(5)	포항고*, 포항여고*, 울릉고*, 구미고*, 안동여고*

　　이 책은 만 2년에 걸쳐 지속적으로 수정되고 있다. 장점은 최신 경향을 반영하고 비교적 정확한 예측을 담을 수 있다는 점이며, 어려운 점은 정부의 교육 정책 변화에 따라 내용이 크게 달라질 수 있다는 것이다. 자율형 공립고 2.0을 추진하던 정부는 이미 임기를 마쳤고, 새로운 정부가 들어섰다. 현재로서는 자율형 공립고 2.0의 미래가 '소멸'로 향하고 있다고 보는 것이 타당하다. 동시에 자율형 사립고는 일반고 전환에 대해 헌법소원과 소송이 진행 중임을 참고해야 한다.

2　고등학교 유형과 의대 진학 유불리

　　대학입시제도는 그 시대의 사회적 흐름과 교육적 가치를 반영한다. 서울대 합격생 수가 고등학교의 선호도를 결정짓던 2004년으로 돌아가 보자. 그해 서울대는 2005학년도부터 지역균형선발전형 659명, 특기자전형 426명 선발을 도입하겠다고 발표했다. 이후 2008학년도에는 각각 831명과 930명, 2013학년도에는 752명과 1,744명, 2022학년도에는 681명과 1,592명, 2024학년도에는 506명과 1,492명으로 선발 인원을 조정해 왔다.

　　시대의 흐름에 따라 서울대 지역균형선발전형은 모집 인원을 점차 줄여왔지만, 일반전형(구 특기자전형)은 선발 인원을 점차 확대해 왔다. 서울대가 지역균형전형을 처음 도입하던 당시만 해도, 전국 대부분의 고등학교는 인문계 일반고였다. 그러나 이후 고등학교 교육은 전국단위 자율형 사립고, 광역단위 자율형 사립고, 국제고, 전국선발 자율학교, 특목고 등으로 다양하게 유형화되었다. 이러한 고교유형 다양화는 학생과 학부모에게 선택의 폭을 넓히고 다양한 교육방식을 제공하는 긍정적 효과도 있었지만, 동시에 고교유형 간 서열화를 불러오는 부작용도 초래했다. 이 과정에서 일반고는 상대적으로 중간 정도의 위치에 머무르게 되었고, 서울대는 이러한 변화 속에서도 지역균형전형의 선발 인원을 확대하지 않고, 오히려 일반전형을 점진적으로 늘리는 방향으로 운영해 왔다.

고등학교의 다양화에 발맞추기 위해, 많은 상위권 대학은 교과 성적 위주의 단일 입시 방식에서 벗어나 고교유형의 다양성을 반영하고 공교육의 정상화를 도모하기 위해 학생부 종합전형 중심으로 모집 인원을 확대해 왔다. 그러나 변화하는 대학입시제도에 비해 변화에 대한 적응 속도가 상대적으로 느린 많은 일반고는 점차 활력을 잃어갔다. 대학입시제도 자체만 놓고 보면 일반고 역시 충분히 우수한 진학 결과를 만들고 경쟁력을 가질 수 있지만, 현실은 달랐다. 이는 우수한 진학 결과가 단일한 요소로 이루어지는 것이 아니라, 다양한 요인들이 복합적으로 작용하여 만들어지는 시너지 효과의 결과이기 때문이다.

일반고의 우수한 진학 결과는 저절로 이루어지는 것이 아니다. 교육과정과 진로진학에 대해 균형 있는 시각을 가지고 교육과 진학의 방향을 명확히 제시하는 학교장, 그 방향에 공감하며 학교와 학생이 활력을 가질 수 있도록 헌신하는 자발적 교사의 의지와 노력, 학교를 신뢰하고 성실하게 노력하면 원하는 진학 결과를 이루고 사회 속에서 행복하게 살아갈 수 있으리라는 학생과 학부모의 희망과 믿음, 여기에 학생과 학부모가 보완적 수준에서 활용하는 적절한 사교육이 유기적으로 조화를 이룰 때 비로소 가능한 일이다.

서울대 입시제도가 교육 전반을 주도하던 시대는 지나가고, 이제는 의대 입시가 초·중·고 교육 전반을 이끌어가고 있다. 그러나 이러한 의대 중심의 시대가 그리 오래 지속되지는 않을 것으로 보인다. 과거 '이공계의 시대'에 영재고와 과학고가 주목받으며 전성기를 누렸던 것처럼, 지금은 '의대의 시대'가 정점을 향해 달리고 있는 시점이라 할 수 있다. 특히 인공지능이 몰고 올 특이점의 시대에는 의학 분야 역시 어떤 급격한 변화를 겪게 될지 예측하기 어렵다.

의대 쏠림의 시대에 의대에 합격하기 위해서는 학생과 학부모 모두 힘든 선택과 어려운 과정을 감내해야 한다. 각자의 처한 상황과 현실이 다르므로, 시행착오를 줄이기 위해서는 폭넓은 정보와 정밀한 분석이 필요하다. 입시 정보는 언제나 한곳에 모여 있기보다는 흩어져 있는 경우가 많다. 초·중·고·대학 등 상급학교 선택을 위해서는 공공적인 정보 제공의 형평성이 보장되어야 하며, 동시에 이를 찾아내고 활용하려는 개인의 노력도 반드시 병행되어야 한다.

학생의 거주지역이 서울, 수도권, 지방 중 어디에 속하는지에 따라, 전형별 의대 모집 인원과 모집 비율을 참고하는 것은 고등학교 선택에 있어 중요한 판단 기준이 될 수 있다. 의대 정원 3,058명은 2006학년도 이후 오랫동안 유지됐으나, 2025학년도(2025년 입학)에는 한시적으로 2,000명이 증원되어 총 5,058명으로 확대되었다. 그러나 2026학년도(2026년 입학)부터는 다시 기존 정원인 3,058명으로 환원되었다. 향후 2026학년도 이후부터는 기존 정원 3,058명에 더해 공공의대 정원과 지역의대 정원이 추가되어 의대의 총 모집인원이 결정될 전망이다.

출처 : 39개 의대 모집요강

입학전형 / 의과대학	모집 정원	정시 합계	수시 합계	학생부 교과			학생부 종합					논술	
				교과 (일반)	교과(지역인재)	교과(기회균형)	학종 (일반1)	학종 (일반2)	학종(지역인재)	학종 (사회적 배려)	학종 (농어촌)	논술 (일반)	논술 (지역)
39개 의대 인원	3,018	1,146	1,872	369	547	32	496	78	203	24	7	101	15
39개 의대 비율	100%	38.0%	62.0%	19.7%	29.2%	1.7%	26.5%	4.2%	10.8%	1.3%	0.4%	5.4%	0.8%

※이 자료는 한눈에 보기 위해 특정년도(2024학년도)를 기준으로 간략히 정리한 자료임

의학전문대학원을 운영하는 차의과대학교를 제외하면, 고등학교 졸업생을 대상으로 의대는 총 3,018명을 모집하게 된다. 이 수치는 당분간 큰 변화 없이 유지될 가능성이 높다. 수시와 정시모집 인원은 해마다 약간의 변동은 있으나, 유의미한 수치 변화는 거의 없다. 각 대학의 전형명은 다르므로, 본문에서는 범주화를 위해 전형 명칭을 개인적으로 표준화하여 사용했다. 먼저 이 명칭들의 의미를 이해할 필요가 있다. 교과(일반)은 일반적

인 교과 성적 중심의 전형을 뜻하며, 교과(지역인재)는 교과 성적으로 선발하면서도 해당 지역의 인재에게만 지원자격을 부여하는 전형이다. 학종(일반1)과 학종(일반2)는 대학에서 운영하는 일반적인 학생부 종합전형 두 가지 유형을 구분한 것이며, 학종(지역인재)는 지역인재를 대상으로 한 학생부 종합전형이다. 논술(일반)은 일반적인 논술전형을 의미하고, 논술(지역인재)는 논술을 통해 선발하되 해당 지역인재로 지원자격이 제한되는 전형을 말한다. 이러한 전형 구분을 이해하면 각 대학의 선발방식을 파악하는 데 도움이 될 것이다.

앞의 표에서 알 수 있듯이, 의대 진학의 경로는 크게 여섯 가지로 압축된다. 수시 교과(일반), 수시 교과(지역인재), 수시 학생부 종합(일반), 수시 학생부 종합(지역인재), 논술전형, 그리고 정시(수능)이다. 이 중 정시전형은 주로 N수생이 합격하는 경향이 뚜렷하다. 교육전문지 베리타스알파의 보도에 따르면, 최근 3년간 의대 정시 합격자 가운데 N수생의 비율은 무려 78.7%에 달한다.

이러한 정시 결과를 고려하면, 현재 고등학교에 재학 중인 학생이 의대에 진학하기 위해서는 수시전형을 통해야 한다는 점이 분명해진다. 의대 수시는 학생 개인의 노력만으로는 결코 이루어지지 않는다.

문학작품 《안나 카레니나》에는 다음과 같은 유명한 말이 있다.

"행복한 가정은 모두 엇비슷하지만, 불행한 가정은 불행한 이유가 제각기 다르다."

이 표현을 의대 수시전형에 비추어 보면 이렇게 바꿔 말할 수 있다.

"의대 수시 합격의 조건은 모두 엇비슷하지만, 의대 수시 실패의 이유는 제각기 다르다."

이는 곧 의대 수시에서 성공하기 위해서는 여러 요인이 조화를 이루어야 하며, 그중 하나라도 부족하면 실패의 이유는 매우 다양하게 나타난다는 점을 시사한다.

전형별 의대 모집인원과 모집비율에 대한 이해가 이루어졌다면, 이제 이를 고교유형과 연결하여 각 유형별 유불리를 파악해 볼 필요가 있다. 물론 이는 필자의 주관적인 판단임을 먼서 밝혀둔다.

전형유형 / 고교유형	내신 상위	학생부 교과성적	학생부 세특관리	수능 성적 획득	의대수시 교과(일반)	의대수시 교과(지역인재)	의대수시 학종(일반)	의대수시 학종(지역인재)	비고
수도권 자사고	10% 학생	불리	유리	유리	불리	X	유리	X	
지방 자사고	10% 학생	불리	유리	유리	불리	보통	유리	유리	
수도권 학군지일반고	10% 학생	불리	유리	유리	불리	X	유리	X	
지방 학군지일반고	10% 학생	불리	유리	유리	불리	보통	유리	유리	
자공고	5% 학생	보통	유리	보통	불리	보통	유리	유리	
수도권일반고 (과학중점)	3% 학생	보통	유리	불리	불리	X	유리	X	
지방 일반고 (과학중점)	3% 학생	보통	유리	불리	불리	보통	유리	유리	
수도권 일반고	2% 학생	유리	유리	불리	유리	X	보통	X	
지방 일반고	2% 학생	유리	유리	불리	유리	유리	보통·유리	보통·유리	
과학고	2% 학생	불리	유리	불리	불리	불리	보통	불리	교육비·장학금 환수
영재고	8% 학생	불리	유리	불리	불리	불리	보통	불리	교육비·장학금 환수
외고	1% 학생	불리	보통	불리	불리	불리	불리	불리	
국제고	1% 학생	불리	보통	불리	불리	불리	불리	불리	

학군지는 학부모들이 가장 선호하는 학교가 밀집해 있는 지역을 말하며, 대표적인 예로는 서울 강남구 대치학군, 양천구 목동학군, 광진구 광장학군, 노원구 중계학군, 인천 연수구 송도학군, 경기 안양시 동안구 평촌학군, 대전 서구학군, 대구 수성구학군, 울산

남구학군, 광주 남구학군, 부산 해운대학군 등이 있다.

본문에 제시한 분석표는 학생 개인의 특성을 고려하지 않고 지역별 고교유형에 따른 유불리를 대략적으로 분석한 것이다. 이 분석은 절대적인 기준이 아니라 고교 진학을 위한 참고자료일 뿐이다. 학생 개인에 따라 앞의 분석이 맞지 않거나, 다른 관점에서 접근해야 하는 경우도 있을 수 있다.

결론적으로 고교 유형별 특성, 전형별 의대 모집인원, 고교 유형별 학생부 교과 성적, 학생부 교과 세부능력 및 특기사항(세특), 수능 성적, 대입 전형별 유불리 등을 종합적으로 이해하고 파악하면서, 동시에 자녀의 특성과 적성, 장단점, 학습 능력, 부모의 경제적 여건, 통학 거리 등을 함께 고려하여 고등학교를 선택한다면, 대학과 의대 진학에서의 실패 요인을 상당 부분 줄일 수 있을 것이다.

2　의대 진학을 위해 부모가 알아야 할 학교 교육활동

학교 교육활동에 대한 이해 없이 의대 입시만을 이해하려 해서는 의대 합격 가능성을 결코 높일 수 없다. 오히려 의대 입시보다 학교 교육활동의 이해와 참여가 의대 합격에 더 중요한 요소다. 그렇다면 의대 합격에 직접적인 영향을 미치는 학교 교육활동은 무엇일까?

의대 관련 학교 교육활동이란 교육과정을 기반으로 이루어지는 다양한 활동 중에서, 자신의 진로인 의학 분야와 관련하여 학교생활기록부에 구체적으로 기록되는 활동을 말한다.

교육과정이란 학생들이 반드시 배워야 할 내용을 국가가 정리한 교육의 기본 틀이다. 이러한 교육과정을 지속적이고 체계적으로 관리하여 교육의 중심 방향을 제시하는 문서가 바로 '교육과정 총론'이다. 학교는 이 교육과정을 바탕으로 자체적인 학교 교육계획을 수립하고, 이에 따라 다양한 학교 교육활동을 운영한다. 이러한 활동의 주요 내용은 '학교생활기록부 기재요령'에 따라 학교생활기록부(학생부)에 기록된다. 이후 고등학교 3학년이 되어 대학 진학 시기가 도래하면, 이 학생부는 대학으로 전달되어 대입 전형자료로 활용되고 평가받는다. 이처럼 교육과정과 학교 교육활동이 기록되고, 그것이 다시 대학입학으로 연결되는 전체적인 흐름이 바로 '진로진학의 과정'이라 할 수 있다.

교육과정 총론에는 "고등학교 교육의 목표는 학생의 적성과 소질에 맞게 진로를 개척하며, 민주 시민으로서의 자질을 함양하는 데 있다"고 명시되어 있다. 이 교육 목표에 따라 각 고등학교는 학교 교육과정을 편성하고, 학사일정을 구성하며, 수업과 평가를 포함한 다양한 교육활동과 특색사업을 운영한다. 즉, 학교의 모든 교육활동은 학생의 진로 개척과 민주 시민으로서의 자질 함양이라는 목표를 중심으로 이루어지고 있다. 대학은 이러한 교육활동의 성과를 평가하기 위해 학업역량, 진로역량, 공동체역량이라는 이름으로 학생을 선발하거나, 대학수학능력시험의 성적을 활용하여 선발한다.

1 ▸ 고교 3년 학교 교육활동을 알고 의대를 준비하자

학교에서 생활하다 보면 하루하루는 더디게 느껴지지만, 한 달, 한 학기, 1년은 정말 빠르게 지나간다. 학생도 교사도 그렇게 느낀다. 하지만 그 인식에는 분명한 차이가 있다. 교사는 매년 반복되는 학교생활을 오랫동안 경험해 왔기 때문에, 다가올 미래에 어떤 일이 반복될지를 비교적 정확히 예측할 수 있다.

반면 학생은 학교라는 시간의 내부에 있으면서 처음으로 마주하는 교육활동을 겪고 있고, 학부모는 학교라는 시간의 외부에 있으면서 자녀를 통해 간접적으로만 접하기 때문에, 다가오는 교육활동을 정확히 알기 어렵다. 미래의 시간 속에서 무엇을 해야 하는지를 알고 있는 것과 모르는 것 사이에는 교육적 준비에 있어 큰 차이가 있다.

학생과 학부모가 고등학교 3년간 펼쳐질 미래의 교육활동을 알고 차분히 준비한다면, 자신의 꿈을 실현할 가능성은 훨씬 커진다. 그 가능성을 높이기 위해서는 의대 진학을 목표로 한 고교 3년의 학교 교육활동을 미리 알아야 한다. 교육활동의 결과가 미래에 어떻게 나타날지는 불확실성이 크지만, 대학입시는 준비와 설계가 잘 되어있으면 그 미래를 비교적 선명하게 그려볼 수 있다.

고교 3년 학교 교육활동			
월별	1학년 주요 활동	2학년 주요 활동	3학년 주요 활동	대학 입학전형 일정
1월 초	■ 겨울방학 : 내신/수능 위주 공부 ■ 진로 관련 독서 ■ 공동교육과정 신청		■ 겨울방학 : 수능 위주 공부	수시 이월 인원 발표 마감, 정시모집기간
1월 중순	■ 겨울방학 : 내신/수능 위주 공부 ■ 진로 관련 독서		■ 겨울방학 : 수능 위주 공부	
1월 말	■ 겨울방학 : 내신/수능 위주 공부 ■ 진로 관련 독서		■ 겨울방학 : 수능 위주 공부	
2월 초	■ 학생부 확인		■ 학생부 확인	
2월 중순	■ 겨울방학 : 내신/수능 위주 공부 ■ 진로 관련 독서		■ 겨울방학 : 수능 위주 공부	

고교 3년 학교 교육활동			
월별	1학년 주요 활동	2학년 주요 활동	3학년 주요 활동	대학 입학전형 일정
2월 말	[신학년 학생부 활동 준비 시기] ■ 전년도 학생부 출력물을 보면서 신학기 학생부 활동 구상 : 희망대학 서류평가 기준 참고 ■ 교과 세특 활동 준비 : 학생 참여 활동 수업 시간에 탐구보고서 등으로 발표 혹은 제출. ■ 개인 세부능력 및 특기사항 준비 : 수업량 유연화에 따른 자율적 교육과정 수업 등에 적극 참여 준비 ■ 창체(자율,동아리,봉사,진로) : 창체 자율,동아리,봉사,진로 특기사항 구체적 내용 준비, 자료 조사 및 도서 준비, 동아리 가입 혹은 만들기 ■ 행동특성 종합의견 준비 : 공동체 역량을 이해하고 학급, 학교 생활 하기 ■ 학생부 근거자료 : 1)동료평가서 2)자기평가서 3)수업산출물 4)소감문 5)독후감			
3월 초순	교과활동	교과활동	교과활동	
3월 중순	교과활동	교과활동	교과활동	
3월 말	3월 전국연합 학력평가(서울)			선행학습 영향평가 보고서 공개
4월 초순	교과활동	교과활동	교과활동	
4월 중순	교과활동	교과활동	교과활동	
4월 말	정기고사 : 1학기 1차고사			대학 신입생 입학전형 시행계획 공개
5월 초순			5월 전국연합 학력평가(교육청)	
5월 중순	교과활동 수행평가	교과활동 수행평가	교과활동 수행평가	
5월 말	교과활동	교과활동	대학별 수시 입시요강 확인	대학별 수시모집 안내 공개
6월 초순	6월 전국연합 학력평가(교육청) ■다음 년도 고교학점제 선택과목 선택 ■다음 학기 공동교육과정 신청		6월 수능모의평가 (평가원)	전년도 입시결과 adiga 공개
6월 중순	교과활동	교과활동	교과활동	
6월 말	정기고사 : 1학기 2차고사			
7월 초순	[학생부 활동 및 기록 시기]			학생부 종합전형

고교 3년 학교 교육활동			
월별	1학년 주요 활동	2학년 주요 활동	3학년 주요 활동	대학 입학전형 일정

월별	1학년 주요 활동	2학년 주요 활동	3학년 주요 활동	대학 입학전형 일정
	■ 이전 학생부 출력물을 보면서 학생부 활동 참여 : 희망대학 서류평가 기준 참고 ■ 교과 세부능력 및 특기사항 : 평소 협동학습, 토의·토론 학습, 프로젝트 학습 등 학생 참여형 수업 등에 적극 참여하고, 수업 시간에 수업 산출물 등으로 발표 혹은 제출. ■ 개인 세부능력 및 특기사항 : 수업량 유연화에 따른 자율적 교육과정 수업에 적극 참여 ■ 창의적 체험활동(자율,동아리,봉사,진로) : 창의적 체험활동 자율, 동아리, 봉사, ,진로 활동에서 진로와 관련하여 자기 주도적 활동 성실히 하기 ■ 행동특성 종합의견 : 공동체 속에서의 개인 생활에 대해 생각하고 행동하기 ■ 학생부 근거자료 : 1)동료평가서 2)자기평가서 3)수업산출물 4)소감문 5)독후감			안내서 공개
7월 중순	교과교육 활동별 자기평가서 제출	교과교육 활동별 자기평가서 제출	7월 전국연합 학력평가(교육청)	
7월 말	■여름방학 : 내신/수능 위주 공부			
8월 초순	내신/수능 공부	내신/수능 공부	수시 전략 준비	
8월 중순	내신/수능 공부	내신/수능 공부	수시 전략 완성	
8월 말	교과활동	교과활동	수능 원서 접수 : 8월말 ~ 9월초	수능 원서 접수 : 08.○○. ~ 09.○○.
8월 말	교과활동	교과활동	수능대비 교과활동	대학별 정시 모집요강 안내, 수시 학생부 작성 기준일
9월 초	9월 전국연합 학력평가(교육청)	9월 전국연합 학력평가(교육청)	9월 수능모의평가 (평가원)	
9월 중순	교과활동	교과활동	수시 접수 : 9월 둘째 주 5일 동안 접수, 6회 접수	수시 접수 : 09. ○○. ~ 09. ○○. 진학사, 유웨이
9월 말	교과활동	교과활동	수능대비 교과활동	
10월 초	교과활동	교과활동	수능대비 교과활동	
10월 중순	정기고사 : 2학기 1차고사			
10월 중순	10월 전국연합 학력평가(교육청)		10월 전국연합 학력평가(교육정)	

고교 3년 학교 교육활동			
월별	1학년 주요 활동	2학년 주요 활동	3학년 주요 활동	대학 입학전형 일정
10월 말	교과활동 수행평가	교과활동 수행평가	수능대비 교과활동 수행평가	
11월 초	교과활동	교과활동	수능대비 교과활동	
11월 중순	교과활동	교과활동	대학수학능력시험 : 11월셋째목요일	대학수학능력시험 (11월셋째 목요일)
11월 말	교과활동	교과활동	수시 : 면접 논술 실시	
12월 초	정기고사 : 2학기 2차고사		수능 성적통지일 : 12월 초 후반	수능 성적통지일
12월 중순	교과교육 활동별 자기평가서 제출	교과교육 활동별 자기평가서 제출		정시 배치표 활용 지원 대학 확인
12월 중순	**[학생부 활동 및 기록 시기]** ■ 이전 학생부 출력물을 보면서 학생부 활동 참여 : 희망대학 서류평가 기준 참고 ■ 교과 세부능력 및 특기사항 : 평소 협동학습, 토의·토론 학습, 프로젝트 학습 등 학생 참여형 수업 등에 적극 참여하고, 수업 시간에 수업 산출물 등으로 발표 혹은 제출. ■ 개인 세부능력 및 특기사항 : 수업량 유연화에 따른 자율적 교육과정 수업에 적극 참여 ■ 창의적 체험활동(자율,동아리,봉사,진로) : 창의적 체험활동 자율, 동아리, 봉사, ,진로 활동에서 진로와 관련하여 자기 주도적 활동 성실히 하기 ■ 행동특성 종합의견 : 공동체 속에서의 개인 생활에 대해 생각하고 행동하기 ■ 학생부 근거자료 : 1)동료평가서 2)자기평가서 3)수업산출물 4)소감문 5)독후감			수시 최초합 마감 : 12월 ○○일
12월 말	■ 겨울방학 : 내신/수능 위주 공부		정시 지원 준비 (가,나,다)	변환표준점수 마감 수시 추가합격

※전국연합 학력평가 : 대학수학능력시험과 같은 형태로 치르는 시험이다. 모의고사의 의존도를 낮추기 위해 각 시도 교육청에서 시행한다. 전국 대부분의 일반과와 자사고 등에서 참가한다. 출제는 서울특별시교육청(1,2학년:3월, 3학년:3월,10월), 부산광역시교육청(1,2학년만, 6월), 경기도교육청(1,2학년:11월, 3학년:4월), 인천광역시교육청(1,2학년:9월, 3학년:7월)에서 하고, 채점 및 성적표 인쇄는 한국교육과정평가원에서 담당한다

<u>※대체적인 기준으로 만들었기에 학교마다 일정이 다를 수 있음.</u>

대부분의 학교생활은 단순하면서도 바쁘고 복잡하다. 이러한 바쁜 일상에서 학생들은 학생부 작성과 관련된 중요한 일정을 놓치거나, 충분히 집중하지 못할 수 있다. 고등학교 생활은 겉보기에 초등학교나 중학교와 비슷해 보일 수 있지만, 실제로는 초중학교에서 경험하지 못했던 입시 중심의 일정이 빠르게 돌아간다. 특히 '교과 세부능력 및 특기사항'과 '창의적 체험활동 특기사항'은 정해진 기록 일정이 지나가면 되돌릴 수 없기에, 이를 놓치면 학생부 종합전형과 같은 수시모집에서 불리해질 수 있다. 학생부 종합전형은 전체 수시모집 인원의 40% 이상을 차지하기 때문에, 이러한 기록 누락은 입시에 결정적인 영향을 줄 수 있다.

학교생활이라는 관점에서 보면, 학생부 교과전형과 학생부 종합전형은 분명한 차이가 있다.

학생부 교과전형은 학기 중에 집중해서 공부해야 하는 시기와 비교적 여유를 가질 수 있는 시기가 어느 정도 구분될 수 있다. 반면, 학생부 종합전형은 그러한 시기 구분 없이 학기 내내 꾸준히 학업과 학교생활 모두에 성실히 임해야 한다. 교과전형은 3년간의 교과 성적 평균이 핵심 평가요소이지만, 종합전형에서는 평균 성적뿐 아니라 교과 성적의 꾸준한 향상도 매우 중요한 평가요소가 된다. 또한 교과전형에서는 교과 세부능력 및 특기사항(세특)의 영향력이 없거나 미미할 수 있지만, 종합전형에서는 세특이 교과 성적만큼이나 중요한 평가요소로 작용할 수 있다.

고등학교 3년의 학교생활을 슬럼프 없이 꾸준하고 성실하게 보내는 것은 누구에게나 쉽지 않다. 슬럼프가 찾아올 때는 학생도 부모도 심리적으로 힘든 시간을 겪게 된다. 이럴 때는 잠시 쉬거나 맛있는 음식을 먹고, 가벼운 운동을 하며 마음을 돌보는 시간이 필요하다. 그런 다음 다시 고교 3개년 계획표를 펼쳐보며 마음을 다잡고 일상으로 복귀하면, 결국 본인이 원하는 결과에 다다를 수 있다. 혹여 원하는 결과를 얻지 못하더라도 낙담하기보다는 실패의 원인을 분석하고 보완한다면, 다시 한번 기회를 잡아 성공할 수 있다. 합격을 향한 꿈을 품고 최선을 다한다면, 그 결과는 때로는 천천히 오지만, 반드시 다가온다.

2 ▸ 교육과정과 고교학점제를 알아야 의대가 보인다

■ 고교학점제형 학교 교육과정을 이해하는 법

'교육과정'이란 학생들이 배워야 할 내용을 국가 차원에서 정리한 교육 내용이다. 교육부는 이 교육과정을 크게 개정할 때마다 새로운 명칭을 붙여 고시한다.

현재 고등학교에서 적용되고 있는 교육과정은 '2015 개정교육과정'이며, 2025학년도에 입학하는 고등학교 1학년부터는 '2022 개정교육과정'이 적용된다. 이 책의 [2028 대입 개편안과 대학입학]에서는 '2022 개정교육과정'에 대해 보다 자세히 다룬다.

교육과정은 각 학교의 여건에 따라 구체적으로 운영되며, 학교별로 작성된 '3개년 교육과정 편제표'를 통해 확인할 수 있다. 특히 수시 전체 모집 인원의 40% 이상을 차지하는 학생부 종합전형에서는 교육과정에 대한 이해와 교과목 선택의 중요성이 점점 더 커지고 있다.

'고교학점제형'이라는 말은 학생이 과목과 학점을 선택하는 방식을 의미한다. 고교학점제형 3개년 교육과정 편성표에 대한 이해 없이 의대를 준비하는 것은 네비게이션 없이 여행을 떠나는 것과 같다. 물론 네비게이션이 없어도 목적지에 도달할 수는 있지만, 크고 작은 시행착오를 겪을 가능성이 크다.

의대 진학을 목표로 하는 우수한 학생들은 평소 학교생활 중 교사의 설명을 듣고 상황을 잘 파악하기 때문에 비교적 교육과정을 잘 이해하고 과목 선택도 잘하는 편이다. 여기에 부모까지 고교학점제형 3개년 교육과정 편성표를 잘 이해하고 있다면, 자녀와의 대화 속에서 학교생활을 함께 점검하거나 놓친 부분을 확인하고 방향을 제시하는 데도 도움이 된다. 고교학점제라는 교육제도에서는 대학입시 전략이 바로 교육과정의 이해에서부터 시작된다.

다음에 제시된 고교학점제형 3개년 교육과정 편성표는 이상적인 형태로 구성한 것이다. 자율형 사립고나 학군지 일반고가 아닌 대부분의 일반고에서는 이러한 편성표를 학생에게 제공하기에는 학교의 여건상 어려움이 있다. 그러나 이와 같은 이상적인 편성표에 가장 근접한 형태를 제공하는 학교일수록, 학생에게 의대 합격 가능성이 높은 고교학점제형 교육과정을 운영하는 학교라고 볼 수 있다. 만약 학교 교육과정 편성표에 원하는 과목이 없거나 학교 내 수강이 어려운 과목이 있다면, 각 시·도 교육청에서 운영하는 공동교육과정을 통해 해당 과목을 신청하여 수강할 수 있다.

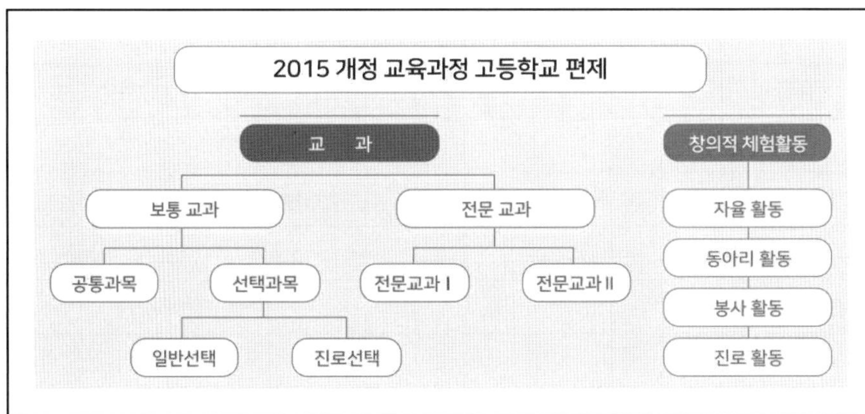

☞ 2022 개정교육과정 적용 학년 : 25년 초등 3,4, 중2, 고1부터 순차적으로 적용하며, 2028 대입개편안의 적용을 받음.

고교학점제형 3개년 교육과정 편성표(2015 개정교육과정 적용 학년)											
구분	교과 영역	교과(군)	과목 유형	과목	운영 학점	1학년		2학년		3학년		성적처리 유형
						1학기	2학기	1학기	2학기	1학기	2학기	
학교지정과목	기초	국어	공통	국어	8	4	4					성취도 5단계+석차등급
			일반	문학	4			4				성취도 5단계+석차등급
			일반	독서	4				4			성취도 5단계+석차등급
		수학	공통	수학	8	4	4					성취도 5단계+석차등급
			일반	수학 I	4			4				성취도 5단계+석차등급
			일반	수학 II	4				4			성취도 5단계+석차등급
		영어	공통	영어	8	4	4					성취도 5단계+석차등급
			일반	영어 I	4			4				성취도 5단계+석차등급
			일반	영어 II	4				4			성취도 5단계+석차등급
		한국사	공통	한국사	6	2	2			1	1	성취도 5단계+석차등급
	탐구	사회	공통	통합사회	6	3	3					성취도 5단계+석차등급
		과학	공통	통합과학	6	3	3					성취도 5단계+석차등급
			공통	과학탐구실험	2	1	1					성취두 3단계
	체육·예술	체육	일반	체육	4	2	2					성취도 3단계
			일반	운동과 건강	4			2	2			성취도 3단계

고교학점제형 3개년 교육과정 편성표(2015 개정교육과정 적용 학년)											
구분	교과영역	교과(군)	과목유형	과목	운영학점	1학년 1학기	1학년 2학기	2학년 1학기	2학년 2학기	3학년 1학기	3학년 2학기	성적처리 유형
			진로	체육탐구	2					1	1	성취도 3단계+성취도별 분포비율
		예술	일반	음악	4			2	2			성취도 3단계
		예술	일반	미술	4	2	2					성취도 3단계
	생활·교양	기술·가정	일반	기술·가정	3	3						성취도 5단계+석차등급
	생활·교양	기술·가정	일반	정보	3		3					성취도 5단계+석차등급
	생활·교양	기술·가정	진로	진로와직업	2	1	1					이수&미이수
	생활·교양	기술·가정	진로	인공지능 기초	2			1	1			성취도 3단계+성취도별 분포비율
학교 지정 과목 교과 이수 단위 소계						27	27	19	19	2	2	
학생선택과목	1학년 선택군	제2외국어	일반	중국어 I	4			택1				성취도 5단계+석차등급
학생선택과목	1학년 선택군	제2외국어	일반	일본어 I	4			2	2			성취도 5단계+석차등급
학생선택과목	2학년 선택군	국어	진로	고전 읽기	4			택5				성취도 3단계+성취도별 분포비율
학생선택과목	2학년 선택군	수학	일반	확률과 통계	4			2	2			성취도 5단계+석차등급
학생선택과목	2학년 선택군	영어	일반	영어독해와 작문	4			2	2			성취도 5단계+석차등급
학생선택과목	2학년 선택군	영어	진로	영어권 문화	4			2	2			성취도 3단계+성취도별 분포비율
학생선택과목	2학년 선택군	사회	일반	한국지리	4			2	2			성취도 5단계+석차등급
학생선택과목	2학년 선택군	사회	일반	세계사	4			2	2			성취도 5단계+석차등급
학생선택과목	2학년 선택군	사회	일반	경제	4							성취도 5단계+석차등급
학생선택과목	2학년 선택군	사회	일반	정치와 법	4							성취도 5단계+석차등급
학생선택과목	2학년 선택군	사회	일반	생활과 윤리	4							성취도 5단계+석차등급
학생선택과목	2학년 선택군	과학	일반	물리학 I	4							성취도 5단계+석차등급
학생선택과목	2학년 선택군	과학	일반	화학 I	4							성취도 5단계+석차등급
학생선택과목	2학년 선택군	과학	일반	생명과학 I	4							성취도 5단계+석차등급
학생선택과목	2학년 선택군	과학	일반	지구과학 I	4							성취도 5단계+석차등급
학생선택과목	3학년 선택군	국어	일반	화법과 작문	6					택9		성취도 5단계+석차등급

고교학점제형 3개년 교육과정 편성표(2015 개정교육과정 적용 학년)											
구분	교과영역	교과(군)	과목유형	과목	운영학점	1학년		2학년		3학년		성적처리 유형
						1학기	2학기	1학기	2학기	1학기	2학기	
			일반	언어와 매체	6					3	3	성취도 5단계+석차등급
			진로	심화 국어	6					3	3	성취도 3단계+성취도별 분포비율
			진로	현대문학감상	6					3	3	성취도 3단계+성취도별 분포비율
			진로	고전문학감상	6					3	3	성취도 3단계+성취도별 분포비율
		수학	일반	미적분	6					3	3	성취도 5단계+석차등급
			진로	기하	6					3	3	성취도 3단계+성취도별 분포비율
			진로	경제 수학	6					3	3	성취도 3단계+성취도별 분포비율
			진로	수학과제 탐구	6					3	3	성취도 3단계+성취도별 분포비율
			진로	인공지능 수학	6					3	3	성취도 3단계+성취도별 분포비율
			전문	심화수학I	6							성취도 3단계+성취도별 분포비율
			전문	심화수학II	6							성취도 3단계+성취도별 분포비율
		영어	일반	영어 회화	6							성취도 5단계+석차등급
			진로	영미문학 읽기	6							성취도 3단계+성취도별 분포비율
			진로	심화영어 I	6							성취도 3단계+성취도별 분포비율
		과학	진로	물리학II	6							성취도 3단계+성취도별 분포비율
			진로	화학II	6							성취도 3단계+성취도별 분포비율
			진로	생명과학II	6							성취도 3단계+성취도별 분포비율
			진로	지구과학II	6							성취도 3단계+성취도별 분포비율
			진로	물리학 실험	6							성취도 3단계+성취도별 분포비율
			진로	화학 실험	6							성취도 3단계+성취도별 분포비율
			진로	생명과학 실험	6							성취도 3단계+성취도별 분포비율
			진로	지구과학 실험	6							성취도 3단계+성취도별 분포비율
			진로	고급 물리학	6							성취도 3단계+성취도별 분포비율
			진로	고급 화학	6							성취도 3단계+성취도별 분포비율
			진로	고급 생명과학	6							성취도 3단계+성취도별 분포비율
			진로	고급 지구과학	6							성취도 3단계+성취도별 분포비율

고교학점제형 3개년 교육과정 편성표(2015 개정교육과정 적용 학년)											
구분	교과 영역	교과(군)	과목 유형	과목	운영 학점	1학년 1학기	1학년 2학기	2학년 1학기	2학년 2학기	3학년 1학기	3학년 2학기	성적처리 유형
			진로	융합 과학	6							성취도 3단계+성취도별 분포비율
			진로	생활과 과학	6							성취도 3단계+성취도별 분포비율
			진로	과학사	6							성취도 3단계+성취도별 분포비율
		사회	일반	세계지리	6							성취도 5단계+석차등급
			진로	고전과 윤리	6							성취도 3단계+성취도별 분포비율
			일반	동아시아사	6							성취도 5단계+석차등급
			일반	윤리와 사상	6							성취도 5단계+석차등급
			진로	사회문제탐구	6							성취도 3단계+성취도별 분포비율
			일반	사회·문화	6							성취도 5단계+석차등급
			진로	여행지리	6							성취도 3단계+성취도별 분포비율
		기술·가정	진로	지식재산일반	6							성취도 3단계+성취도별 분포비율
			진로	공학일반	6							성취도 3단계+성취도별 분포비율
			진로	프로그래밍	6							성취도 3단계+성취도별 분포비율
		체육	진로	스포츠생활	6							성취도 3단계+성취도별 분포비율
		예술	진로	음악 감상과 비평	6							성취도 3단계+성취도별 분포비율
			진로	미술창작	6							성취도 3단계+성취도별 분포비율
		교양	일반	심리학	6							이수&미이수
			일반	교육학	6							이수&미이수
			일반	논술	6							이수&미이수
			일반	보건	6							이수&미이수
			일반	환경	6							이수&미이수
			일반	철학	6							이수&미이수
			일반	실용경제	6							이수&미이수
	보통교과 및 전문교과Ⅰ 중 수강자수 13명 이하인 과목											교과별 성취도 3단계 또는 5단계 +석차등급 '·' 또는 '○등급'

고교학점제형 3개년 교육과정 편성표(2015 개정교육과정 적용 학년)												
구분	교과영역	교과(군)	과목유형	과목	운영학점	1학년 1학기	1학년 2학기	2학년 1학기	2학년 2학기	3학년 1학기	3학년 2학기	성적처리 유형
	학교 간 공동교육과정 과목											교과별 성취도 3단계 또는 5단계

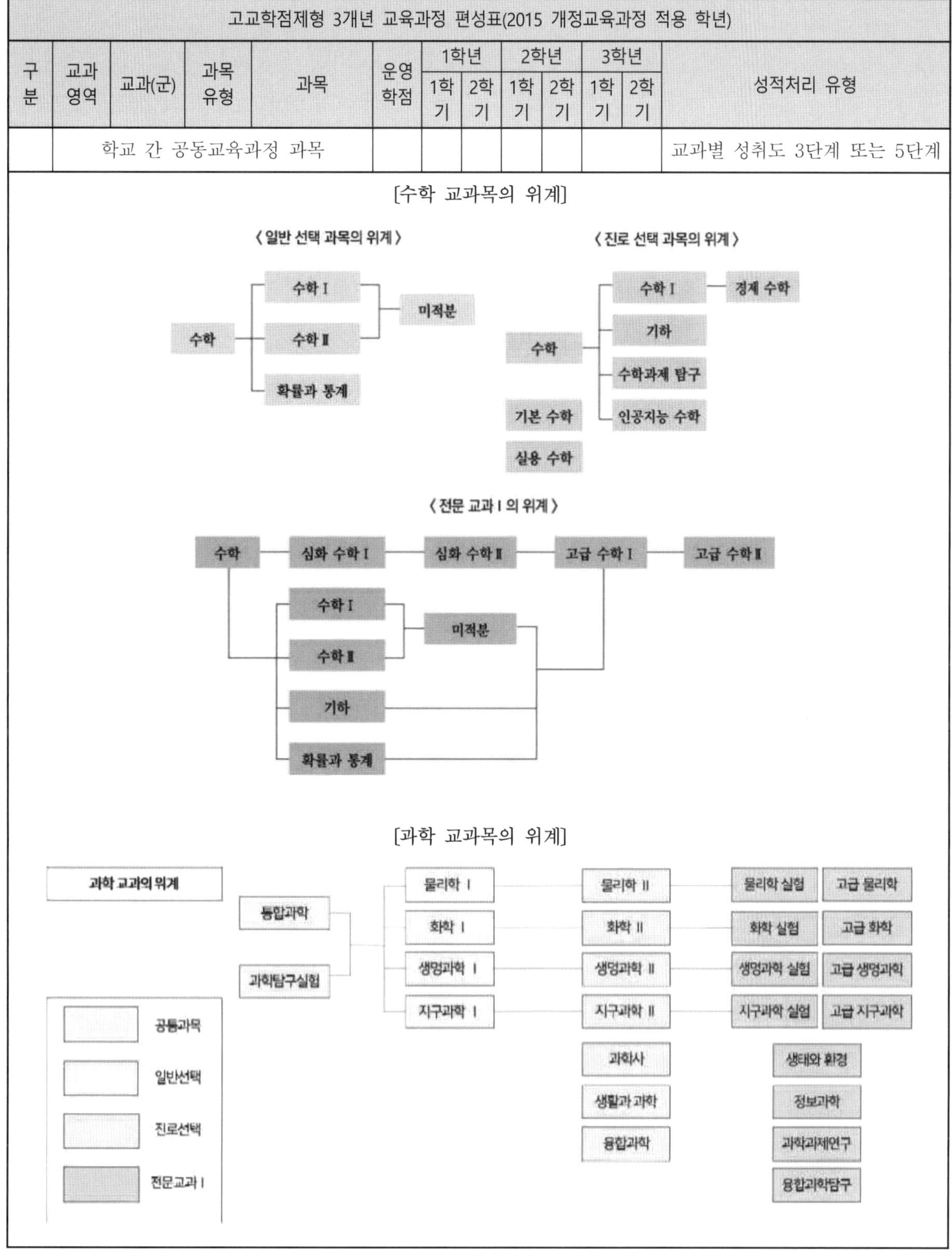

다음은 교육과정과 관련하여 알아두어야 할 용어들이다.

'교육과정'이란 학교에서 교육 목표를 달성하기 위해 다양한 교육활동의 기준을 체계적으로 선정하고 조직한 문서를 의미하며, 나아가 이를 실행하는 과정과 성취된 결과까지 포함하는 일련의 계획을 말한다. 교육의 중심축인 교육과정이 각 고등학교의 현실에 맞게 적용되어 이루어지는 모든 교육활동을 '학교교육활동'이라 한다. '3개년 교육과정 편성표'는 각 학교가 교육과정을 바탕으로 신입생이 3년 동안 이수해야 할 과목을 체계적으로 편성한 계획표를 말한다. '고교학점제'는 학생이 자신의 진로에 맞게 필요한 과목을 선택해 이수하고, 누적 학점이 기준에 도달하면 졸업을 인정받는 교육과정 제도이다. 이때 '1학점'은 50분 수업 기준으로 17회를 이수하는 수업량을 의미하며, '3학점'은 주당 3시간 수업에 해당한다. '학교지정과목'은 학교가 학생에게 반드시 수강하도록 지정한 과목이고, '학생선택과목'은 학생이 자신의 진로와 흥미에 따라 자유롭게 선택할 수 있는 과목이다. '공동교육과정'은 모든 학교가 전교생이 원하는 과목을 모두 개설할 수 없기 때문에, 학생의 과목 선택권을 확대하고 보장하기 위해 학교 간 상호 협력하여 오프라인 또는 온라인 형태로 개설한 수업을 함께 수강하는 형태의 교육과정이다. 마지막으로 '창의적 체험활동'은 학생 주도적인 체험을 통해 다양한 수행 능력을 기르고, 전인적 성장을 도모하는 교육활동을 말한다.

다음은 성적과 관련하여 알아두어야 할 용어들이다.

'성취도 5단계'는 절대평가의 한 유형으로, 학생이 성취한 점수에 따라 A, B, C, D, E의 다섯 단계로 평가하는 방식이다. '성취도 3단계' 역시 절대평가의 한 유형으로, 점수에 따라 A, B, C의 세 단계로 평가한다. '석차등급'은 상대평가 방식으로, 학생들의 성적을 순위별로 배열한 뒤 상위 누적 비율에 따라 1등급부터 9등급까지 부여하는 제도이다. '교과목의 위계'는 과목의 내용과 난이도에 따라 학습 순서가 정해져 있는 것으로, 일반적으로 하위 과목을 먼저 이수한 후 상위 과목을 배우는 구조를 말한다.

과목 유형 중 '공통'과 '일반'으로 분류된 과목은 9단계 석차등급으로 평가되므로, 학생 간의 경쟁이 심하고 높은 등급을 받기 어려운 경우가 많다. 반면, '진로' 과목은 성취도 3단계(A, B, C)와 성취도별 분포비율로 성적이 기록되기 때문에 상대적으로 성적에 대한 부담이 덜하다. 여기서 분포비율이란 각 성취도(A, B, C)를 받은 학생의 비율을 의미한다. 수강 인원이 13명 이하인 과목이나 학교 간 공동교육과정 과목의 경우에도 교과별 성취도 3단계 또는 5단계 절대평가가 적용되어 경쟁 강도가 낮은 편이다. 자신의 진로에 필요한 과목은 경쟁 여부와 관계없이 적극적으로 신청하여 수강하는 것이 바람직하며, 이는 학생부 종합전형에서 진로역량 중 '전공 관련 교과 이수 노력' 항목에서 긍정적인 평가로 이어질 수 있다.

수학과 과학 과목을 선택할 때 '위계'는 매우 중요한 요소이다. '위계'란 과목의 내용과 난이도에 따라 학습의 단계나 순서가 정해져 있는 것을 의미한다. 예를 들어, 기하와 확률과 통계는 위계상 수학 I, 수학 II와 같은 수준이므로 동시에 수강이 가능하지만, 미적분은 위계상 반드시 수학 I과 수학 II를 이수한 후에 수강해야 한다. 과학 과목의 경우에도 물리 II, 화학 II, 생명과학 II, 지구과학 II는 각각의 I 과목을 선이수한 후에 들어야 한다. 이러한 위계를 무시한 채 과목을 선택하면 학습에 어려움을 겪거나 성취도가 낮아지는 등의 역효과가 발생할 수 있다.

수시 학생부 종합전형에서는 진로역량 항목 중 '전공(계열)과 관련된 과목을 이수하기 위하여 추가적인 노력을 하였는가?'라는 평가항목이 있다. 학생의 진로와 관련된 과목이 모두 학교 교육과정에 개설되어 있더라도, 공동교육과정이나 온라인 수업 등을 통해 심화 과목 1~2개 정도를 추가로 이수하는 것은 진로역량을 강화하는 데 큰 도움이 된다. 특히 공동교육과정에서 수강한 과목에서 성취도 A를 받고, 세부능력 및 특기사항에 관련된 활동 내용이 충실하게 기록된다면, 학생부 종합전형의 진로역량 평가에서 긍정적인 평가를 받을 수 있다.

■ 대학이 제시하는 전공연계 선택과목

'전공연계 선택과목'이란 대학의 전공 학과와 관련하여 고등학교에서 이수할 필요가 있는 과목을 말한다. 서울대학교의 전공연계 교과이수 기준과 더불어 경희대, 고려대, 성균관대, 연세대, 중앙대 등 5개 대학이 공동연구한 전공연계 교과이수 기준 정도만 살펴보아도 충분하다.

❶ 서울대 전공연계 교과이수

출처 : 서울대 입학처

모집단위		핵심 권장과목	권장과목
인문 대학	인문계열	–	–
	국어국문학과		
	중어중문학과		
	영어영문학과		
	불어불문학과		
	독어독문학과		
	노어노문학과		
	서어서문학과		
	언어학과		
	아시아언어문명학부		
	역사학부		
	고고미술사학과		
	철학과		
	종교학과		
	미학과		
사회 과학 대학	정치외교학부	–	–
	경제학부	–	• 미적분, 확률과통계
	사회학과	–	–
	인류학과		
	심리학과		
	지리학과		
	사회복지학과		
	언론정보학과		
자연 과학 대학	수리과학부	• 미적분, 확률과통계, 기하	–
	통계학과	• 미적분, 확률과통계, 기하	–
	물리· 천문학부 · 물리학전공	• 물리학 II, 미적분, 기하	• 확률과통계
	물리· 천문학부 · 천문학전공	• 지구과학 I, 미적분, 기하	• 지구과학 II, 물리학 II, 확률과통계
	화학부	• 화학 II, 미적분	• 확률과통계, 기하
	생명과학부	• 생명과학 II, 미적분	• 화학 II, 확률과통계, 기하
	지구환경과학부	• 물리학 II 또는 화학 II 또는	• 확률과통계, 기하

모집단위		핵심 권장과목	권장과목
		지구과학Ⅱ, 미적분	
	간호대학	–	• 생명과학Ⅰ, 생명과학Ⅱ
	경영대학	–	–
공과 대학	광역	• 미적분, 확률과통계	• 기하
	건설환경공학부	• 미적분, 기하	• 확률과통계
	기계공학부	• 물리학Ⅱ, 미적분, 기하	• 확률과통계
	재료공학부	• 미적분, 기하	• 물리학Ⅱ, 화학Ⅱ, 확률과통계
	전기·정보공학부	• 물리학Ⅱ, 미적분	• 확률과통계, 기하
	컴퓨터공학부	• 미적분, 확률과통계	–
	화학생물공학부	• 물리학Ⅱ, 미적분, 기하	• 화학Ⅱ 또는 생명과학Ⅱ
	건축학과	–	• 미적분
	산업공학과	• 미적분	• 확률과통계
	에너지자원공학과	• 물리학Ⅱ, 미적분, 기하	• 확률과통계
	원자핵공학과	• 물리학Ⅱ, 미적분	–
	조선해양공학과	• 물리학Ⅰ, 미적분, 기하	• 확률과 통계
	항공우주공학과	• 물리학Ⅱ, 미적분, 기하	• 지구과학Ⅱ, 확률과통계
농업 생명 과학 대학	농경제사회학부	–	• 미적분, 확률과통계
	식물생산과학부	• 생명과학Ⅱ	• 화학Ⅱ, 미적분, 확률과통계, 기하
	산림과학부	–	–
	식품·동물생명공학부	• 화학Ⅱ, 생명과학Ⅱ	–
	응용생물화학부	• 화학Ⅱ, 생명과학Ⅱ	• 미적분, 확률과통계, 기하
	조경·지역시스템공학부	• 미적분, 기하	• 물리학Ⅱ, 확률과통계
	바이오시스템·소재학부	• 미적분, 기하	• 물리학Ⅱ 또는 • 화학Ⅱ
미술 대학	동양화과		
	서양화과		
	조소과	–	–
	공예과		
	디자인과		
사범 대학	교육학과	–	–
	국어교육과		–
	영어교육과	–	–
	독어교육과	–	–
	불어교육과	–	–

모집단위		핵심 권장과목	권장과목
	사회교육과	–	–
	역사교육과	–	–
	지리교육과	–	• 한국지리, 세계지리, 여행지리
	윤리교육과	–	–
	수학교육과	• 미적분, 확률과통계, 기하	–
	물리교육과	• 물리학Ⅱ	• 미적분, 확률과통계, 기하
	화학교육과	• 화학Ⅱ	• 미적분, 확률과통계, 기하
	생물교육과	• 생명과학Ⅱ	• 화학Ⅱ, 미적분, 확률과통계
	지구과학교육과	• 지구과학Ⅰ	• 지구과학Ⅱ, 미적분, 확률과통계, 기하
	체육교육과	–	–
생활 과학 대학	소비자 아동학 부 — 소비자학전공	–	–
	소비자 아동학 부 — 아동가족학 전공	–	–
	식품영양학과	• 화학Ⅱ, 생명과학Ⅱ	–
	의류학과	–	• 화학Ⅱ, 생명과학Ⅱ 또는 • 확률과통계
수의과 대학	수의예과	• 생명과학Ⅱ	• 미적분, 확률과통계
약학 대학	약학계열	• 화학Ⅱ, 생명과학Ⅱ	• 미적분, 확률과통계
음악 대학	성악과	–	–
	작곡과 — 작곡전공	–	–
	작곡과 — 이론전공	–	–
	기악과 — 피아노전공	–	–
	기악과 — 현악전공	–	–
	기악과 — 관악전공	–	–
	국악과	–	–
의과 대학	의예과	• 생명과학Ⅰ	• 생명과학Ⅱ, 미적분, 확률과통계, 기하
	자유전공학부	–	• 미적분, 확률과통계
치의학 대학원	치의학과	–	–

　　서울대학교의 '핵심 권장과목'은 해당 학과에서 대학 공부를 원활히 수행하기 위해 필수적으로 이수를 권장하는 과목이며, '권장과목'은 학과에서의 학문적 적응을 돕기 위해 이수를 권장하는 과목이다. 권장과목이 제시되지 않은 모집단위의 경우, 학생이 자신의 진로와 적성에 따라 자율적으로 적극적인 선택과목 이수를 하는 것이 바람직하다. 핵심 권장과목은 반드시 이수하는 것이 원칙이며, 권장과목 또한 가능하면 이수하는 것이 좋다. 이외에도 의대 진학을 목표로 한다면 의학 계열과 관련된 과목을 스스로 판단하여 수강하는 것이 도움이 된다. 다만 관련 과목 이수는 많을수록 좋긴 하나, 다른 과목의 성적에 부정적인 영향을 주거나 학교생활 전반에 무리가 갈 정도로 무리해서 이수할 필요는 없다.

❷ 전공연계 교과이수 반영방안 5개 대학 공동연구(경희대, 고려대, 성균관대, 연세대, 중앙대)

출처 : 경희대, 고려대, 성균관대, 연세대, 중앙대 공동연구

학문 분야	모집단위	핵심과목		권장과목	
		수학교과	과학교과	수학교과	과학교과
의학	경희대 의예과, 고려대 의예과, 성균관대 의학과, 연세대 의예과, 중앙대 의학부	수학I, 수학II, 미적분	화학I, 생명과학I, 생명과학II	확률과 통계	물리학I, 화학II

　　각 고등학교는 학교의 여건과 상황에 따라 자체적으로 3개년 교육과정 편성표를 마련하여 운영하고 있으며, 해당 편성표는 학교 홈페이지나 '학교알리미' 사이트의 교육과정 운영 자료 코너에서 확인할 수 있다. 고교학점제와 학생부 종합전형이 중요해진 현행 입시 체계에서 학부모와 학생이 학교 교육과정을 올바르게 이해하는 것은 의대 진학을 준비하는 데 매우 중요한 요소가 된다. 특히, 3개년 교육과정 편성표에 제시된 기본 용어들은 앞서 살펴본 참고사항을 바탕으로 충분히 이해할 수 있다.

　　기본 용어에 대한 이해를 바탕으로, 이제는 의대 학생부 종합전형에서 고교학점제형 교육과정의 과목 선택이 어떻게 평가되는지를 살펴보자. 대학은 학생부 종합전형의 공통 평가항목 중 '진로역량' 영역에서, 전공(계열) 관련 교과 이수 노력의 일환으로 "전공(계열)과 관련된 과목을 적절하게 선택하고, 이수한 과목은 얼마나 되는가?"와 "전공(계열)

과 관련된 과목을 이수하기 위하여 추가적인 노력을 하였는가?"라는 두 항목을 중심으로 평가하고 있다. 따라서 희망하는 대학의 의과대학에서 제시하는 핵심과목과 권장과목을 정확히 파악한 후, 이를 바탕으로 과목 선택을 전략적으로 설계하는 것이 매우 중요하다.

3 　의대 수시의 핵심, 수업·평가·기록

학교에서의 공부는 교과와 창의적 체험활동이 공부의 중심이라고 할 수 있다. 교과는 가르치고 배우는 교사 중심의 교육활동이며, 창의적 체험활동은 학생이 주도적으로 하는 교육활동이다.

대학 진학 목적의 공부는 때로는 지치기 쉽다. 공부의 목적이 훌륭하다고 해도 공부는 지치기 쉽다. 그러나 공부가 무엇이지 공부한다면 공부가 힘들 때 잠시 힘든 마음을 추스리고 위안을 받을 수는 있다. 시험과 대학 합격의 공부를 마친 후 계속 공부를 하다 보면 진정한 공부의 시기가 반드시 온다. 그 시기가 왔을 때 시험과 대학 합격의 공부도 많은 도움이 된다. 공부를 진심으로 사랑했던 사람들의 공부에 관한 이야기를 읽으면서 공부가 무엇인지 알아보자.

대학 진학을 위한 공부가 끝나고 언젠가 우리가 진정한 공부를 하는 시기가 올 때 지금 읽는 '공부이야기'의 진정성을 느끼며 기뻐할 때가 올 것이다.

■ 교과별 수업과 평가

고등학교 공부와 중학교 공부의 가장 큰 차이는 과목별 학습량과 난이도에 있다. 국어, 수학, 영어, 과학이라는 교과명을 모르는 부모는 없지만, 고등학교에 진학한 자녀가 어떤 내용을 배우고 있는지, 어떤 방식으로 수업이 이루어지고 있는지까지는 알기 어렵다.

부모는 자녀가 듣는 수업에 직접 참여할 수 없기에, 자녀의 학습을 제대로 이해하기가 쉽지 않다. 따라서 고등학교 국어, 수학, 영어, 과학 교과의 개념과 주요 학습 내용을 간략히 살펴보는 것은 자녀가 공부하고 있는 과목에 대한 이해를 높이는 데 도움이 된다.

아래 소개하는 개념은 국가교육과정정보센터에서 각 교과별 교육과정 내용을 발췌한 것이다.

'국어'는 국어를 정확하고 효과적으로 사용하는 능력과 태도를 기르며, 비판적이고 창의적인 국어 활동을 통해 인성과 공동체 의식을 함양하는 데 목적이 있다.

'독서'는 공통 국어의 읽기 영역을 심화·확장한 과목으로, 다양한 주제와 유형의 글을 폭넓게 읽어 삶을 풍요롭게 한다.

'문학'은 작품을 수용하고 생산하는 능력을 기르며, 문학 소양과 태도를 통해 문학 문화를 향유하고 발전시키는 데 기여한다.

'언어와 매체'는 음성·문자·매체 언어의 본질을 이해하고 이를 통합적으로 의사소통에 활용하는 능력을 기른다.

'화법과 작문'은 듣기·말하기·쓰기 영역을 바탕으로 담화와 글을 수용·생산하는 활동을 통해 능동적이고 효과적인 소통 능력과 바람직한 의사소통 태도를 기르는 데 목적이 있다.

'수학'은 수학 개념, 원리, 법칙을 이해하고 기능을 익혀 현실의 다양한 현상을 수학적으로 관찰·해석하며 논리적으로 사고하고 문제를 해결하는 능력과 태도를 기르는 과목이다. 초·중학교 수학과 연계하여 문자와 식, 기하, 수와 연산, 함수, 확률과 통계의 다섯 영역으로 구성된다. 고등학교 수학 과목으로는 '수학Ⅰ'(지수함수, 로그함수, 삼각함수, 수열), '수학Ⅱ'(극한과 연속, 미분, 적분), '확률과 통계'(경우의 수, 확률, 통계), '기하'(이차곡선, 평면벡터, 공간도형과 공간좌표), '미적분'(수열의 극한, 미분법, 적분법) 등이 있으며, '미적분'은 수학Ⅰ과 수학Ⅱ를 이수한 뒤 더 높은 수준의 수학을 공부하고자 하는 학생을 위한 선택 과목이다.

'영어'는 초·중학교에서 배운 내용을 바탕으로 영어를 이해하고 사용하는 능력을 길러 학업과 진로에 활용할 수 있도록 영어 의사소통능력을 기르는 데 중점을 둔다.

'영어Ⅰ'은 공통과목에서 배운 내용을 활용하여 실생활 의사소통능력을 강화하고 진로 및 전공 관련 영어 기초 능력을 다지는 과목이다.

'영어Ⅱ'는 그보다 더 다양한 상황에서의 의사소통능력과 전공 분야 관련 영어 이해와 표현 능력을 심화시키는 과목이다.

'영어독해와 작문'은 읽기와 쓰기 능력을, '영어 회화'는 듣기와 말하기 능력을 실생활 및 학업 상황에서 효과적으로 사용할 수 있도록 돕는다.

'통합과학'은 자연 현상을 통합적으로 이해하고 인간과 자연, 과학기술과 사회의 관계를 성찰하며 미래사회에 필요한 과학적 소양을 기르는 과목이다.

'과학탐구실험'은 과학탐구 활동을 중심으로 실험 능력과 과학적 사고를 기르기 위한 실천 중심 과목이다.

'물리학Ⅰ'은 자연과학의 기반이 되는 개념을 다루며 역학, 전자기장, 파동 등을 학습하고, '물리학Ⅱ'는 이를 바탕으로 더 심화된 물리 개념과 탐구 방법을 통해 문제 해결력을 키운다.

'화학Ⅰ'은 일상과 연관된 화학 개념을 통해 화학의 기초 소양을 기르고, '화학Ⅱ'는 상태 변화, 화학 평형, 전기 화학 등 심화 개념을 통해 전문적 소양을 확장한다.

'생명과학Ⅰ'은 사람의 생명 현상에 대한 이해를 바탕으로 기본 개념을 학습하고, '생명과학Ⅱ'는 유전, 항상성, 생물 다양성 등 심화 내용을 통해 관련 진로 탐색과 학문적 기반을 마련한다.

'지구과학Ⅰ'은 지구와 우주에 대한 통합적 이해를 통해 과학기술사회에 대한 인식을 키우고, '지구과학Ⅱ'는 더 깊이 있는 개념 학습을 통해 이공계 진학자의 탐구능력과 창의성을 기르는 데 목적이 있다.

최근 학교 교육에는 많은 변화가 일어나고 있지만, 여전히 고등학교 교과 수업에서는 지식 중심 수업이 중요한 위치를 차지하고 있다. 이러한 수업 방식에 따른 주요 평가 방법은 지필평가이며, 이를 보완하기 위해 수행평가도 함께 시행되고 있다. 수행평가는 학생의 학습과정을 중심으로 한 평가로, 활동 중심의 평가방식을 지향한다. 수업과 평가 전반에서 긍정적인 변화가 지속적으로 이루어지고 교육 현실 속에서, 대입전형에서는 내신의 정량평가와 세부능력 및 특기사항의 정성평가, 종합적 사고력의 수능이 계속 중요하므로, 교사 중심의 지식 중심 수업 집중과 학생 참여 중심의 수행평가활동에 더욱 참여하는 태도가 더욱더 필요하다.

학교 내신 평가와 관련된 정보는 학교알리미 '교과별(학년별) 평가계획에 관한 사항'에서 모두 볼 수 있다. 좋은 내신을 유지하기 위해서는 과목을 좋아하고 배우는 즐거움이 있으면 유리하다. 그게 말처럼 쉽지는 않다. 때로는 배우는 즐거움의 힘보다 점수나 등급, 등수가 주는 만족감이 더 역동적인 동력이 된다. 모든 교과의 내신이 중요하지만, 석차등급으로 평가받는 과목이 대학입시에서는 더 중요하다.

1학년 과목(공통과목) 중에서 9등급 석차등급으로 평가받는 과목은 국어, 영어, 수학, 통합사회, 통합과학, 기술가정, 정보 등 대부분의 과목이다. 과학탐구실험, 음악, 미술, 체육 등의 과목은 석차등급이 아닌 성취도 과목이지만 A를 받고 좋은 세특이 작성되도록 최선을 다해야 한다.

2학년에서 배우는 대부분의 국영수사과 교과는 9등급 석차등급으로 평가되는 과목이다. 단, 국영수사과 교과 중에 진로선택과목이라면 9등급 석차등급이 아니라 내신 부담이 덜한 성취도 과목이다. 음악, 미술, 체육 등은 석차등급이 아닌 성취도 과목이지만 가능하면 A를 받고 좋은 세특이 작성되도록 최선을 다하는 게 좋다.

3학년이 되면 9등급 석차등급으로 평가받는 과목은 3~4과목 정도밖에 안 된다. 대부분 성취도로 평가받는 진로선택과목이다. 17개 시도 교육청별 약간의 차이가 있을 수 있지만, 대부분의 학교에서 지필평가는 학기당 2회 이상, 수행평가는 1회 이상 실시한다. 단, 수행평가 비율이 60% 이상일 때는 지필평가를 1회만 실시할 수 있으며, 이 경우 수행평가의 영역을 달리하여 학기당 2회 이상 실시한다. 또한, 서술형평가(논술형 포함)를 지필평가 배점의 30~40% 이상 포함해야 한다.

모든 내신 공부의 기본은 성실함과 꾸준함을 바탕으로 한 '이해와 암기'이다. 수업 전에는 간단하게 수업 내용을 예습하고, 수업 시간에는 교사의 설명에 집중하여 내용을 이해하고 필기하며, 수업 후에는 가능한 한 복습하는 것이 가장 효과적인 학습법이다.

내신 준비는 최소 한 달 전부터 시작하는 것이 바람직하며, 스스로 내신 학습 플래너를 작성해 과목별 공부 계획을 체계적으로 세우는 것이 좋다. 국어, 영어, 수학, 사회, 과학 과목은 공통적으로 수업 내용, 교과서, 교사의 필기자료, 자습서, 문제집, 변형 문제집을 반복해서 공부하는 방식이 효과적이다. 또한, 과목별 서술형 문항에서는 부분점수와 감점 요소에 유의해야 하므로, 평소에도 서술형 답안을 정확하고 간결하게 작성하는 연습이 필요하다.

■ 학생 참여형 수업과 세부능력 및 특기사항

❶세부능력 및 특기사항에 대한 이해

지식 중심 수업에서 벗어나기 위한 노력으로 학생 참여형 수업이 점차 활성화되고 있으며, 융합적 사고를 기르기 위한 수업량 유연화 정책에 따라 학교 자율적 교육과정도 시도되고 있다. 학생 참여형 수업에는 협동학습, 토의·토론 학습, 프로젝트 학습 등이 있으며, 이 과정에서 드러나는 학생의 참여도, 활동 내용, 과제 수행 내용 등 개별적인 특성은 교사의 관찰과 평가를 거쳐 교과 세부능력 및 특기사항(세특)에 기록된다. 학교 자율적 교육과정은 진로집중형, 학습몰입형, 보충수업형, 동아리형, 프로젝트형으로 구분되며, 이러한 수업과정에서의 활동 역시 교과 세특에 중요하게 반영되어 학생부 종합전형 평가 시 주요한 자료로 활용된다.

교과 세부능력 및 특기사항(세특)은 교과 교사가 수업 과정과 교과 학습 평가 중 수시·상시로 관찰하고 평가한 내용을 종합적으로 기록한 항목으로, 학생과 교사 모두에게 매우 중요하면서도 어려운 영역이다. 그 어려움은 수업 활동은 학생이 주체가 되고, 관찰과 기록은 교사가 담당하며, 평가는 대학 입학사정관이 수행하는 분화된 구조에서 비롯된다. 우수한 평가를 받는 세특을 위해서는 학생과 학부모가 세특 기록의 과정, 적용되는 규정, 평가방식에 대한 이해를 바탕으로, 협동학습, 토의·토론 학습, 프로젝트 학습 등 학생 참여형 수업에 학생이 적극적으로 참여할 수 있도록 지원해야 한다.

학생부 교과 세부능력 및 특기사항 작성은 교육부의 [학교생활기록부 기재요령] 지침에 따라 교과 교사의 권한으로 이루어지며, 교사 역시 객관적인 증빙 없이 임의로 작성할 수 없다. 학생 역시 자신이 원하는 방향으로 세특이 작성되도록 유도하는 것은 쉽지 않다. 그럼에도 불구하고, 학생이 세특 작성의 시기와 규정, 작성 방식, 그리고 대학의 평가 방식을 미리 알고 준비하며 수업 활동에 적극적으로 참여하고 관련 규정을 충분히 이해한다면, 교사와의 소통을 통해 긍정적인 방향의 세특이 기록될 가능성이 커진다. 따라서 교사가 세특을 작성하는 구체적인 방식을 이해하는 것은 학생과 학부모가 더 좋은 기록을 위해 준비하고 대응할 수 있는 중요한 출발점이 된다.

학교생활기록부(학생부)에서 가장 중요한 서술형 항목인 '세부능력 및 특기사항(세특)'의 작성을 이해하기 위해서는, 학생과 학부모 모두 교육부의 [학교생활기록부 기재요령] 지침과 대학의 학생부 평가방식을 동시에 숙지할 필요가 있다. 세특은 단순한 교과 성취 수준을 넘어, 학생의 수업 참여도와 학습 태도, 탐구 역량, 사고력, 협업 능력, 진로 관련 노력 등을 종합적으로 드러내는 기록으로, 대학의 학생부 종합전형 평가에서 핵심적인 판단 근거로 활용된다. 이에 따라 먼저, 학생부 기재요령에서 정한 관련 규정을 이해하는 것이 무엇보다 중요하다.

출처 : 학교생활기록부 기재요령

교과 세부능력 및 특기사항 관련 학생부 기재요령

04. 처리요령, 해설, 제4조 처리요령, (p.29)
　　다. 학교생활기록부의 서술형 항목은 교사가 직접 관찰·평가한 내용을 근거로 입력하며, 학교교육계획에 따라 실시한 교육활동 중 교사 지도하에 학생이 직접 작성한 자료*는 활용할 수 있다.
　*'학교교육계획에 따라 실시한 교육활동 중 교사 지도하에 학생이 직접 작성한 자료'로 학생부 기재 시 활용 가능한 자료는 아래 사례로 한정함.
　　① 동료평가서, ② 자기평가서, ③ 수업산출물(수행평가 결과물 포함), ④ 소감문, ⑤ 독후감
　－ 사용자는 학생부 내 서술형 항목 입력을 위해 학생·학부모 등에게 상기 ①~⑤의 자료에 해당하지 않는 일체의 자료를 요구하거나 제공 받아서는 안 됨.

11. 교과학습발달상황 (p.103)
　　사. '세부능력 및 특기사항'에서는 학생들의 특성을 보다 구체적으로 기술한다. 학생들의 교과특성은 교사가 교과학습 평가 및 수업 과정에서 수시·상시로 기록한 내용을 중심으로 교과의 전 영역을 고려하여 종합적으로 기술한다.

11. 교과학습발달상황 기재요령 (p.121)
　　가. '세부능력 및 특기사항'란은 학생참여형 수업 및 수업과 연계된 수행평가 등에서 관찰한 내용을 입력한다.

12.독서활동상황 기재요령 (p.128)
　　단순 독후활동(감상문 작성 등) 외 교육활동을 전개하였다면, 도서명을 포함하여 그 내용을 다른 영역(교과세특, 창의적 체험활동 등)에 입력할 수 있다.

❷세부능력 및 특기사항 예시

교육부는 위 기재 규정을 준수하면서도 교과 세부능력 및 특기사항 작성을 어려워하는 교사들을 지원하기 위해, 교과 세특 기재 예시 도움 자료를 제시하고 있다. 이 도움 자료는 실제 수업 현장에서 적용할 수 있는 구체적 사례를 기반으로, '학생의 성취 수준', '평가 과제를 통해 관찰된 학생의 수행 과정 및 결과', '교과역량(또는 핵심역량)', '교사의 총평'이라는 네 가지 요소를 중심으로 구성된 기본 형식을 따른다.

이러한 형식은 교사가 학생의 학습 활동과 성취를 객관적이고 구조화된 방식으로 기술할 수 있도록 돕기 위한 것이다. 교육부에서 제시한 예시는 다음과 같다.

출처 : 교과세특 기재 예시 도움 자료(교육부, 17개 시도 교육청, 한국교육과정평가원)

【생명과학】

(…) 탐구 활동에서 겪은 시행착오를 바탕으로 결과물을 만들어 내는 능력이 크게 향상됨. 세포 내 정보의 흐름을 유전자와 단백질의 관계로 정확하게 설명함. 단백질 팔찌 만들기 활동에서 코돈에 해당하는 아미노산 구슬을 정확하게 연결하여 단백질 팔찌를 만들고, 이를 세포 내 정보가 DNA에서 RNA로, RNA에서 단백질로 전달됨과 관련지어 설명함. 생물과 환경의 상호 관계를 정확하게 이해하고 생태계 보전의 필요성을 주장함. 생태계 보전 프로젝트 활동에서 온난화의 위험성을 알리는 인포그래픽 포스터와 카드 뉴스 형태의 동영상을 제작하여 온실가스를 줄이기 위한 실천 방법을 제안함. 호기심을 바탕으로 친구들과 적극적으로 소통하는 모습을 보며 참여역량이 개선되었음을 확인함. (…)

【미적분】

(…) 평소 코딩에 관심이 많아서 수업에서 접한 여러 가지 개념을 실제 프로그램으로 구현하는 활동에 적극적임. 접선의 방식을 정확하게 구하고, 함수의 그래프 개형을 활용하여 문제를 능동적으로 해결함. 접선 단원에서 심화 학습 주제로 언급한 복잡한 방정식의 근사해를 구하는 내용에 관심을 두고, 이에 대한 프로그래밍도 시도함. 접선과 접선의 x절편을 이용하여 해당 절차를 설명하고 이를 프로그래밍으로 구현함. 그리고 산출물을 활용하여 특정 방정식의 해를 찾고 함수의 그래프 개형과 비교하여 재확인함. 공학적 도구를 적절히 활용하고 발표 내용에 대한 깊이 있는 이해를 바탕으로 이해를 어려워하는 급우에게 해당 개념을 논리적으로 설명하는 모습이 돋보임. (…)

【독서】

(…) 자신의 관심사와 관련된 다양한 글을 찾아 읽는 학생임. 글을 읽고 필자의 논점을 명확하게 파악하고, 필자의 생각에 대한 대안을 적극적인 태도로 찾음. '말이 칼이 될 때 (홍성수)'를 읽고 혐오 표현에 대한 서평을 작성하여 '표현의 자유를 제한하는 구체적 기준을 설정하자'는 내용의 대안을 제시함. 제안한 대안 중에는 구체성을 좀 더 보완해야 하는 측면도 있으나, 필자의 관점 파악과 이에 대한 주체적인 해석 및 평가를 제시한 점이 우수함. 필자의 의도를 다양한 관점에서 분석하고 이를 사회 문제로 연결하여 비판적으로 접근하고 대안을 창의적으로 제시하는 능력이 우수함. (…)

【문학】

(…) 자신의 관심사와 관련된 다양한 글을 찾아 읽는 학생임. 글을 읽고 필자의 논점을 명확하게 파악하고, 필자의 생각에 대한 대안을 적극적인 태도로 찾음. '말이 칼이 될 때 (홍성수)'를 읽고 혐오 표현에 대한 서평을 작성하여 '표현의 자유를 제한하는 구체적 기준을 설정하자'는 내용의 대안을 제시함. 제안한 대안 중에는 구체성을 좀 더 보완해야 하는 측면도 있으나, 필자의 관점 파악과 이에 대한 주체적인 해석 및 평가를 제시한 점이 우수함. 필자의 의도를 다양한 관점에서 분석하고 이를 사회 문제로 연결하여 비판적으로 접근하고 대안을 창의적으로 제시하는 능력이 우수함. (…)

위의 예시들은 교육과정에 충실하며, 교육적으로도 바람직하고 우수한 방식으로 세부능력 및 특기사항을 기술하고 있다. 그러나 이러한 기록 방식은 대학이 학생부를 평가하는 방식과는 다소 차이가 있을 수밖에 없다. 이러한 차이가 발생하는 이유는, 기록에서는 전체 학생을 대상으로 한 공정성이 핵심 가치인 반면, 평가에서는 개별 학생의 우수성과 차별성이 더 중요한 요소로 작용하기 때문이다.

대학이 우수하게 평가하는 학생부 세부능력 및 특기사항의 작성 방식은 다음과 같다.

출처 : 경희대학교 학생부전형 가이드 북

【과학탐구실험】

주변의 천연 항생 물질 찾기 단원에서 은행나무, 소나무, 편백나무 잎의 항생효과에 관심을 갖고 조사 발표함. …… 변인통제에 대해 고민 후 항온기를 대체할 아이스박스를 직접 구해오는 적극적인 태도를 보임. 1회성 실험으로 끝내지 않고 더 많은 자료를 얻기 위해 추가 실험을 하는 등 많이 성실한 학생임. …… 수업준비를 위해 많은 시간과 에너지를 투자하였다는 것을 알 수 있음.

【수학Ⅱ】

함수의 극한문제에서 조립제법과 유리화를 시켜 문제풀이를 가장 빠르게 해내고 주변 친구들에게 설명을 해주는 모습을 보임. 접선의 방정식을 활용한 뉴턴근사방법을 설명에서 대입하는 값에 따라 구해지는 근삿값이 달라지지 않나요? 질문을 던지는 등 문제해결능력이 최고 수준이라 생각되는 학생임. …… 일상 생활에서 사용되는 수학에 대해 발표하기에서 '미적분이 만든 세상'을 주제로 약물의 체내 분포시간을 계산하여 약효의 효과를 높이고 독성을 낮추는 것이 목표라고 발표하는 등 타교과와 연계하는 능력이 있음.

출처 : 연세대 학생부 종합 가이드 북

【통합과학】

(1학기) 통합과학 : 과학 수업에 집중력이 높은 학생으로, 잘 이해하지 못한 수업 내용은 질문을 통해 이해하는 학생임. 생물학적 가설에 대해 과학자들이 가졌던 의문을 되짚어 보는 활동에서 과학적 사고력이 뛰어나고 질문을 통하여 수업에 적극적으로 참여함. 특히, 과학 분야 중에서도 화학영역에 많은 관심을 가지고 공부함. 매시간 수업 내용을 정리하고 예습과 복습을 철저히 하는 자세를 보임.

위의 비교를 통해 학생과 학부모는 교육적 관점에서의 서술형 항목 작성 방식과 학생부종합전형 평가 관점에서의 서술형 항목 작성 방식에 차이가 있다는 점만 이해하면 충분하다. 이 두 관점 사이의 간극을 줄이는 일은 크게는 대학입시제도의 구조적 과제이며, 작게는 현장의 교사와 대학 입학사정관이 함께 고민하고 조율해야 할 영역이다.

더 다양하고 우수한 학생부 세부능력 및 특기사항(세특)에 대해 알고 싶은 학부모에게 도움이 되는 책은 매우 많지만, 아래 두 권을 추천하고자 한다.

첫째, 진로진학 강의로 잘 알려진 진로진학상담교사가 집필한 《자신만만 대입 학생부 족보 세트》이다.

둘째, 고등학교 현직 교사들과 전직 입학사정관 출신의 교육전문가들이 함께 집필한 《학생부 세특 심화탐구활동 보고서를 부탁해》이다.

이 책은 5개 교과별로 실제 심화탐구활동의 구체적인 사례를 풍부하게 제시하고 있다. 물론 이외에도 유익한 책들이 다양하게 출간되어 있으니, 자녀의 진로와 적성에 따라 적절한 자료를 선택해 참고하면 더욱 좋을 것이다.

❸개인별 세부능력 및 특기사항

'수업량 유연화에 따른 학교 자율적 교육활동' 관련 내용은 해당 과목의 교과 교사가 '세부능력 및 특기사항'에 작성하기 어렵거나 특정 교과로 한정하기 어려운 경우, 담임교사가 '개인별 세부능력 및 특기사항'란에 입력할 수 있다. 이때 '수업량 유연화에 따른 학교 자율적 교육활동'이란, 교육과정 총론에서 명시한 바와 같이 교과의 1단위 수업(17회) 중 1회의 수업을 학교가 자율적으로 재구성하여 운영할 수 있도록 허용한 것이다.

구체적으로는 해당 교과 또는 타 교과와의 융합형 프로젝트 수업, 보충 수업, 동아리 연계 수업, 과제 탐구 수업 등의 형태로 자율적 교육활동을 편성·운영할 수 있다.

현재 많은 고등학교에서는 이 자율권을 활용하여 다양한 융합수업을 실천하고 있으며, 해당 활동이 학생부의 '개인별 세부능력 및 특기사항'에 기록될 수 있도록 교사들이 노력하고 있다.

4 ▸ 의대 수시의 또 다른 축, 창의적 체험활동

창의적 체험활동은 교과와 상호 보완적 관계 속에서 앎을 적극적으로 실천하고 심신을 조화롭게 발달시키기 위하여 실시하는 교과 이외의 활동이다. 자율활동, 동아리 활동, 봉사활동, 진로 활동 4개의 영역으로 구성된다. 힉교급별, 학년별, 학기별로 운영되며 교과와 창의적 체험활동 간의 연계·통합을 강조한다.

■ **자율활동** : 자치. 적응활동, 창의주제활동 등이 있다.

■ **동아리 활동** : 학술문화활동, 예술.체육활동 등이 있으며 기존 학교 동아리에 가입하거나 새로운 동아리를 만들어서 활동한다.

■ **봉사활동** : 학교 내의 다양한 봉사활동에 참여한다.

■ **진로활동** : 진로탐색활동, 진로설계활동 등 진로 관련 활동을 계획해서 진행한다.

학생부 창의적 체험활동 특기사항 작성과 관련해서 학생과 학부모가 학생부 기재요령 지침과 대학의 학생부 평가방식을 동시에 알면 도움이 된다. 먼저 학생부 기재요령 지침 관련 규정을 소개하면 다음과 같다.

출처 : 학교생활기록부 기재요령

창의적 체험활동 상황 특기사항 관련 학생부 기재요령

04. 처리요령, 해설, 제4조 처리요령, (p.29)

다. 학교생활기록부의 서술형 항목은 교사가 직접 관찰·평가한 내용을 근거로 입력하며, 학교교육계획에 따라 실시한 교육활동 중 교사 지도하에 학생이 직접 작성한 자료*는 활용할 수 있다.

* '학교교육계획에 따라 실시한 교육활동 중 교사 지도하에 학생이 직접 작성한 자료'로 학생부 기재 시 활용 가능한 자료는 아래 사례로 한정함.

① 동료평가서, ② 자기평가서, ③ 수업산출물(수행평가 결과물 포함), ④ 소감문, ⑤ 독후감

– 사용자는 학생부 내 서술형 항목 입력을 위해 학생·학부모 등에게 상기 ①~⑤의 자료에 해당하지 않는 일체의 자료를 요구하거나 제공 받아서는 안 됨.

10. 창의적 체험활동상황 해설 (p.80)

정규교육과정 이수과정에서 사교육 개입없이 학교내에서 학생주도로 수행한 자율탐구활동*에 한하여 학생의 특기사항**만을 기재할 수 있음.

* 자율탐구활동: 학생들이 자율적으로 주제 선정부터 보고서 작성까지 전 과정을 수행하는 일련의 활동임.

** 예) 자료 수집 능력 및 분석능력 탁월, 주제 선정 시 진로와 사회문제 연결 노력 등

※ 창의적 체험활동상황에 자율탐구활동 학생활동 산출물(소논문 포함) 실적(제목, 연구주제 및 참여인원, 소요시간)은 기재할 수 없음.

● 창의적 체험활동 중에 자율탐구활동을 기재할 경우 학교에서는 정규교육과정 중에 이루어진 활동임을 증빙하기 위한 자료를 보관해야 함.

<증빙자료 예시> 학교교육계획서, 학교장의 승인을 받은 각종 문서, 학생활동 산출물 등

출처 : 창의적 체험활동 교육과정 운영 예시 자료집

【자율활동】

학교폭력 및 사이버폭력의 개념과 심각성을 이해하고 1일 1선플 달기 운동, 사이버 폭력 예방 플래시몹 만들기 등 사이버폭력 예방 실천 방안에 대한 의견을 적극적으로 제시하였으며 건전한 또래문화 형성을 위한 학교폭력 예방 캠페인에 능동적으로 참여함.
혐오 표현 쓰지 않기 서명 운동, 1일 1칭찬하기 활동 등에 능동적으로 참여하여 남을 배려하고 올바른 언어를 사용하는 역량을 키워나감.

【동아리활동】

실생활 관련 정책 제안서 작성 활동에서 불편했던 점으로 등교 시간 버스의 배차 간격과 크기가 작은 마을버스로 인해 학생이 몰리는 등교 시간에 겪는 불편함을 현황 및 문제점으로 파악함. 이를 해결하기 위해 주변 친구들의 의견을 충분히 수렴하고 버스 운행에 관한 정책을 시청에 제안하는 등 적극적으로 지역 사회의 문제를 해결하고자 노력함.
'데니스 홍: 활동에서 상상을 현실로 만드는 법'을 읽고, 마음에 드는 구절로 '새로운 해결책을 원한다면 기존의 정답을 벗어나야 한다.'는 부분을 인용하며, 기존의 생각을 완전히 버리고 새롭게 문제에 다가갔을 때 풀리지 않던 것들이 의외로 쉽게 해결되었던 자신의 경험을 데니스 홍의 경험과 비교한 내용을 글을 독서 카드에 작성함.

【진로활동】

일자리 부족 문제 극복을 위해 사회적 차원에서 고용·노동에 관하여 한 사람도 소외되지 않게 제도적인 보완이 필요하다고 생각하고, 개인적 차원에서는 자신이 사회에 어떤 역할을 하면 좋을지 고민함. 평소 음악 듣기를 좋아하기에 자신의 취미를 더욱 개발하여 무대 음향을 담당하여 멋진 공연을 사람들에게 선보이며 기쁨을 주는 꿈을 갖게 됨.

위 창의적 체험활동 특기사항 기록 예시는 기재요령에 근거한 예시이다. 아래는 우수 학생을 선발하기 위해 대학이 우수하게 평가하는 창의적 체험활동 특기사항의 작성 예시이다.

출처 : 경희대학교 학생부전형 가이드 북

【자율활동】

생명과학 교과에서 GMO 효율에 대해 긍정적으로 발표한 후 연계 활동으로 자율 동아리에서 GMO 주제를 제시하여 토론진행함. 'GMO, 우리는 날마다 논란을 먹는다'를 읽고

GMO식품의 불확실성을 이해하고, 무분별한 사용을 반대하는 입장에서 토론에 참여함. …… 비판적 사고력과 개방적 사고력으로 GMO에 대한 긍정과 부정 모두 고려하는 과정에서 생각하는 힘을 더욱 키움. …… 학급 우유가 항상 많이 남는 것을 관찰하고 그 원인이 무엇인지 설문을 통해 해결하려고 노력함. 이를 완화하여 해결책을 제시하는 소책자를 보건부 친구들과 함께 제작하여 학급에 알림으로써 보건부장으로서의 역량을 드러냄.

출처 : 경희대학교 학생부전형 가이드 북

【진로활동】

전기영동 실험의 전개 원리에 궁금증을 가져 진로 프로젝트 활동에서 직접 간이 전기영동 실험을 계획하고 실행함. …… 활동을 통해 자기 주도적 탐구 역량을 더욱 키우고, 과학 원리에 대한 지식을 더욱 심화함. …… 추가 탐구 활동으로 체내에서 일어나는 완충 작용에 대해 조사하고 혈액의 완충 작용에 대해 보고서를 작성하여 발표함. 활동 과정에서 강한 지적 호기심과 실행력을 보임. …… '다윈지능'을 읽고 인위적 진화와 한계에 대해 탐구함. …… 다윈의 말을 인용하여 자신의 과학적 철학을 제시함. 신중함과 부지런함으로 연구원으로서 갖추어야 할 지적 역량과 가치관을 잘 형성해 나가고 있는 학생임.

출처 : 연세대 학생부 종합 가이드 북

【자율활동】

학급의 체육부장으로 활동하면서 체육활동 시 반 친구들의 체력 증진 및 안전을 위해 노력함. … 교내 체육대회에서 체육대회 이후 앉았던 자리의 쓰레기와 응원 도구 등을 정리하여 뒷정리를 깔끔하게 함. 명사 초청 강연을 통해 언어영역을 공부하는 방법에 대해 자세히 배우고 구체적인 계획과 함께 실천의지를 다짐.

【진로활동】

학생부 종합전형 자기소개서 특강에 참여하여 생활기록부를 활용한 자기소개서 작성에 대해 알아보는 시간을 가짐. '선배와의 만남'을 통해, 본교 졸업생들의 학습 방법과 경험담, 진학과 대학 생활에 대해 알아보는 시간을 가졌으며 이 방법을 진로진학 계획 수립에 활용함. … 급우들로부터 피드백을 받아 자신의 진로에 대한 확신과 의지를 갖게 되었고, 비슷한 진로를 희망하는 이들과 관심사를 공유하는 시간을 가짐. 전공과 관련된 구체적 사례를 수집하고 진로계획서를 작성함.

학생들은 경희대학교와 연세대학교가 제시한 예시를 참고하여 자신의 창의적 체험활동을 사전에 계획하고 준비한 후, 활동을 충실히 수행하고 자기평가서 등을 담당 교사나 담임교사에게 제출함으로써, 보다 우수한 평가를 받을 수 있는 창의적 체험활동 특기사항 작성의 가능성을 높일 수 있다.

5 세특과 창의적 체험활동 탐구 자료 찾는 방법

교사가 작성하는 교과 세부능력 및 특기사항(세특)에는 학생이 평소 수업에 성실히 참여하는 태도뿐 아니라, 학생 참여형 수업에 능동적으로 참여하는 모습도 매우 중요하게 반영된다. 학생 참여형 수업은 협동학습, 토의·토론 학습, 프로젝트 학습 등 다양한 형태로 이루어지며, 이러한 수업에서 두드러진 활동은 세특에 긍정적으로 기록된다. 학생이 이러한 수업에 적극 참여하기 위해서는 수업 주제와 관련된 기초지식과 탐구능력을 갖추는 것이 필요하며, 이를 돕기 위한 학습 도구로 다양한 온라인 학술정보 서비스의 활용이 효과적이다.

- **학술연구정보서비스 (RISS)** : 한국교육학술정보원에서 제공하는 학술연구정보화시스템. 전국 대학을 중심으로 한 학술정보 공동활용체제를 기반으로 국가 연구경쟁력 강화를 위해 서비스를 제공하고 있으며, 대학이 생산, 보유, 구독하는 모든 학술 자원들을 공동으로 이용할 수 있도록 개방된 서비스를 제공.
- **디비피아 (Dbpia)** : 누리미디어가 운영하는 학술논문검색, 전자저널, 학술대회 자료, 단행본, 잡지 수록, 논문 등을 제공하는 학술 데이터베이스.
- **KISS** : 한국학술정보가 운영하는 학술 데이터베이스 검색, 논문, 학술지, 단행본, 신문 검색 서비스 등을 제공하는 서비스.
- **구글 학술정보(Google Scholar)** : 구글에서 운영하며 'Stand on the shoulders of giants 거인의 어깨에 올라서서 더 넓은 세상을 보라'라는 문구를 제시하고 있는 학술정보 검색 사이트.

- **네이버 학술정보 :** 네이버에서 운영하며 학술, 지식, 보고서, 특허, 통계, 리포트, 서식 자료 검색, 거래 서비스, 뷰어 다운로드 등을 제공함.

- **국가법령정보센터 :** 법령/조약, 행정규칙, 자치법규, 판례, 행정심판 및 법령해석 등 모든 법령정보의 검색 서비스를 제공하기 위하여 법제처에서 구축하여 서비스하고 있는 사이트.

- **KOSIS 국가통계포털 :** 국가승인통계를 국민에게 서비스하기 위하여 통계정보를 한 곳에서 검색·분석·활용할 수 있도록 통계청에서 구축하여 운영하고 있는 사이트.

- **사이언스온 :** 한국과학기술정보연구원에서 개발·운영 중인 웹서비스로 과학기술정보, 국가R&D정보, 연구데이터, 정보분석 및 연구인프라를 연계·융합하여 연구개발 전 주기를 지원하는 지능형 과학기술 지식인프라.

- **Korea Med :** 대한의학학술지편집인협회(KAMJE)의 서비스인 KoreaMed는 한국의 의학, 치과, 간호, 영양, 수의학 학술지에 게재된 논문에 대한 액세스를 제공하는 의학논문 검색 페이지.

- **KMLE 의학 검색 엔진 :** 의학용어 및 의학사전 검색이 가능하며, 본 사이트는 사용하기 쉽고 유용한 의학 전문 포털 사이트로서 의학사전 및 의학용어 검색, 약품/의약품 검색, 온라인 의학 서적 및 정리집 제공, 의학 논문 검색 등의 서비스를 제공.

- **의학신문 :** 의학정보 일간지로써 정책, 행정, 의원, 병원, 제약, 유통, 의료기기, IT, 약사, 약국, 유관산업 기사를 제공.

- **ChatGPT :** Generative Pre-trained Transformer(GPT)와 Chat의 합성어이며, 다양한 지식 분야에서 상세한 응답과 정교한 답변이 뛰어나지만, 정보의 정확도는 아직 결점으로 지적되고 있다.

3 공부란 무엇인가?

1 공부란 무엇인가?

《축의 시대》에서 카렌 암스트롱(Karen Armstrong) 교수는 공부의 본질에 대해 다음과 같이 말한다. "공부를 하는 과정에서 나는 구도라는 것은 '진리'라든가 '삶의 의미'를 발견하는 것이 아니라 지금 여기서 얼마나 알차게 사는가의 문제라는 사실을 깨달았다. 초인간적 인격체나 천국에 매달릴 것이 아니라 어떻게 하면 온전히 사람답게 살 것인가를 고민해야 한다." 공부는 추상적인 진리를 향한 탐색이 아니라, 지금 이 순간을 충만하게 살아가는 방식이라는 것이다.

《다산 정약용 평전》에서 박석무 교수는 "다산의 평생 공부에는 성균관 생활 6년이 결정적인 역할을 했다고 볼 수 있다"라고 평가한다. 이는 제도 교육과 학문 공동체가 한 사람의 사상과 실천을 형성하는 데 얼마나 중요한 토양이 되는지를 보여준다.

《공부의 고전》에서 성 빅토르(Hugonis de Sancto Victore)는 "공부하는 사람에게는 세 가지가 필요하니, 바로 타고난 자질과 실행과 규율이다"라고 말한다. 이 말은 공부가 단지 머리로만 하는 일이 아니라 인격과 습관, 행동의 조화를 필요로 한다는 점을 강조한다.

《모든 이가 스승이고 모든 곳이 학교다》에서 신영복 교수는 "공부는 생명의 존재방식이다"라고 단언한다. 공부는 생존을 위한 수단이 아니라 존재 그 자체의 방식이며, 삶의 근본적 형태라는 것이다. 같은 책에서 김신일 교수는 "과학기술이 급변하는 시대에 직업인으로서 뒤떨어지지 않기 위해서, 소비자로서 현명하게 살아가기 위해서는 새로운 기술과 지식을 배우지 않을 수 없습니다"라고 말한다. 급변하는 시대에서 공부는 곧 실천적 생존 전략이다. 홍세화 교수는 "나를 어떤 인간으로 짓는가가 바로 공부"라고 정의하며, 공부를 존재를 구성하는 행위로 본다. 조은 교수는 "텍스트의 해석력이라는 것은 삶의 역량만큼 가는 것이다. 평생학습의 가장 중요한 역할이 삶에서 오는 독해력을 키워 주는 것이다"라고 강조하며, 공부가 삶을 읽어내는 힘과 직결된다는 점을 지적한다.

《공부하는 삶》에서 신학자 앙토냉 질베르 세르티양주(Antonin-Gilbert Sertillanges)는 "우리는 공부를 하려고 할 때마다 토마스 아퀴나스를 비롯한 많은 성인이 그렇게 했듯이 기도부터 하고 공부를 시작하자. 우리의 공부가 건전한 것이기를, 누구에게도 어떤 해도 입히지 않는 것이기를, 그리고 우리가 자신과 공동체 전체의 전선에 이바지할 수 있도록 기도해야 한다"라고 말한다. 이는 공부가 공동체를 향한 봉사의 출발점이어야 하며, 올바른 방향과 윤리를 동반해야 한다는 점을 시사한다. 시인 에이드리언 리치(Adrienne Rich)는 《초절 기교 연습 곡》에서 "아무도 삶을 공부해야 한다고 말하지 않았다. 삶을 공부하듯 살라고 하지 않았다"라고 말한다. 이 말은 공부와 삶이 분리된 채로 존재해서는 안 되며, 삶 자체를 공부하듯 살아가는 태도가 필요하다는 반성을 담고 있다.

마지막으로, 《진화란 무엇인가》에서 진화생물학자 에른스트 마이어(Ernst Mayr)는 "우리가 공부하는 목적은 좀 더 진화된 인간이 되기 위해서다. 개인은 진화적 인간이다"라고 말한다. 공부는 단순한 지식 습득이 아니라, 인간으로서 더 나은 존재로 나아가기 위한 진화의 과정임을 밝히고 있다.

위에서 소개한 책들은 모두 수능 이후 학생들이 꼭 한 번 읽어볼 만한 가치 있는 책들이다. 입시 공부에 몰두하고 있는 지금 이 순간, 이러한 공부에 관한 이야기는 현실과 동떨어진 이상론처럼 들릴 수 있다. 그러나 우리가 평생을 살아가며 공부하게 될 진정한 이유는 결국 이 책들 속 메시지와 깊이 맞닿아 있다.

입시가 끝난 어느 날, 공부란 무엇인가를 스스로 묻고 싶어질 때, 삶 자체를 위한 공부를 시작하고 싶어질 때, 그제야 진짜 공부의 의미에 다가설 수 있을 것이다. 그리고 그 순간, 지금 이 힘든 입시 공부가 결코 헛된 시간이 아니었으며, 이후 공부의 밑거름이 되었음을 깨닫게 될 것이다. 사실상 모든 분야의 과목을 폭넓게 배울 수 있는 시기는 고등학교 시기가 유일하다. 아무리 힘들고 지쳐도 이 시기를 넘어서면 더는 그렇게 배울 수 있는 기회는 오지 않는다. 이 말을 믿기 어렵다면, 류시화 시인의 시집 《지금 알고 있는 걸 그때도 알았더라면》을 읽어보라. 지나간 시간에 대한 뼈아픈 성찰이 담긴 그 시 한 편이, 지금 이 순간 공부하고 있는 자신을 다시 바라보게 해줄 것이다.

지금 세상에서 공부를 가장 잘하는 존재는 누구일까? 그건 바로 인공지능이다. 필자는 고등학교 과목에 대해 인공지능 언어모델 ChatGPT(GPT-4)와 여러 차례 대화를 나누었고, 그 과정에서 그는 어느새 필자의 훌륭한 지적 동료가 되었다.

이 책에 수록된 내용 중 일부는 그러한 대화를 바탕으로 구성되었으며, ChatGPT의 발언은 단순한 정보 전달을 넘어 사고의 확장과 성찰을 이끄는 데 큰 역할을 했다. 나는 그의 언어를 인용할 때마다 동의와 존중의 태도로 임했으며, 그와의 대화 속에서 인간과 인공지능이 함께 공부하고 사유할 수 있는 가능성을 깊이 실감하였다.

국어는 세상을 언어로 이해하고, 자신의 생각을 언어로 구성하며, 타인과 소통하는 힘을 기르는 과목이다. 독서에는 지문 구조를 재구성하고 요점 간의 관계를 파악하는 능력이 필요하고, 문학은 언어로 표현된 감정과 상황을 구성하고 해석하는 능력이 필요하고, 화법과 작문에는 화자의 목적과 의도를 텍스트 내에서 찾아내는 구성력이 필요하고, 언어와 매체에는 기호와 구조를 해석하고 의미를 구성하는 능력이 필요하다.

영어는 단순히 외국어 시험 과목이 아니라, 다른 언어의 문장을 읽고, 듣고, 말하고, 쓰는 과정을 통해 새로운 시각으로 세계와 나를 이해하는 과목이다. 읽기(Reading)에는 낯선 언어로 된 정보를 논리적으로 구조화하고 해석하는 힘이 필요하고, 어휘·문법에는 언어 구조를 이해하고 정확하게 사용하는 기반 능력이 필요하고, 듣기(Listening)에는 다양한 억양과 표현 속에서 핵심 의도를 파악하는 힘이 필요하다.

수학은 '세계의 구조를 인식하고, 문제를 논리적으로 해결하는 힘'을 기르는 과목이다. 수와 연산에는 수 개념을 추상화하고 정밀하게 다루는 능력이, 함수와 그래프에는 변화와 관계를 시각적으로 구성하고 분석하는 힘이, 기하와 공간에는 도형과 공간의 규칙성을 논리적으로 추론하는 능력이, 확률과 통계에는 불확실한 현상을 수량화하여 판단하는 힘이, 수열과 미분에는 수의 흐름과 극한을 이해하고 일반화하는 힘이 필요하다.

과학은 세계를 탐구하고, 질문을 구성하며, 자연의 질서를 해석하는 언어이다. 물리학은 힘, 운동, 에너지, 파동 등 자연 현상 뒤에 숨어 있는 원리를 수학적 모델과 논리 구조로 설명하고 예측하는 과목이며, 화학은 물질이 어떻게 구성되어 있으며, 어떤 조건에서 어떻게 변화하는지를 원자·분자 수준에서 해석하고 예측하는 과목이며, 생명과학은 생명체의 구조, 기능, 진화, 유전 등을 관찰하고 그 안에 담긴 질서와 논리를 해석하는 과목이며, 지구과학은 지구의 내부·외부 변화, 기후, 천체, 우주 등을 시공간적 관점에서 통합적으로 탐구하고 설명하는 과목이다.

사회는 '세상을 인식하고, 나의 관점을 구성하며, 사회를 이해하고 변화시키는 힘'을 기르는 과목이다. 윤리는 인간이 어떻게 살아야 하는가, 무엇이 올바른가를 탐구하는 과목이며, 사회문화는 사회의 구조와 인간의 행위를 이해하는 이론적 도구를 배우는 과목이며, 정치와 법은 국가 권력의 구조와 시민의 권리, 민주주의 원리를 이해하는 과목이며, 경제는 자원의 희소성과 선택, 시장 구조와 정책 결정을 다루는 과목이며, 지리는 공간과 인간의 상호작용을 분석하는 과목이며, 역사는 과거 사실의 나열이 아니라, 그 사실에 의미를 부여하고 해석하는 과정에 대한 과목이다.

2 ▸ 내신 공부

이제 과목별로 내신 공부법을 살펴보자.

여기에서 소개하는 공부법은 큰아들(현재 의대생)이 실제로 사용한 방법을 중심으로 구성하였다. 물론 더 구체적이고 다양한 방법은 실제로 합격한 수험생들의 공부법을 참고하는 것이 도움이 될 수 있다. 다만 공부법이라는 것은 개인의 성향, 학습 스타일, 환경 등에 따라 매우 다르기 때문에 하나의 방식으로 표준화하기는 어렵다. 또한 내신 시험의 출제 방식 역시 학교마다, 교사마다 큰 차이가 있기 때문에 본인의 학교와 교사의 출제 경향을 파악하는 것이 무엇보다 중요하다.

■국어 : 지문에 대한 깊은 이해가 내신 국어에서 가장 중요하다. 이를 위해 개념서를 활용하여 기본 개념을 정리하고, 교과서에 실린 지문은 암기 수준으로 반복해 정독하며 이해해야 한다. 내신 시험 시간은 50분으로 제한되어 있어, 시험 당일 처음 보는 지문을 충분히 읽기 어렵기 때문에 평소에 지문 내용을 숙지해두는 것이 필수적이다.

교과서 본문을 보면 어느 단원인지 즉시 떠오를 정도로 반복해 읽는 것이 바람직하다. 지문의 주제와 특징도 모두 암기하여, 문제를 푸는 데 시간을 아낄 수 있도록 해야 한다. 또한, 시험 범위를 다루는 내신 대비용 인터넷 강의를 수강하면 내용을 한 번 더 정리할 수 있어 큰 도움이 된다. 교과서 수업 내용, 자습서 해설, 인강에서 필기한 내용을 하나로 묶어 단권화하고, 이를 중심으로 반복 학습한다.

객관식 문제는 빠르게 해결해 서술형 문제에 시간을 충분히 확보하는 전략이 필요하다. 특히 암기한 내용을 바탕으로 서술형 정답처럼 직접 작성해보는 연습을 반복하면 실제 시험에서 실수를 줄이고 완성도 높은 답안을 쓸 수 있다.

■수학 : 수학 공부의 핵심은 매일 꾸준히 기본기를 다지는 것이다. 일정한 수준까지의 선행학습도 병행하면 효과적이다. 개념서를 활용하여 개념을 정확하게 이해하고 정리한 후, 다양한 문제집을 통해 반복 연습하며 심화문제까지 도전하면 수능 대비에도 도움이 된다. 내신 시험을 준비할 때는 시험 범위 내에서 문제집 3~4권을 선정해 푸는 것이 이상적이다. 학습 초반에는 쉬운 문제부터 시작해 개념을 다지고, 후반으로 갈수록 고난도 문제에 도전하면서 실력을 끌어올린다. 내신 수학에서도 시간 배분은 매우 중요하다. 따라서 시험이 가까워질수록 실제 시험 시간에 맞춰 푸는 '타임어택' 연습을 통해 실전 감각을 길러야 한다.

특히 고난도 문제는 1문제당 10~15분 이상 소요되기도 하므로, 학교에서의 자투리 시간을 활용해 이 문제들을 집중적으로 푸는 것도 좋은 방법이다. 무엇보다 제한된 시간 안에 정확하게 풀어내는 연습을 지속적으로 해야 안정적인 내신 성적을 확보할 수 있다.

■영어 : 영어 내신 대비의 핵심은 시험 범위에 포함된 지문을 반복해서 읽고 철저히 암기하는 것이다. 지문은 매일 한 번씩 꾸준히 읽되, 목적에 따라 다양한 방식으로 접근한다.

예를 들어 암기를 목적으로 할 때는 문장 단위로 세세하게 읽고, 혼동되기 쉬운 표현이나 문법적 요소에 집중하여 읽는다. 문법 중심의 독해 방식도 병행하면서 지문을 다각도로 분석해 나간다.

단어 암기도 매일 꾸준히 해야 하며, 교과서 본문과 시험 지문은 최소 5회 이상 반복해 읽으면서 복합문의 구조와 핵심 문법 사항을 철저히 익히는 것이 중요하다. 이러한 반복 학습을 통해 지문의 흐름과 의미를 완전히 이해해야 시험장에서 빠르게 문제를 해결할 수 있다. 또한, 암기한 내용을 바탕으로 서술형 정답처럼 문장을 구성해보는 연습도 필요하다. 이는 실제 서술형 문제에 대한 대응력을 높여주는 효과적인 학습 방법이다.

■과학(물-화-생-지) : 과학 과목은 평소 기본기를 다지는 것이 중요하며, 특히 개념 정리는 필수적이다. 시험 범위에 포함된 모든 내용을 철저히 암기하고, 암기한 내용을 서술형 정답처럼 작성해보는 연습을 통해 서술형 평가에 대비해야 한다. 단순히 개념을 이해했다고 해서 문제를 풀 수 있는 것은 아니기 때문에, 기출 문제를 중심으로 최대한 다양한 문제를 많이 풀어보는 것이 필요하다.

특히 고난도 문제의 경우, 주어진 시간 안에 해결하기가 쉽지 않기 때문에, 인터넷 강의 등에서 제공하는 문제 풀이 스킬이나 최적화된 접근 방식을 참고하는 것도 큰 도움이 된다. 개념과 문제 풀이 모두를 균형 있게 준비해야 과학 내신에서 좋은 성과를 거둘 수 있다.

재학생이 졸업하는 해에 바로 의대에 합격하기 위해서는 수시전형, 그중에서도 교과전형과 학종전형이 거의 유일한 길이다. 따라서 고등학교 재학 중 내신 성적 관리가 무엇보다 중요하다. 내신 준비 과정에서 완벽한 성적을 목표로 하더라도, 어떤 한 학기 또는 한 과목의 성적이 기대에 미치지 못할 수 있다. 이럴 때에도 끝까지 포기하지 않고 꾸준히 노력하는 자세가 필요하다.

우수한 성적을 3년간 지속하는 '안정적 성적 흐름'은 수시 학종에서 좋은 평가를 받는다. 그러나 성적이 점점 향상되는 '우상향 성적 흐름' 또한 성장 가능성과 학업역량 측면에서 긍정적인 평가를 받을 수 있다. 교과 성적이 다소 부족한 경우에도, 세부능력 및 특기사항의 기록을 통해 어느 정도 보완이 가능하다. 특히 마지막 학기인 3학년 2학기 성적까지도 성실하게 준비하여 최고의 성과를 내는 것이 중요하다.

그 성적은 정시 지원이나 수시 추가모집 등 혹시 모를 다음 기회를 위한 중요한 밑거름이 될 수 있다. 결국, 고등학교 3학년 2학기까지 절대 포기하지 않고 내신 준비에 최선을 다하는 것이 의대 진학을 위한 핵심 전략이다.

공부 방법을 찾아야 하거나 학습법에 변화가 필요한 학생, 그리고 과목별 학습법에 대해 더 알고 싶은 학생과 학부모에게는 관련 서적과 영상 콘텐츠를 추천한다. 예를 들어 《서울대 합격생 내신 공부법》과 《서울대 의대 1학년의 찐 합격 노트》와 같은 책은 내신 대비에 실질적인 도움을 줄 수 있다. 또한 《서울대 의대 합격시킨 국영수 공부법》, 《3년 내내 전교 1등은 이렇게 공부합니다》와 같은 유튜브 영상도 과목별 공부법을 실제 사례 중심으로 소개하고 있어 참고할 만하다. 책과 영상을 통해 다양한 학습 전략을 접하고 자신에게 맞는 방법을 찾아가는 것이 중요하다.

3 수능 공부

여기에 수록된 수능 공부 전략은 인공지능 언어모델 ChatGPT(GPT-4)와의 대화 내용을 토대로 정리된 것이다. 다양한 실제 사례와 수능 과목별 학습 노하우를 바탕으로, 인공지능이 제안한 분석과 조언을 반영하여 구성하였다.

1) 수능 국어는 '잘 읽는 시험'이 아니라 '읽은 것을 구조화하고, 논리적으로 설명할 수 있는가'를 보는 시험이다. 수능 국어 공부의 전반적 전략은 ①"지문 독해"가 아니라 "지문 구조화" 능력을 키워라. → 글의 구조를 그림으로 나타내고, 논리 흐름을 분석하는 연습. ②"한 문제에 오래 고민"하는 연습을 해라. → 오답을 통해 사고의 맹점을 점검하라. ③"문장 연결어"를 중심으로 맥락 파악 훈련하라. → '그러나', '띠리서', '한편' 등 연결어 분석은 독서·문학 공통 무기. ④"문제 풀이"보다 "나의 어어로 재구성"이 중요하다. → 이유를 설명하고 재표현해보는 훈련.

2) 수능 영어는 문장을 읽는 시험이 아니라, 의도를 추론하고 구조를 해석하며, 맥락을 이해하는 사고 시험이다. ①문법·어휘 지식 암기자보다 → 전체 흐름 속에서 문장의 의미와 기능을 파악할 수 있는 학생을 선발. ②문장 단위 해석자보다 → 글의 흐름, 의도, 논리를 읽어낼 줄 아는 학생을 평가. ③속독자보다 → 정확한 독해력과 집중력을 가진 학생에게 유리한 시험.

3) 수능 수학은 연결성·속도·사고력이 핵심 평가요소인 과목이다. ①개념 공부: "개념은 공식이 아니라 구조다" 수능 수학은 개념을 비틀어 묻는 방식으로 출제되므로 → 교과서 개념 + EBS 기본서의 핵심 개념 정리 노트화 필수. ②유형 학습: "유형은 문제의 언어를 배우는 훈련이다" 단원별 대표 유형 익히기 (기출 + EBS 유형서). '유형 → 출제의도 → 풀이 전략' 3단계로 분석. ③계산 연습: "계산은 정확성과 속도를 모두 요구한다" 단순 연산 실수 → 고난도 문제 실패로 이어짐으로 매일 20분 계산 문제 풀기 루틴 설정. ④사고 훈련: "수능 수학은 고정된 유형이 아닌 열린 사고를 요구한다" → 기존 개념 + 다단계 추론 + 변수 설정 + 논리 전개 필요. 오답노트는 정답이 아닌 자기 사고의 흐름을 시각화하는 용도로 써야 효과적. ⑥시간 관리 훈련: "수능은 100분의 전쟁이다" 1~20번: 빠르게 풀기 21~30번: 깊이 + 전략적 접근. ⑦기출: 매년 반복되는 출제의 틀 파악 (연도별 수능·모의 다회독) → 유형보다는 문제의 철학을 파악하는 데 집중. ⑧수학은 '틀리며 배우는 과목'이다. 오답은 실패가 아니라, 사고의 확장을 요구하는 신호이다.

4) 수능 과학은 물리 화학 생명과학 지구과학이다. 물리학 I은 개념 간 논리적 연결성이 강하고, 수식 활용 능력이 요구되는 과목이므로 개념을 수식으로 연결하고, 문제풀이에서 '현상 해석력' 기르고, 기출문제 중심 학습이 필요하다. 화학 I은 이해+계산+암기의 비율이 고르게 분포된 과목이므로, 핵심 개념을 압축 정리하고, 계산은 훈련으로 자동화할 필요가 있고, 문제 풀이 시 단위와 조건 체크가 습관화되어 있어야 한다. 생명과학 I은 단원 간 연결성은 약하나 암기량이 많은 과목이므로, 암기-이해 병행형 개념 정리가 필요하고, 도표와 그림 중심 학습이 요구되며, 질문을 스스로 생성하며 복습할 필요가 있다. 지구과학 I은 상대적으로 암기 비중이 크고 계산이 적으므로, 기출 중심 모형 반복 학습이 필요하고, 암기 자료는 상호 연결성 중심으로 암기하며, 자료 독해+단서 파악 훈련이 필요하다.

4 AI 시대 공부

책과 도서관, 그리고 컴퓨터와 인터넷은 인간의 지식과 관련하여 가장 위대한 발명품들이다. 이 발명품들은 지식을 보관하고 전달하는 데 혁명적인 기여했지만, 지식을 생산하지는 않았다. 지식 생산은 오롯이 인간의 몫이었다. 그러나 이제 인공지능이 지식을 생성하기 시작했다.

AI가 지식을 생성한다는 사실은 학문과 지식, 교육과 공부의 근간을 뒤흔드는 일이다. 지식을 생성한다는 것은 지식에 1차적으로 접근하는 주체가 된다는 것을 의미하며, 이는 곧 지식에 대한 접근 방식이 교육과 공부의 방식을 결정함을 뜻한다. 그렇다면 지식에 대한 접근 권한이 AI에게 넘어가고 있는 지금, 우리는 교육과 공부의 방법을 AI에게 물어야 하는 것이 아닐까. 필자는 ChatGPT에게 "AI 시대, 학생들은 무엇을, 어떻게 공부해야 하는가?"라는 질문을 던졌다.

그 질문에 대해 ChatGPT는 이렇게 답했다.

지식의 저장과 접근은 AI가 대부분 대체하며, 문제의 정답을 찾는 일은 AI가 빠르고 정확하다. 인간은 더 이상 정답을 맞히는 능력으로는 경쟁력을 갖기 어렵다. 따라서 학생의 공부는 단순히 '무엇을 알고 있는가'가 아니라 '어떻게 사고하고, 무엇을 창출하는가'로 옮겨가야 한다. AI 시대, 학생들은 "무엇"을 공부해야 하는가?

첫째, 깊이 있는 개념 이해력이다. 이는 암기가 아닌 개념 간 연결과 수학·과학·언어·사회 개념을 관계적 구조로 파악하는 능력을 의미한다.

둘째, 비판적 사고력이다. 이는 정보의 진위를 판단하고, AI가 제공하는 결과도 검증하고 질문할 수 있는 능력을 의미한다.

셋째는 문제 설정력이다. 이는 "정답 찾기"보다 문제 자체를 잘 만드는 능력이며, 이 능력이 인간 고유의 사고로 인정받는 영역이다.

넷째는 의미 구성력이다. 이는 복잡한 정보 속에서 가치와 방향을 찾는 능력이며, 철학, 윤리, 사회, 역사 공부가 이 힘을 기른다.

다섯째, 창의적 연결 능력이다. 이는 다양한 지식을 동섭하여 새로운 관섬, 새로운 해결 방안을 제시하는 능력이다. 동시에 학생들은 "어떻게" 공부해야 하는가?에 대한 답도 제시하였다. '문제풀이 중심'에서 '질문 생성 중심'으로, '지식 암기'에서 '지식 활용'으로, '정답'에서 '해석'으로, '개별 공부'에서 '협력적 학습'으로 변해야 한다고 강조하였다.

ChatGPT는 과목별 공부법에 대한 해법도 제시하였다.

국어는 독해력과 문법 중심에서 맥락 해석력, 논리적 글쓰기, 의미 구성 중심으로, **영어**는 문법/독해 암기 중심에서 영어로 질문하고, 탐구하고, 발표하는 능력 중심으로, **수학**은 공식 적용, 계산 중심에서 문제 상황의 수학화, 수리적 모델 설계 중심으로, **과학**은 개념+공식 외우기 중심에서 가설-실험-해석의 과정형 탐구력 중심으로, **사회**는 사실 암기 중심에서 현상 분석, 비판적 시사 해석, 윤리 판단으로 변해야 한다고 제시했다.

결론적으로, AI 시대의 공부는 지식을 외우는 것이 아니라 스스로 질문을 만들고, 의미를 해석하고, 타인과 연결하고, 나만의 생각을 기르는 과정이다라고 볼 수 있다.

제2장

의대 합격으로 가는
학교생활기록부와 수능

1 학교생활기록부와 수능 그리고 대학 입학전형

1 ▶ 학교생활기록부와 수능, 그리고 대학 입학전형

대학이 신입생을 뽑기 위해 고등학교나 교육부로부터 받는 자료는 학생부 교과, 학생부 비교과, 수능 성적이며, 여기에 대학이 자체적으로 면접을 추가하거나 논술전형을 실시할 수도 있다. 학생부 교과, 학생부 비교과, 수능 최저 기준, 면접, 논술 이 다섯 가지를 수시전형 요소라고 한다.

대학의 선발전형은 모집 시기에 따라 수시와 정시로 구분된다.

수시모집은 정시보다 먼저, 대학이 미리 자율적으로 신입생을 선발하는 제도이다. 대학은 수시모집에서 이 다섯 가지 전형요소를 적극적으로 활용한다. 정시모집은 수능 이후, 대학수학능력시험 성적을 중심으로 신입생을 선발하는 방식이다.

학교생활기록부(학생부)는 학생의 학교생활 태도와 학습 성장의 변화를 담아내는 종합적인 성장 보고서이다. 학생부는 크게 학생부 교과와 학생부 비교과로 나뉜다. 대학이 학생부 교과 성적만 반영하는 경우에는 '학생부 교과' 또는 '학생부'라고 표시하고, 학생부 교과와 비교과를 종합적으로 반영하는 경우에는 '학생부'라고 표기한다.

학생부는 학교 단위에서 이루어지는 평가이며, 대학수학능력시험(수능)은 한국교육과정평가원 주관으로 전국에서 동일한 방식으로 매년 11월 셋째 주 목요일에 시행되는 시험이다. 수능 결과는 12월 초나 중순경 학생과 대학에 제공된다.

대학은 학생부만으로는 파악하기 어려운 부분을 보완하기 위해 자체 면접을 실시하기도 한다. 또한 대학은 자체 선발방식의 하나로 논술전형을 운영하기도 한다. 논술전형은 인문학, 사회과학, 자연과학, 수학 등 다양한 주제에 대한 제시문을 읽고, 이에 대한 견해나 이론을 서술하는 방식으로 평가가 이루어진다.

다음은 학교 교육활동에서 시작하여 교육부의 평가, 그리고 대학의 최종 선발까지의 입학전형 흐름을 표로 정리한 것입니다.

교육과정.고교학점제	교육과정 핵심역량	학교교육활동 (3년 간의 교육과정-수업-평가-기록)	학생부:학교 단위평가	수능: 전국 단위 평가	대학입학전형 (의대 중심)		학생부 교과	학생부 비교과	면접	수능	대학 공통 역량
학생 선택 중심 교육 과정	자기관리역량 지식성보저리 역량 창의적사고 역량 심미적감성 역량 의사소통역량 공동체역량	1.교육과정 : 학교별 고교학점제+공동 교육과정 2. 수업 : 전과목 3. 평가 : 지필평가, 수행평가 4.기록	교과학습 발달사항 창의적 체험활동 세부능력및 특기사항 행동특성및 종합의견	국, 수, 영, 과탐 사탐	수시	교과 전형	활용	일부	일부	일부	학업 역량. 진로 역량. 공동체 역량
						학생부 종합	활용	활용	활용	일부	
						논술 전형	활용			활용	
					정시	수능 위주				활용	
						수능+ 교과	활용		일부	활용	

2. 대학 입학전형에 대한 이해

대학 입학전형의 명칭은 단순히 임의로 정해지는 것이 아니다. 경우에 따라 사회적 상황을 반영하기도 하며, 때로는 법적 근거를 토대로 명명되기도 한다.

전형의 초기 개념이 시간이 지나며 조금씩 수정되거나, 시대적 요구에 따라 새로운 개념이 수용되면서 변화하는 경우도 있다. 개별 대학의 입장에서는 고유한 전형 명칭을 갖는 것이 유리할 수 있다. 전형은 크게 학생부 교과전형, 학생부 종합전형, 논술전형, 수능전형으로 구분되며, 이들 큰 틀 안에서 지역균형전형, 지역인재전형 등의 세부 전형이 결립되는 형태로 운영된다.

- **교과전형이란** : 학생부의 항목 중에서 교과성적의 반영 비율이 50% 이상인 전형.
- **학생부 종합전형이란** : 다양한 능력을 지닌 학생들의 역량과 잠재력을 다양한 관점에서 평가하기 위해 도입된 제도로써, 교과성적과 학교생활 기록부를 바탕으로 학업역량, 진로역량, 공동체역량 등을 종합적으로 평가하는 전형.
- **지역균형전형이란** : 수도권정비계획법에 따라 수도권에 소재한 대학에서 학생부 교과전형 위주로 학교의 추천을 받아 최소 모집정원의 10%를 선발하는 전형.
- **지역인재전형이란** : 지방대학 및 지역균형인재 육성에 관한 법률에 따라 지방대학이 소재한 지역의 고등학교에서 입학부터 졸업까지의 모든 교육과정을 이수하고 졸업(예정)한 자를 대상으로 지방대학 의·치·한·약학대학의 지역인재 최소 입학 비율 이상을 선발하는 전형.

2028학년도 대입부터 지역인재로 선발되기 위해서는 ①지방 소재 중학교에서 모든 과정(입학~졸업)을 이수하고, ②해당 지방대학이 소재한 지역의 고등학교에서 모든 과정(입학~졸업)을 이수하여야 한다. (2028학년도부터는 해당 지역 중학교 졸업 요건 추가됨)

[지역인재 특별전형 참고]

해당 지역	범위	의.치.한.약대 학생 최소 입학 비율	간호대학 학생 최소 입학 비율
충청권	대전광역시, 세종특별자치시, 충남, 충북	40%	30%
호남권	광주광역시, 전남, 전북	40%	30%
대구.경북권	대구광역시, 경북	40%	30%
부산.울산.경남권	부산광역시, 울산광역시, 경남	40%	30%
강원권	강원도	20%	15%
제주권	제주특별자치도	20%	15%

2 의대 합격의 출발점, 학교생활기록부

1 ▶ 학교생활기록부를 이해하고 채워나가는 법

학교생활기록부(학생부)는 학생의 학교생활 태도와 학습 과정에서의 성장과 변화를 종합적으로 담아내는 학생 성장 보고서이다. 아래는 실제 학생부와 유사한 양식으로, 구성 항목별로 살펴보며 학생부의 구조를 이해하고 해석하는 방법을 익히는 것이 필요하다.

[학교생활기록부]

졸업 대장 번호				
학년 \ 구분	학과	반	번호	담임성명
1				
2				
3				

1. 인적·학적사항

학생정보	성명 :　　　　성별 :　　　　주민등록번호 : 주소 :
학적사항	년　월　일　○○ 중학교 제3학년 졸업 년　월　일　□□고등학교 제1학년 입학
특기사항	

2. 출결상황

학년	수업일수	결석일수			지 각			조 퇴			결 과			특기사항
		질병	미인징	기타	질병	미인징	기타	질병	미인정	기타	질병	미인정	기타	
1														
2														
3														

3. 수상경력

학년 (학기)		수 상 명	등 급(위)	수상연월일 (참가인원)	수여기관	참가대상
1	1			대입 미반영		
2	1			대입 미반영		
3	1			대입 미반영		

4. 자격증 및 인증 취득상황

<자격증 및 인증 취득상황>

구 분	명칭 또는 종류	번호 또는 내용	취득연월일	발급 기관
자격증		대입 미반영		

<국가직무능력표준 이수상황>

학년 학기	세분류	능력단위	이수시간	원점수	성취도	비고 (능력단위코드)
		대입 미반영				

5. 창의적 체험활동상황

학년	창 의 적 체 험 활 동 상 황			
	영역	시간	특기사항	
1	자율활동		500자	
	동아리활동		500자	
	진로활동		희망분야	대입 미반영
			700자	
2	자율활동		500자	
	동아리활동		500자	
	진로활동		희망분야	대입 미반영
			700자	
3	자율활동		500자	
	동아리활동		500자	
	진로활동		희망분야	대입 미반영
			700자	

학년	봉 사 활 동 실 적			
	일자 또는 기간	장소 또는 주관기관명	활동내용	시간 누계시간
1		봉사활동 실적 반영		
2		봉사활동 실적 반영		
3		봉사활동 실적 반영		

6. 교과학습발달상황
[1학년]

학기	교과	과목	단위수	원점수/과목평균 (표준편차)	성취도 (수강자수)	석차등급	비고
1	반영	반영	반영	반영	반영	반영	반영
이수단위 합계							

과 목	세부능력 및 특기사항
과목당 500자	

<진로 선택과목>

학기	교과	과목	단위수	원점수/ 과목평균	성취도 (수강자수)	성취도별 분포비율	비고
1	반영	반영	반영	반영	반영	반영	반영
이수단위 합계							

과 목	세부능력 및 특기사항
과목당 500자	

<체육·예술>

학기	교과	과목	단위수	성취도	비 고
1	반영	반영	반영	반영	반영
이수단위 합계					

과 목	세부능력 및 특기사항
과목당 500자	

7. 독서활동상황(기록 가능 대입 미반영)

학년	과목 또는 영역	독서 활동 상황
1	과목별 공통	대입 미반영
2	과목별 공통	대입 미반영
3	과목별 공통	대입 미반영

8. 행동특성 및 종합의견

학년	행동 특성 및 종합 의견
1	500자
2	500자
3	500자

위 학생부는 입력 가능한 글자 수의 제한과 대학입시에서의 반영 여부를 중심으로 핵심 요소를 볼드체로 표시하였다. 학생부 작성의 권한은 교과 담당교사와 담임교사에게 있으며, 각 항목별로 권한이 명확히 구분되어 있다. 이에 대한 구체적인 권한 분장은 아래와 같다.

출처 : 학교생활기록부 기재요령

학생부 항목		학생부 항목 입력 주체
출결상황 특기사항		학급 담임교사
창의적 체험활동상황 영역별 특기사항	자율활동	학급 담임교사
	진로활동	학급 담임교사
	동아리활동	해당 동아리 담당교사
교과학습 발달상황	교과학습발달상황	교과 담당교사
	과목별 세부능력 및 특기사항	교과 담당교사
	개인별 세부능력 및 특기사항	학급 담임교사
독서활동상황		교과 담당교사, 학급 담임교사
행동특성 및 종합의견		학급 담임교사

학교생활기록부(학생부)는 교육활동에 참여하는 학생의 성장과 학습 과정을 상시적으로 관찰·평가하여, 개별적인 특성과 발달 양상이 드러나도록 기록한 공식 문서이다. 대학은 지원자가 대학에서의 학업을 수행할 수 있는 능력과 소양을 갖추었는지를 판단하기 위해 학생부를 평가 자료로 활용하며, 이때 학생부의 교과학습 발달상황 항목을 중심으로 평가하는 전형을 '학생부 교과전형'이라 하고, 출결상황, 창의적 체험활동, 교과학습 발달상황, 세부능력 및 특기사항, 행동특성 및 종합의견 등 다양한 항목을 종합적으로 평가하는 전형을 '학생부 종합전형'이라 부른다.

학생부 항목 중 '교과학습 발달상황'은 학생의 교과 성취도를 나타내는 항목으로, 대학입시 전형에서 가장 중요한 요소 중 하나이다. 이 항목은 학생의 학업 노력 결과가 직접적으로 점수화, 등급화, 성취도화되어 수치로 기록되며, 정량적 평가의 성격이 강하다. 이에 반해 학생부의 다른 서술형 항목들은 학생의 행동과 태도, 학습 참여 등을 교사가 관찰하고 평가한 내용을 바탕으로 기술된다. 다시 말해, 개별 교사의 전문적 관점을 바탕으로 이루어진 관찰과 평가가 기록으로 남으며, 다수 교사의 기록이 누적되어 일정 수준의 객관성이 확보된다. 이후 대학의 입학사정관과 같은 학생부 해석 전문가에 의해 종합적 평가가 이루어진다.

학생부는 수많은 교과교사와 담임교사가 작성하는 개별 학생의 종합적인 기록이자,

동시에 대학 입학을 위한 중요한 평가 자료라는 이중적 성격을 지닌다. 고등학교 유형에 따라 각 학교가 지닌 특색이 다르듯, 각 교과교사와 담임교사 또한 고유한 시각과 평가 기준을 가지고 있다. 대학 역시 각기 다른 선발 기준과 평가 철학을 바탕으로 학생부를 해석한다.

이러한 복잡한 환경 속에서 학생은 자신의 미래를 결정지을 수 있는 학생부가 기록되어 가는 3년이라는 시간을 학교라는 공간에서 보내게 된다.

3학년 수시전형의 시기가 도래했을 때, 학생부는 항목별로 각각의 독립된 이야기를 담고 있으면서도, 전체적으로는 학업역량, 진로역량, 공동체역량을 입체적으로 보여주는 하나의 성장 스토리로 기능한다. 이러한 성장 스토리가 담긴 학생부를 가장 효과적으로 완성해 나가는 방법은 서울대학교 학생부 종합전형 안내 자료를 참고하는 것이 도움이 된다. 이해를 돕기 위해 해당 내용을 약간 수정하여 소개하면 다음과 같다.

"학생부 종합전형에 맞는 학생부를 준비하는 가장 좋은 방법은 주어진 환경에서 성실하게 고등학교 생활에 임하는 것입니다. 나 자신과 나의 꿈에 대해 치열하게 고민하고, 배우고 싶은 것이 있다면 학교 안의 다양한 기회를 활용하여 최선을 다해 배우시기 바랍니다. 친구들과 함께 도전해보고 싶은 활동이 있다면 주저하지 말고 시도해보세요. 자신의 학업능력을 보여줄 수 있는 기회가 있다면 망설이지 말고 도전하시기 바랍니다. 더 멋져 보이는 활동을 인위적으로 채우거나 과도하게 포장하려고 노력할 필요는 없습니다. 고등학교 3년은 여러분의 인생에서 다시는 돌아오지 않을 소중한 시간입니다. 학교생활기록부를 어떻게 채워야 할지 고민하기보다, 주어진 이 소중한 시간을 어떻게 살아갈 것인지 고민한다면, 자연스럽게 학생부 종합전형에 부합하는 기록으로 채워질 것입니다."

다음은 학생부 종합전형에서 중요한 평가를 차지하는 학생부 항목별 내용에 대해서 알아보자.

■ 창의적 체험활동

창의적 체험활동(창체)은 교과 외의 영역에서 학생이 주도적으로 참여하는 활동으로, 자율활동, 동아리활동, 봉사활동, 진로활동으로 구성된다. 교과와 유기적으로 연결되면 더욱 좋은 평가를 받을 수 있으며, 창체 역시 학생의 성장을 보여주는 하나의 이야기다.

학년이 올라갈수록 활동의 깊이와 의미가 더해지며, 그 과정이 학생부에 비교적 선명하게 드러난다. 특히 진로와 관련된 의미 있는 활동을 기반으로 교사의 관찰과 학생의 자기평가가 조화를 이룰 때, 대학은 그 기록을 통해 학생의 발전 경로를 읽는다. 자기평가서는 '동기-과정-결과-느낀점-연계활동'의 순으로 쓰는 것이 기본이며, 각 활동이 연결되어 하나의 이야기로 완성될 때 가장 인상 깊은 평가로 이어질 수 있다.

■ **자율활동** : 학급 자치에서부터 학교의 다양한 행사에 이르기까지 폭넓은 교육활동을 아우른다. 반드시 뚜렷한 성과나 눈에 띄는 역할을 하지 않아도 된다. 중요한 것은 활동에 성실히 참여하고, 그 과정에서 자신만의 의미를 찾아가는 것이다. 리더십은 학생회장이나 간부만의 전유물이 아니다. 수업 시간 조장으로서 친구들의 의견을 조율하고 협력하는 모습 속에서도 충분히 드러날 수 있다. 어떤 활동을 했느냐보다 어떻게 임했느냐가 더 중요하다. 또한, 사교육의 도움 없이 학교 내에서 학생 주도로 이루어진 자율탐구활동은 자율활동 특기사항으로 기록될 수 있다. 보여주기보다 살아 있는 배움과 진심 어린 참여가 자율활동의 진짜 가치를 만들어 낸다.

■ **동아리활동** : 학년별로 심화 단계를 높여가며 과학동아리, 생명과학 동아리, 화학생명과학 실험 동아리, 의대 동아리를 하는 것도 한 방법이다. 동아리활동은 학생의 진로와 역량을 가장 잘 보여줄 수 있는 주요한 활동이다. 만일 적합한 동아리가 없으면 비슷한 진로를 희망하는 학생을 모두 모아서라도 새로운 동아리를 만들어야 한다. 이론보다는 실습·실험 위주의 동아리를 권장한다.

■ **봉사활동** : 봉사활동은 꼭 진로와 관련 짓지 않아도 되며 순수하게 '봉사' '나눔' '사랑' 그 자체의 마음으로 적정 시간 이상을 하면 된다.

- **진로활동** : 단순한 정보 수집이나 체험을 넘어, 학생의 진로의식과 방향성을 꾸준히 가꾸어 나가는 중요한 성장 기록이다. 과학이나 의학 분야로의 진로를 희망한다면 관련 탐색과 설계 활동을 해마다 조금씩 심화시키는 것이 바람직하며, 실제로 이 항목은 매년 700자 분량으로 작성될 만큼 입시에서 중요한 의미를 가진다. 물론 활동이 반드시 의학이나 과학과 직접적으로 관련되지 않아도, 그 경험에서 진정성과 배움의 가치가 드러난다면 그것만으로도 충분히 평가받을 수 있다. 의대에 진학했다고 모두가 의사가 되는 것은 아니다. 중도에 진로를 바꾸거나 중단하는 경우도 있다. 그래서 진로활동에서 가장 중요한 것은 '그 학생이 앞으로 어떤 사람으로 살아갈 것인가'를 보여주는 것이다. 어려움 앞에서도 자신만의 방향을 지키고, 끊임없이 배우고자 하는 태도, 그게 진짜 진로활동의 의미라고 믿는다.

■ 교과학습 발달상황

'교과학습 발달상황'은 교과 내용 및 교과 성적과 관련된 핵심 자료 항목으로, 대학입시에서 매우 중요한 평가 요소다. 우선, 매번 시험마다 최선을 다해 내신 성적을 관리하는 것이 기본이며, 등급이 산출되는 과목은 1등급, 성취도로 평가되는 과목은 A를 목표로 꾸준히 노력해야 한다. 특정 학년이나 학기, 일부 과목에서 성적이 부족하더라도 결코 포기해서는 안 된다. 3년 동안 최고 성적을 유지하는 것도 중요하지만, 성적이 지속적으로 향상되는 모습 역시 의대 합격 가능성을 높이는 중요한 요소다. 학년이 올라갈수록 성적이 상승하거나, 주요 교과에서 꾸준한 향상이 나타나거나, 전 과목 성적이 점진적으로 좋아지는 학생은 높은 잠재력과 발전 가능성을 지닌 학생으로 평가받는다.

의대 합격은 단지 우수한 교과 성적만으로 결정되지 않는다. 만약 원하는 수준의 교과 성적을 얻지 못했다 하더라도, 다른 전략을 통해 충분히 보완할 수 있다. 예를 들어, '세부능력 및 특기사항' 항목을 통해 학업에 대한 태도와 탐구력을 강조하거나, 수능이 예년보다 어려워져 전체 수험생의 수능 최저기준 충족률이 낮아지는 경우, 상대적으로 합격 가능성이 높아질 수 있다. 또한, 3학년 2학기에서 우수한 교과 성적을 거두면 다음 해 수시전형에서 다시 6장의 지원 기회를 활용해 새노선을 보색할 수 있다.

교과 성적을 올바르게 이해하려면 '석차등급', '성취도 5단계', '성취도 3단계'에 대한 개념을 먼저 정확히 파악해야 한다. 석차등급은 학교 단위에서 각 과목별로 학생이 받은 점수를 기준으로 석차를 산출한 뒤, 이를 일정한 비율에 따라 구간으로 나누어 부여하는 등급으로, 상대평가에 해당한다. 반면 성취도는 절대평가 방식으로, 학생이 획득한 점수가 100점을 기준으로 했을 때 몇 퍼센트에 해당하는지를 나타내며, 이 성취율을 바탕으로 성취도 5단계 또는 3단계로 구분하여 평가한다. 아래 자료를 참고하면 이러한 평가 방식의 차이와 구조를 보다 쉽게 이해할 수 있을 것이다.

출처 : 학교생활기록부 기재요령

성취도 5단계

성취율	성취도
90% 이상	A
80% 이상 ~ 90% 미만	B
70% 이상 ~ 80% 미만	C
60% 이상 ~ 70% 미만	D
60% 미만	E

성취도 3단계

성취율(원점수)	성취도
80% 이상 ~ 100%	A
60% 이상 ~ 80% 미만	B
60% 미만	C

석차등급

석차등급	석차누적비율
1등급	~ 4%이하
2등급	4%초과 ~ 11%이하
3등급	11%초과 ~ 23%이하
4등급	23%초과 ~ 40%이하
5등급	40%초과 ~ 60%이하
6등급	60%초과 ~ 77%이하
7등급	77%초과 ~ 89%이하
8등급	89%초과 ~ 96%이하
9등급	96%초과 ~ 100%이하

■ 교과

'교과'는 '교과목명'의 상위 개념으로, 예를 들어 국어 교과 안에는 국어, 독서, 문학 등의 다양한 교과목이 포함된다. 학생부 종합전형과 고교학점제에서는 어떤 과목을 이수했는지가 매우 중요하게 작용하며, 반면 학생부 교과전형에서는 과목의 종류보다는 해당 과목에서 얼마나 높은 등급과 성취도를 받았는지가 핵심이다.

학생부 종합전형을 준비할 경우, 자녀가 어떤 과목을 선택하고 학습해야 하는지는 앞서 설명한 '대학이 제시하는 전공 연계 선택과목' 항목을 다시 확인해보는 것이 좋으며, 학생이 어떤 전형에 더 적합한지를 판단한 뒤, 내신의 유불리, 아이의 적성과 특성을 종합적으로 고려하여 과목을 선택하는 것이 바람직하다.

■ 세부능력 및 특기사항

교사에 따라 세부능력 및 특기사항(세특)에 기록되는 주요 수업 활동은 다소 차이가 있을 수 있다. 일반적으로는 수행평가, 학생 참여형 수업 활동, 수업 집중도, 독서 활동, 수업 관련 탐구보고서, 주제 발표 수업 등이 주된 내용으로 반영된다. 학생들은 이러한 주요 수업 활동에 평소보다 더욱 적극적으로 참여할 필요가 있으며, 이는 자신의 교육적 노력이 보다 정확하게 기록되기 위한 전제 조건이기도 하다.

교사에게는 학생의 학습 과정을 충실하게 기록할 책무가 있고, 학생에게는 자신의 성실한 노력이 정당하게 평가받을 자격이 있다. 교사와 학생이 서로의 역할에 최선을 다한다는 믿음 속에서, 우수한 세특이 자연스럽게 형성될 수 있다. 가장 이상적인 세특은 학생의 진정성 있는 노력이 교사의 진심 어린 관찰과 기록을 통해 생생하게 드러나는 기록이다.

■ 행동특성 및 종합의견

'행동특성 및 종합의견'은 학생의 행동특성을 포함하여 각 항목에 기록된 내용을 종합적으로 고려해 학생을 전체적으로 이해할 수 있도록 담임교사가 문장 형식으로 입력하는 영역이다. 이 항목은 학생에 대한 일종의 추천서이자 향후 지도의 기초 자료로 활용될 수 있도록 성실하게 작성되어야 한다.

학생의 장점과 단점은 모두 객관적인 사실에 근거해 기술하되, 단점을 언급할 경우에는 반드시 변화 가능성이나 개선 의지를 함께 서술하는 것이 바람직하다. 이 영역에서는 학업역량, 진로역량, 공동체역량 등을 통합적으로 드러낼 수 있어야 하며, 우수한 행특은 학생의 진정한 노력을 교사가 성실하게 관찰하고 그 진심을 담아 기록한 결과물이어야 한다.

2 ▸ 의대 맞춤형 학생부를 위한 진로학업 설계계획

진로학업 설계계획서-의대 관련 예시

| 진로(학과)설정 | ➡ | 진로(학과) 관련 학업 설계 | ➡ | 수능 응시 과목 |

	1학년	2학년	3학년		수능 응시 과목
	과목 선택	과목 선택	과목 선택		과목 선택
		수학I, 수학II	미적분		국어:언매,화작
		확률과통계	기하		수학:미적,확통
		물화생지 I	물화생지 II		
		생활과 윤리	고급 물화생지		
			물화생지 실험		
			윤리와 사상		
			심리학		
1. 의학계열	자율활동	자율활동	자율활동		영어:절대평가
2. 의학계열/신경과	탐색 프로젝트	탐구 프로젝트	탐구 프로젝트		
3. 의학계열/신경과	동아리	동아리	동아리		한국사:절대평가
	과학동아리	과학실험동아리	과학실험동아리		
	봉사활동	봉사활동	봉사활동		탐구과목 2
	꾸준한 봉사	꾸준한 봉사	꾸준한 봉사		1.물화생지I, II
	진로활동	진로활동	진로활동		2.물화생지I, II
	진로탐색활동	진로프로젝트	진로프로젝트		
	독서	독서	독서		
	인문자연독서	진로관련독서	전공관련독서		
	방과후 활동	방과후 활동	방과후 활동		
	자유 선택	자유 선택	자유 선택		

　　고교학점제는 학생이 진로를 이미 확정하였거나 확정해가는 중이라는 전제를 바탕으로 운영되는 교육과정이기 때문에, 진로 및 학업 설계계획은 핵심 요소로 작용한다. 진로가 의과대학 진학인 경우, 서울대, 경희대, 고려대, 성균관대, 연세대, 중앙대 등 주요 대학에서 제시하는 전공 연계 교과 이수 과목을 참고하여 과목을 선택하는 것이 바람직하다.

　　또한 자율활동, 동아리활동, 봉사활동, 진로활동 등 비교과 영역에서도 의학과 관련된 활동을 사전에 기획하고 준비해두면, 전공 적합성과 진로 의지를 드러내는 데 큰 도움이 된다.

매 학년 말에는 학생부와 진로학업 설계계획을 대조하여, 앞으로 나아가야 할 방향을 점검하고 조정하는 것이 큰 도움이 된다. 부모가 항상 유의해야 할 점은, 이미 되돌릴 수 없는 시점이 지난 후에야 중요한 사실을 알게 되는 실수를 범하지 않는 것이다.

고등학교 시절에는 바로잡을 수 있는 실수도 있지만, 때로는 수정이 불가능하거나 1년이라는 시간을 더 투자해야만 하는 치명적인 실수도 발생할 수 있다. 이러한 실수를 최소화하기 위해서는 부모가 끊임없이 양질의 책과 자료를 읽고 공부하며, 변화하는 입시 환경과 교육 제도에 대해 지속적으로 이해하려는 노력이 필요하다.

사소한 실수 하나가 학생에게 예상보다 훨씬 큰 고통과 부담을 안겨줄 수 있기 때문이다.

3 학생부 종합전형으로 보는 학교생활기록부

다음은 건국대, 경희대, 연세대, 중앙대, 한국외대 5개 대학이 공동으로 연구하고 만들어 낸 NEW 학생부 종합전형 공통 평가요소 및 평가항목이다.

출처 : 건국대, 경희대, 연세대, 중앙대, 한국외대 입학처

평가 요소	평가 항목	개념 및 세부평가내용
학업 역량	학업 성취도	개념 : 고교 교육과정에서 이수한 교과의 성취수준이나 학업 발전의 정도
		1. 대학 수학에 필요한 기본교과목(국, 수, 영, 사/과 등)의 교과 성적은 적절한가?
		2. 그 외 교과목의 교과성적은 어느 정도인가? 유난히 소홀한 과목이 있는가?
		3. 학기별/학년별 성적의 추이는 어떠한가?
	학업 태도	개념 : 학업을 수행하고 학습해 나가려는 의지와 노력
		1. 성취동기와 목표의식을 가지고 자발적으로 학습하려는 의지가 있는가?
		2. 새로운 지식을 획득하기 위해 자기주도적으로 노력하고 있는가?
		3. 교과 수업에 적극적으로 참여해 수업 내용을 이해하려는 태도와 열정이 있는가?

평가 요소	평가 항목	개념 및 세부평가내용
진로 역량	탐구력	개념 : 지적 호기심을 바탕으로 사물과 현상에 대해 탐구하고, 문제를 해결하려는 노력
		1. 교과와 각종 탐구활동 등을 통해 지식을 확장하려고 노력하고 있는가?
		2. 교과와 각종 탐구활동에서 구체적인 성과를 보이고 있는가?
		3. 교내 활동에서 학문에 대한 열의와 지적 관심이 드러나고 있는가?
	전공 관련 교과 이수 노력	개념 : 고교 교육과정에서 전공에 필요한 과목을 선택하여 이수한 정도
		1. 전공(계열)과 관련된 과목을 적절하게 선택하고, 이수한 과목은 얼마나 되는가?
		2. 전공(계열)과 관련된 과목을 이수하기 위하여 추가적인 노력을 하였는가? (예: 공동교육과정, 온라인수업, 소인수과목 등)
		3. 선택과목(일반/진로)은 교과목 학습단계(위계)에 따라 이수하였는가?
	전공 관련 교과 성취도	개념 : 고교 교육과정에서 전공에 필요한 과목을 수강하고 취득한 학업성취 수준
		1. 전공(계열)과 관련된 과목의 석차등급/성취도, 원점수, 평균, 표준편차, 이수단위, 수강자 수, 성취도별 분포비율 등을 종합적으로 고려한 성취 수준은 적절한가?
		2. 전공(계열)과 관련된 동일 교과 내 일반선택과목 대비 진로선택과목의 성취수준은 어떠한가?
	진로 탐색 활동과 경험	개념 : 자신의 진로를 탐색하는 과정에서 이루어진 활동이나 경험 및 노력 정도
		2-1. 자신의 관심 분야나 흥미와 관련한 다양한 활동에 참여하여 노력한 경험이 있는가?
		2-2. 교과 활동이나 창의적 체험활동에서 전공(계열)에 대한 관심을 가지고 탐색한 경험이 있는가?
공동 체역 량	협업과 소통 능력	개념 : 공동체의 목표를 달성하기 위해 협력하며, 구성원들과 합리적인 의사소통을 할 수 있는 능력
		1. 단체 활동 과정에서 서로 돕고 함께 행동하는 모습이 보이는가?
		2. 구성원들과 협력을 통하여 공동의 과제를 수행하고 완성한 경험이 있는가?
		2-3. 타인의 의견에 공감하고 수용하는 태도를 보이며, 자신의 정보와 생각을 잘 전달하는가?
	나눔과 배려	개념 : 상대방을 존중하고 이해하여 원만한 관계를 형성하며, 타인을 위하여 기꺼이 나누어 주고자 하는 태도와 행동
		1. 학교생활 속에서 나눔을 실천하고 생활화한 경험이 있는가?
		2. 타인을 위하여 양보하거나 배려를 실천한 구체적 경험이 있는가?
		3. 상대를 이해하고 존중하는 노력을 기울이고 있는가?

평가 요소	평가 항목	개념 및 세부평가내용
	성실성과 규칙 준수	개념 : 책임감을 바탕으로 자신의 의무를 다하고, 공동체의 기본 윤리와 원칙을 준수하는 태도
		1. 교내 활동에서 자신이 맡은 역할에 최선을 다하려고 노력한 경험이 있는가?
		2. 자신이 속한 공동체가 정한 규칙과 규정을 준수하고 있는가?
	리더십	개념 : 공동체의 목표 달성을 위해 구성원들의 상호작용을 이끌어가는 능력
		1. 공동체의 목표를 달성하기 위해 계획하고 실행을 주도한 경험이 있는가?
		2. 공동체의 목표를 달성하기 위해 계획하고 실행을 주도한 경험이 있는가?

건국대, 경희대, 연세대, 중앙대, 한국외대 등 5개 대학이 공동으로 연구하여 개발한 NEW 학생부 종합전형 공통 평가요소 및 평가항목은 앞으로 많은 대학들이 채택하게 될 표준 모델로 자리잡을 가능성이 크다. 이 공통 평가체계는 세 가지 평가요소, 즉 학업역량, 진로역량, 공동체역량으로 구성되어 있다.

학업역량은 학업성취도, 학업태도, 탐구력이라는 세 가지 평가항목을 통해 평가하며, 진로역량은 전공(계열) 관련 교과 이수 노력, 해당 교과의 성취도, 그리고 진로 탐색 활동과 경험을 중심으로 평가한다. 공동체역량은 협업 및 소통능력, 나눔과 배려, 성실성과 규칙 준수, 리더십 등의 항목을 바탕으로 평가된다. 각 의과대학은 이 세 가지 평가요소에 대해 서로 다른 반영 비중을 설정하여 학생의 역량을 종합적으로 판단하고 있으며, 이는 대학의 선발 철학과 전공 특성에 따라 달라질 수 있다.

4 우수한 평가를 받는 학교생활기록부

학생의 3년간 성장과 관련된 교육활동 자료가 모두 담긴 학교생활기록부에 대해 우수한 평가를 받기 위한 절대적인 기준은 존재하지 않는다. 대학마다 추구하는 인재상과 평가 요소가 다르며, 평가자들의 시각에도 미세한 차이가 있기 때문이다.

다음에 제시하는 내용은 단지 하나의 기준점일 뿐이며, 이를 이해하고 학생에게 적합한 방향으로 학생부를 채워가기 위해 최선을 다하는 것이 중요하다. 만약 이 기준점에서 약간 벗어났더라도, 다른 보완적 방법을 찾아가는 것이 가능하다.

- **진로학업 설계계획서 :** 우수한 학생부를 완성하기 위해서는 학생 스스로 진로학업 설계계획서를 작성하고, 자신의 진로와 학교 상황을 고려하여 가장 적절한 실행 방안을 구상한 뒤 이를 단계적으로 실천해 나가야 한다.
- **교과 :** 의과대학별 핵심 권장과목과 일반 권장과목을 중심으로 수학과 과학 교과를 가능한 한 많이 이수하도록 노력해야 한다.
- **교과성적 :** 학교 수업에 적극적으로 참여하여 일반고 기준으로 5개 학기 평균 등급이 최소 1.3등급 이상이 되도록 하거나, 학년이 올라갈수록 전반적인 성적이 상승하는 '우상향'의 흐름을 나타내거나, 학년별로 특정 교과의 성적이 꾸준히 향상되는 모습을 보이는 것이 바람직하다.
- **세부능력 및 특기사항 :** 학생은 일상적인 수업 참여에 적극성을 보이고, 특히 협동학습, 토의·토론 학습, 프로젝트 학습 등 학생 참여형 수업이나 학교 자율적 교육과정으로 운영되는 수업량 유연화 수업, 수행평가 등에 능동적으로 참여해야 한다. 이 과정에서 동료평가서, 자기평가서, 수업산출물, 소감문, 독후감 등을 발표하거나 제출함으로써 학생부 기록의 근거자료를 충실히 마련하고, 이를 바탕으로 교사는 학생부 기재요령에 따라 탐구력이 점진적으로 심화되는 형태의 세특을 작성하게 된다. 이는 대학의 학종 평가표에서 긍정적인 평가를 이끌어낼 수 있다.
- **창의적 체험활동 특기사항 :** 자율활동, 동아리활동, 봉사활동, 진로활동은 교과와 통합·연계되어 진로와 직간접적으로 연결되고, 학생의 성장을 하나의 이야기로 풀어내는 구조를 지녀야 한다. 이러한 요소들이 유기적으로 연계된 창체 특기사항은 학생의 진로 중심 탐색과 발전을 보여주는 중요한 지표가 된다.

결론적으로, 좋은 평가를 받는 학교생활기록부는 1, 2, 3학년에 걸친 교과, 교과성적, 교과 세특, 창의적 체험활동 특기사항 등이 학생의 진로를 중심으로 유기적으로 연결되어 있으며, 그 안에서 탐구의 깊이가 점차 심화되어 가는 모습을 보여주는 학생부이다.

3 의대 합격의 결정적 변수, 대학수학능력시험

1 대학수학능력시험에 대하여

■ 수능 시행 계획

현재 시행 중인 대학수학능력시험은 2015 개정 교육과정이 적용되는 체제로, 국어·수학·영어·사회/과학탐구·제2외국어/한문 등의 영역으로 구성되어 있다.

국어와 수학 영역은 공통과목과 선택과목이 결합된 구조로 출제되며, 영어·한국사·제2외국어/한문 영역은 절대평가 방식으로 시행된다.

탐구 영역은 사회 또는 과학 과목 중에서 선택하는 방식으로 출제된다. 수능의 각 영역에 대해 문항 수, 문항 유형, 배점, 시험 시간, 출제 범위, EBS 연계 교재 등 핵심 요소를 항목별로 정리하여 이해하면 전체 구조를 보다 명확하게 파악할 수 있다.

출처 : 한국교육과정평가원, EBS

구분 영역	문항 수	문항 유형	배점		시험 시간	출제 범위(공통/선택과목)	EBS 연계 교재
			문항	전체			
국어	45	5지 선다형	2, 3	100점	80분	• 공통과목 : 독서, 문학 • 선택과목(택1) : 화법과 작문, 언어와 매체 • 공통75%, 선택25% 내외	• 수능특강:문학, 독서, 화법과작문, 언어와매체 • 수능완성:문학·독서·화법과작문문학·독서·언어와매체
수학	30	5지 선다형, 단답형	2, 3, 4	100점	100분	• 공통과목 : 수학Ⅰ, 수학Ⅱ • 선택과목(택 1): 확률과 통계, 미적분, 기하 • 공통75%, 선택25% 내외 • 단답형 30% 포함	• 수능특강:수학Ⅰ, 수학Ⅱ, 확률과통계, 미적분, 기하 • 수능완성:수학Ⅰ·수학Ⅱ·확률과동세, 수학Ⅰ·수학Ⅱ·미적분, 수하Ⅰ·수하Ⅱ·기하
영어	45	5지	2, 3	100점	70분	• 영어Ⅰ, 영어Ⅱ를 바탕으로	• 수능특강:영어, 영어독해연

구분 영역	문항 수	문항 유형	배점		시험 시간	출제 범위(공통/선택과목)	EBS 연계 교재
			문항	전체			
		선다형 (듣기 17문항)				다양한 소재의 대화·담화, 지문과 자료를 활용하여 출제 • 절대평가 9등급제	습, 영어듣기 • 수능완성:영어
한국사 (필수)	20	5지 선다형	2, 3	50점	30분	• 한국사를 바탕으로 우리 역사에 대한 기본 소양을 평가하기 위한 핵심 내용 중심으로 출제 • 절대평가 9등급제	
탐구 (과학 탐구)	과목당 20	5지 선다형	2, 3	과목 당 50점	과목당 30분	물리학Ⅰ, 화학Ⅰ, 생명과학Ⅰ, 지구과학Ⅰ, 물리학Ⅱ, 화학Ⅱ, 생명과학Ⅱ, 지구과학Ⅱ 과목 중 최대 택 2	• 수능특강, 수능완성:물리학Ⅰ, 화학Ⅰ, 생명과학Ⅰ, 지구과학Ⅰ, 물리학Ⅱ, 화학Ⅱ, 생명과학Ⅱ, 지구과학Ⅱ
제2외국어/한문	과목당 30	5지 선다형	1, 2	과목 당 50점	과목당 40분	독일어Ⅰ, 프랑스어Ⅰ, 스페인어Ⅰ, 중국어Ⅰ, 일본어Ⅰ, 러시아어Ⅰ, 아랍어Ⅰ, 베트남어Ⅰ, 한문Ⅰ 9개 과목 중 택 1	
각 문항의 점수는 교육과정상의 중요도, 소요 시간, 난이도 등을 고려하여 정수로 차등 배점합니다.							EBS 연계율 50%, 과목 특성에 따라 간접연계 방식.

■ 영역별 출제 방향

■ 국어 영역

국어 영역은 독서와 문학을 공통과목으로 하고, 화법과 작문, 언어와 매체 중 1개를 선택해 공통과목+선택과목 조합으로 시험을 치른다. 교과목과 관련된 지식과 개념, 어휘력, 사실적·추론적·비판적·창의적 사고력 등을 측정할 수 있는 문항을 출제한다. 변별력이 높은 문항으로 독서 1~2문제, 문학 1~2문제, 화법과 작문 1~2문제, 언어와 매체 1~2문제를 출제한다.

■ 수학 영역

수학 영역은 수학Ⅰ과 수학Ⅱ을 공통과목으로 하고, 확률과 통계, 미적분, 기하 중 1개를 선택해 공통과목+선택과목 조합으로 시험을 치른다. 지나치게 복잡한 계산 위주 문항의 출제를 지양하고. 단순한 기억이나 암기로 해결할 수 있는 문항의 출제를 지양하고,

교과의 특성을 바탕으로 한 이해력과 사고력을 측정할 수 있는 문항을 출제한다. 변별력이 높은 문항으로 수학Ⅰ 1~2문제, 수학Ⅱ 1~2문제, 확률과 통계 1~2문제, 미적분 1~2문제, 기하 1~2문제를 출제한다.

■ 영어 영역

영어Ⅰ, 영어Ⅱ를 바탕으로 철학, 환경, 심리, 언어, 교육, 음악, 미술, 역사, 생명과학, 지구과학, 의학 등 다양한 소재의 대화·담화, 지문과 자료를 활용하여 출제한다. 변별력이 높은 문항으로는 빈칸 추론 문제 등에서 3~4문제를 출제한다.

■ 탐구 영역

물리학Ⅰ, 화학Ⅰ, 생명과학Ⅰ, 지구과학Ⅰ, 물리학Ⅱ, 화학Ⅱ, 생명과학Ⅱ, 지구과학Ⅱ 과목 중 최대 택 2개를 선택해서 시험을 치른다. 과학 개념에 대한 충분한 이해를 바탕으로 과학적 탐구를 위한 사고력과 탐구를 통해 얻어진 개념의 적용 및 문제 해결 능력을 측정하도록 출제한다. 변별력이 높은 문항으로 각 과목마다 1~2문제 출제한다. 선택 과목 간 유불리 가능성을 최소화할 수 있도록 출제하는 것이 중요하다. 과학Ⅱ 과목에서 표준점수가 비교적 높게 나오는 문제가 발생하고 있다.

■ 수능 성적

아래는 수능 성적통지표의 예시를 설명한 내용이다.

절대평가로 시행되는 한국사 영역과 영어 영역은 1등급부터 9등급까지의 등급만 제공되며, 원점수나 표준점수, 백분위는 표시되지 않는다. 반면, 국어, 수학, 탐구, 제2외국어/한문 영역은 영역 및 과목별로 표준점수, 백분위, 등급이 모두 기재되며, 이때 등급은 9등급제로 제공된다. 원점수는 수험생이 실제로 획득한 점수를 의미하지만, 수능 성적표에는 제공되지 않는다.

표준점수는 전체 응시자의 평균과 표준편차를 고려해 변환한 점수로, 난이도에 따른 변별력을 학보하기 위해 사용된다. 표준점수는 다음과 같은 산식으로 산출된다: 국어/수학 표준점수 = 20 × ((수험생 원점수 - 응시 집단 전체 평균 원점수) ÷ 응시 집단 전체 원점수 표준편차) + 100. 백분위는 해당 수험생보다 낮은 점수를 받은 응시자의 비율을 백분율(%)로 나타낸 수치로, 상대적 위치를 보여준다.

<2024학년도 대학수학능력시험 성적통지표(예시)>

수험번호 12345678	성 명 홍 길 동		생년월일 05. 09. 05.	성별 남	출신고교 (반 또는 졸업 연도) 한국고등학교 (9)		
영　역	한국사	국어	수학	영어	탐구		제2외국어/한문
선택과목		화법과 작문	확률과 통계		윤리와 사상	지구과학 I	독일어 I
표준점수		131	135		59	66	
백분위		96	95		75	93	
등　급	2	1	2	1	4	2	2

2023. 12. 8.

한 국 교 육 과 정 평 가 원 장

　수능의 영역별 1등급 컷은 매년 수능의 난이도에 따라 달라진다. 이른바 '불수능'이 되는 해에는 시험이 어려워 전체 원점수가 하락하면서 최고 표준점수가 상승하고, 반대로 '물수능'이 되는 해에는 시험이 쉽게 출제되어 전체 원점수가 올라가면서 최고 표준점수는 하락하는 경향을 보인다. 대체로 국어 영역에서는 일반적으로 '언어와 매체' 선택자의 표준점수가 '화법과 작문' 선택자보다 높게 형성되며, 수학 영역에서는 '미적분'과 '기하' 선택자의 표준점수가 '확률과 통계'보다 높게 나타나는 경향이 있다.

　이러한 난이도 변화는 수시 교과전형의 등급 컷에도 의미 있는 영향을 미친다. 불수능일 경우, 고3 재학생들이 수능최저학력기준을 충족하는 데 어려움을 겪으므로 합격선이 다소 하락하고, 이에 따라 교과 성적 등급 컷이 낮아지는 경향이 나타난다.

　반면 물수능일 경우, 고3 재학생들이 수능최저기준을 보다 쉽게 충족할 수 있어 경쟁이 심화되고, 그 결과 교과등급 컷이 소폭 상승하는 현상이 발생한다. 이처럼 수능 난이도는 단순히 수능 성적에만 영향을 미치는 것이 아니라, 수시전형의 합격 가능성에도 직결되는 중요한 변수로 작용한다.

수능영역 (수능난도) ＼ 수능연도	25학년도	24학년도	23학년도	22학년도	21학년도	20학년도
국어	139	150	134	149	144	140
수학(미적분)	140	148	145	147	137	134
영어	6.22%	4.71%	7.83%	6.25%	12.7%	7.4%
수능 난도	물수능	강불수능	약불수능	강불수능	약불수능 (수학통합)	약불수능 (수학가·나)

2 전국연합학력평가 성적표 보는 법

고등학교 3년 동안 학생들은 매년 4차례의 전국연합 학력평가를 치르며, 고3이 되면 여기에 6월과 9월의 모의수능평가가 추가된다. 1학년부터 치르게 되는 전국연합 학력평가와 고3의 모의수능평가 성적은 모두 체계적으로 모아두는 것이 중요하다. 이 성적 자료들은 고3 수시모집 시기에 수능최저학력기준 충족 가능성을 예측하고 전략을 수립하는 데 핵심적인 분석 자료로 활용되기 때문이다. 정기적인 성적 기록 관리와 누적 관찰은 진학 전략을 세우는 데 있어 매우 실질적인 도움을 줄 수 있다.

2023학년도 4월 고3 전국연합학력평가 성적 통지표(학생용)

시·도: — / 학교명: — / 학교번호: — / 학년: — / 반: — / 번호: — / 성명: — / 성별: 남 / 실시일: 2023. 5. 10.

영역 (선택 과목)	원점수 배점	원점수 득점	표준점수 범위	표준점수 득점	학급석차	학교석차	전국백분위	등급	응시자수
국 어 (언어와 매체)	100	100	0~200	137	1/20	1/194	99.83	1	283371
수 학 (미적분)	100	76	0~200	137	1/20	2/196	96.65	1	282492
영 어	100	80				원점수에 의한 등급 (2)			284934
한 국 사	50	42				원점수에 의한 등급 (1)			285462
탐구 화학Ⅰ	50	36	0~100	64	1/10	1/27	88.50	2	38002
탐구 생명과학Ⅰ	50	33	0~100	58	3/16	8/64	75.57	4	89091

해당등급 전국 인원수[해당등급 전국 인원 비율(%)]

응시자수	1등급	2등급	3등급	4등급	5등급	6등급	7등급	8등급	9등급
283371	11536 (4.07)	20496 (7.23)	35855 (12.65)	51007 (18.00)	53365 (18.83)	46855 (16.53)	34001 (12.00)	20133 (7.10)	10123 (3.57)
282492	11482 (4.06)	25114 (8.89)	28891 (10.23)	48514 (17.17)	56771 (20.10)	49652 (17.58)	32000 (11.33)	20498 (7.26)	9570 (3.39)
284934	14171 (4.97)	32283 (11.33)	42736 (15.00)	46209 (16.22)	40861 (14.34)	36116 (12.68)	31093 (10.91)	25764 (9.04)	15701 (5.51)
285462	15603 (5.47)	18596 (6.51)	28034 (9.82)	39392 (13.80)	50602 (17.73)	51746 (18.13)	48314 (16.92)	29257 (10.25)	3918 (1.37)
38002	1548 (4.07)	3179 (8.37)	4206 (11.07)	6395 (16.83)	8662 (22.79)	6405 (16.85)	4171 (10.98)	2250 (5.92)	1186 (3.12)
89091	4252 (4.77)	6407 (7.19)	10235 (11.49)	16194 (18.18)	19100 (21.44)	12816 (14.39)	12603 (14.15)	5795 (6.50)	1689 (1.90)

영역별 세부영역

국어 영역 세부영역	배점	득점	전국평균	수학 영역 세부영역	배점	득점	전국평균	영어 영역 세부영역	배점	득점	전국평균
어휘·개념	6	6	4.52	계산	9	9	7.56	듣기	37	28	25.29
사실적 이해	28	28	17.63	이해	37	37	26.38	말하기	-	-	-
추론적 이해	36	36	24.82	추론	32	16	7.30	읽기	39	37	21.91
비판적 이해	10	10	6.68	문제해결	22	14	7.54	쓰기	24	15	8.97
적용·창의	20	20	13.03								

보충학습이 필요한 문항 번호 / 오류코드(뒷면참조)

영역	문항 번호	오류코드
국 어	-	-
수 학	15,28,21,22,29	-
영 어	10,2,12,6,24	-
한국사	1,16,14	-
화학Ⅰ	17,16,20,19,2	-
생명과학Ⅰ	10,11,20,9,6	-

기타 참고 자료

영역 / 산출자료	백분위	인원수
국어+수학	99.14	281533
국어+탐구	95.73	281584
수학+탐구	94.50	280729
국어+수학+탐구	97.26	279800
탐구 상위 1과목	84.60	283563
탐구 2과목	85.83	282122

문항별 정답/채점 (문항 1~45)

문항 1~15

영역	구분	1	2	3	4	5	6	7	8	9	10	11	12	13	14	15
국어 (언어와 매체)	답안	5	5	4	5	5	3	3	3	1	5	4	4	4	2	3
	정답	5	5	4	5	5	3	3	3	1	5	4	4	4	2	3
	채점결과	O	O	O	O	O	O	O	O	O	O	O	O	O	O	O
	정답률	A	B	A	B	B	A	C	C	B	B	B	C	B	B	B
수학 (미적분)	답안	2	4	5	1	5	4	1	3	1	2	2	2	3	3	5
	정답	2	4	5	1	5	4	1	3	1	2	2	2	3	3	4
	채점결과	O	O	O	O	O	O	O	O	O	O	O	O	O	O	X
	정답률	B	A	A	A	C	B	B	B	B	B	D	C	C	D	D
영어	답안	5	5	2	4	3	3	5	5	5	2	3	4	1	2	1
	정답	5	2	2	4	3	5	5	5	5	3	3	1	1	2	1
	채점결과	O	X	O	O	O	X	O	O	O	X	O	X	O	O	O
	정답률	B	C	A	A	B	C	A	A	B	B	C	B	B	C	C
한국사	답안	2	5	3	4	3	2	5	4	3	2	2	1	5	3	2
	정답	4	5	3	4	3	2	5	4	3	2	2	1	5	1	2
	채점결과	X	O	O	O	O	O	O	O	O	O	O	O	X	O	O
	정답률	D	C	B	C	C	C	E	C	E	B	C	D	B	D	C

문항 16~30

영역	구분	16	17	18	19	20	21	22	23	24	25	26	27	28	29	30
국어 (언어와 매체)	답안	4	2	3	2	5	4	3	4	1	4	4	1	4	5	3
	정답	4	2	3	2	5	4	3	4	1	4	4	1	4	5	3
	채점결과	O	O	O	O	O	O	O	O	O	O	O	O	O	O	O
	정답률	C	B	D	B	B	B	B	A	B	B	B	B	C	B	B
수학 (미적분) (문항번호/답안)	답안	16	BB5	17	BB3	18	BB8	19	BB6	20	B30	21	BBB	22	BB5	23
	정답	16	BB5	17	BB3	18	BB8	19	BB6	20	B30	21	B22	22	B32	23
	채점결과		O		O		O		O		O		X		X	
	정답률		A		A		B		C		E		E		E	
영어	답안	1	4	2	1	3	4	4	1							
	정답	1	4	2	1	3	4	4	1							
	채점결과	O	O	O	O	O	O	O	O							
	정답률	A	B	B	B	C	B	D								
한국사	답안	1	5	1	4	2										
	정답	1	5	4	4	2										
	채점결과	O	X	O	O	O										
	정답률	D	A	D												

문항 31~45

영역	구분	31	32	33	34	35	36	37	38	39	40	41	42	43	44	45
국어 (언어와 매체)	답안	3	2	5	3	2	1	3	5	4	2	2	2	4	5	4
	정답	3	2	5	3	2	1	3	5	4	2	2	2	4	5	4
	채점결과	O	O	O	O	O	O	O	O	O	O	O	O	O	O	O
	정답률	C	B	C	C	C	C	C	C	C	A	A	A	C	A	B
수학 (미적분) (문항번호/답안)	답안	2	24		25	4	26	3	27	3	28		29	B79	30	BBB
	정답	2	24		25	4	26	3	27	3	28		29	B79	30	107
	채점결과	O				O		O		O				X		X
	정답률	A				B		C		C				E		E

※ 영어, 한국사 영역은 원점수와 원점수에 의한 등급만 제공함 ※ 답안(7/B:무표기, 8/D:중복표기), 채점결과(O:정답, X:오답), 정답률(A:80%이상, B:60%이상 80%미만, C:40%이상 60%미만, D:20%이상 40%미만, E:20%미만)

전국연합 학력평가 성적표에서 주의 깊게 살펴보아야 할 것은 영역별 전국 백분위와 등급의 추이이다. 이는 의대 합격 여부에 결정적 영향을 미치는 수능 성적의 핵심 지표이며, 수험 전략을 세우는 데 있어 반드시 모니터링해야 할 변수다. 학생과 학부모가 꼭 확인해야 할 항목은 표준점수에 의한 석차/백분위/등급란에 있는 전국 백분위와 등급과 기타 참고자료란에 기재된 백분위 수치이다.

이 지표들을 고등학교 1학년부터 3학년까지 꾸준히 추적 관찰하면서, 자녀가 실제 수능에서 받을 가능성이 있는 점수와 등급을 예측해 나가야 한다. 특히 6월과 9월 모의수능의 경우, 재수생(이른바 N수생)들의 응시 비율이 증가하기 때문에 고3 재학생의 등급이 일시적으로 하락하는 경향이 있다. 실제 수능에서는 이보다 더 많은 N수생이 응시하기 때문에, 모의수능보다 실제 수능 성적이 하락할 가능성을 반드시 감안하여 분석해야 한다.

N수생의 응시 비율이 높아질수록, 고3 재학생의 상대적 위치는 하락하는 경향이 뚜렷하게 나타난다. 따라서 단순한 점수만이 아니라 응시 집단의 구성 변화까지 고려한 정교한 성적 분석이 필요하다.

내신이 100미터 달리기라면, 수능은 마라톤에 비유할 수 있다. 100미터 달리기에서 승리하는 방법과 마라톤에서 승리하는 방법은 본질적으로 다르며, 수능은 단기간의 집중력만으로는 이겨낼 수 없는 장기적인 전략과 꾸준한 페이스 조절이 필요한 시험이다.

수능을 준비할 때는 긴 호흡으로 전체적인 학습 흐름과 정서적 안정까지 고려해야 하며, 단기 성과에 일희일비하지 않고 장기적인 성장 곡선을 그려나가는 시각이 요구된다. 하지만 고등학교 자녀를 처음 둔 부모는 아직 '길게 본다'는 경험이 부족하기 때문에 수능이라는 마라톤을 한눈에 바라보는 안목을 갖기 어렵다. 이 말을 꺼내는 이유는, 학교에서 학생들을 지도하면서, 또 집에서는 자녀를 지도하면서 '길게 보지 못했던' 뼈아픈 경험을 직접 겪었기 때문이다.

눈앞의 내신이나 모의고사 성적에만 매달리다 보면 오히려 수능이라는 큰 그림을 놓치기 쉽다. 진정으로 '길게 본다'는 것은 단순히 시간의 길이를 말하는 것이 아니라, 변화와 성장, 시행착오와 회복의 전 과정을 믿고 기다리는 깊은 시선이 필요하다는 뜻이다. 그리고 그것은 생각보다 훨씬 어렵다.

3 의대 합격의 결정적 변수, 대학수학능력시험

수능의 난이도를 나타내는 대표적인 표현이 '불수능'과 '물수능'이다.

이 두 가지가 모두 수험생에게 위협적인 이유는, 수능 성적 예측을 어렵게 만들어 수시에서 활용할 수 있는 6장의 지원 카드 중 상당수가 무위로 돌아갈 수 있기 때문이다. 특히 수능 난이도의 결정에는 절대평가로 시행되는 영어 영역이나 응시 인원이 상대적으로 적은 과학탐구보다는 국어와 수학의 난도가 더 큰 영향을 미친다. 국어와 수학, 영어가 모두 쉽게 출제되면 '물수능', 국어와 수학 중 하나만 어려우면 '약불수능', 국어와 수학이 모두 어려우면 '불수능', 여기에 영어까지 어려우면 '강불수능'으로 분류할 수 있다.

이러한 난이도 분류는 수험생의 체감 난이도뿐 아니라 수능최저학력기준 충족률, 표준점수 분포, 등급컷 변화 등에 중대한 영향을 미치기 때문에, 수시 및 정시 전략을 수립할 때 반드시 고려해야 할 핵심 변수다.

이 기준에 따라 수능 난이도를 분류해 보면,

-2018학년도는 물수능,

-2019학년도는 불수능,

-2020학년도와 2021학년도는 약불수능,

-2022학년도와 2024학년도는 강불수능,

-2023학년도는 약불수능으로 볼 수 있다.

특히 강불수능의 경우, 고3 재학생들이 수능최저학력기준을 충족하지 못할 가능성이 매우 높아지기 때문에, 상위권 고3 학생들의 재수 비율이 증가할 것으로 추정된다. 이처럼 수능의 난이도는 의대 합격에 있어 결정적인 변수로 작용하며, 불수능으로 인해 고3 재학생들의 수능최저 충족률에 큰 변화가 생기면 교과전형의 등급 컷 또한 0.1~0.2등급가량 흔들릴 수 있다.

이는 기존의 교과전형 등급 컷 흐름을 반전시키는 결과로 이어지기도 하며, 실제로 다른 요인이 없다면, 의대 수시 교과전형에서는 기존 추세를 역행하는 결과들이 다수 발생할 가능성이 있다.

수능 문항은 변별력을 확보하기 위해 과목별로 정교하게 설계된 난이도 구조를 기반으로 출제된다. 각 과목은 평가 목적, 선택과목 구성 방식, 문항 수 등에 따라 고난도 문항의 배치 위치, 난이도 분포, 정답률 분포 곡선이 달라지며, 이를 통해 전체 수험생 집단 내에서 적절한 변별과 평가가 이루어지도록 설계된다.

아래에 제시된 내용은 과목별 난이도 중심의 수능 문항 체계에 대한 개요이며, 이 체계는 수능 출제 방향과 교육과정 반영 정도에 따라 매년 다소간의 조정이 있을 수 있다.

1. 국어 영역

①난이도 구성

난이도	주요 위치	특징
하	초반부 (1~10번)	문법 기초, 짧은 지문 독해
중	중반부 (11~30번)	일반 독서/문학 지문, 개념 이해
상	후반부 (31~45번)	복합 지문, 추론/비판형, 고전 문학

②고난도 문항

- 독서 지문 1~2문항에서 고난도 집중 (과학지문+자료 연계)
- 문학 작품 1문항에서 생소한 표현·주제 제시
- 언어(문법)고난도 문항은 이론 적용+함정 유도

2. 수학 영역

①난이도 구성

난이도	문항 번호	특징
하	1~7번	기본 공식, 개념 적용
중	8~21번	응용·복합 유형 문제
상	22~30번	고난도 추론, 조건 설정, 시간 압박 유도

②고난도 문항

- 28~30번은 수학 I / II 또는 선택과목 심화 개념 중심
- 문장형 조건, 시간 소모 유도 → 상위권 변별력 핵심
- 그림/도형 활용 + 수리 논증력종합적 사고력 필요

3. 영어 영역 (절대평가)

①난이도 구성

난이도	대표 유형	특징
하	듣기 (1~17번)	실생활 대화, 짧은 문장 중심
중	주제·요지, 세부정보 일치 (18~30번)	정독+추론 요구
상	빈칸추론(31), 문장삽입(32), 순서배열(33)~장문독해(45)	논리적 맥락 이해 필요

②고난도 문항

- 빈칸 추론: 문맥 단서, 논리적 전개 파악
- 문장 삽입/무관한 문장 제거: 담화 연결 능력
- 장문 독해: 추상적 주제, 다층적 구조

※영어는 절대평가지만 1등급(90점 이상) 비율을 조절하기 위해 고난도 문항은 그대로 유지됨.

4. 탐구 영역

(1) 사회탐구

난이도	위치	특징
하	1~6번	개념 확인, 자료 읽기
중	7~13번	사례 적용, 도표 해석
상	14~20번	복합 사고, 시사 연계 자료 분석

- 고난도 문항은 다단계 추론+지문→자료→선지 연결

(2) 과학탐구

난이도	위치	특징
하	1~4번	실험 개념, 단순 계산
중	5~13번	실험 결과 해석, 개념 적용
상	14~20번	복합 조건 실험, 그래프 분석, 고난도 계산

- 계산형 문항에서 오답률 ↑

다음은 **N수생 증가**에 대한 내용이다.

2024학년도 수능에서 N수생 비율은 35.3%를 기록하며, 1996학년도 37.4% 이후 최고치를 경신했다. 2025학년도에는 전국 의과대학 정원이 대폭 확대되면서, N수생 비율은 이보다 더 증가했다.

일반적으로 일반고 학생들의 재수 비율보다 자사고, 특목고, 학군지 우수고 등 우수한 학생들이 많은 학교의 고3 학생들 사이에서 재수 선택 비율이 훨씬 높은 경향이 있다. N수생의 지속적인 증가는 정시전형에 가장 직접적인 영향을 미치지만, 수시전형에도 일정 부분 영향을 줄 수 있다. 특히 수능최저학력기준 충족률, 경쟁률, 등급컷 등 여러 요소에 간접적인 변화를 유발할 수 있다는 점에서 수험 전략 수립 시 주의 깊게 고려해야 할 변수다.

또 하나의 중요한 변수는 **과학 선택과목에 따른 표준점수 차이**다.

2024학년도부터 서울대학교는 자연계열 정시모집에서 과학탐구Ⅱ 과목 중 한 과목 이상을 필수로 선택하도록 하던 기존 규정을 폐지하고, 대신 해당 과목에 가산점을 부여하는 방식으로 전환하였다. 그러나 이 결정은 예상치 못한 방향에서 큰 파장을 일으켰는데, 과학 선택과목 간 표준점수 격차가 상당한 폭으로 발생했기 때문이다.

2024학년도 수능에서 각 과목의 최고 표준점수는 물리Ⅰ 69점, 화학Ⅰ 71점, 생명과학Ⅰ 66점, 지구과학Ⅰ 71점, 물리Ⅱ 86점, 화학Ⅱ 93점, 생명과학Ⅱ 90점, 지구과학Ⅱ 98점으로 나타났으며, 과목별 최고점 간에 최대 30점 이상의 차이가 발생하였다. 이처럼 선택과목에 따라 표준점수가 큰 폭으로 달라지면서 수험생의 성적과 대학 지원 전략에 중대한 영향을 미치게 되었고, 이러한 구조적 문제는 2028학년도 수능 개편 전까지 현재의 선택 중심 수능 체제 내에서는 근본적으로 해결되기 어려울 것으로 보인다.

또 다른 중요한 변수는 **수능 시기의 건강 관리**이다.

수능이 다가오는 시기에는 기온이 급격히 낮아지고, 감기, 독감, 코로나19 등 수험생의 컨디션을 위협하는 다양한 요인들이 함께 나타난다. 특히 수능 2주 전부터는 수험생이 있는 가정의 모든 구성원이 외부 활동 시는 물론, 가정 내에서도 가능한 한 마스크를 착용하고 일정한 거리를 유지하며 생활하는 것이 바람직하다. 수능을 불과 며칠 앞두고 수험생이 감기라도 걸리게 되면 집중력과 체력, 심리 상태 모두에 치명적인 영향을 줄 수 있으며, 때로는 그동안 쌓아온 모든 노력이 한순간에 무력화될 수도 있다. 이러한 상황은 절대로 발생해서는 안 되며, 철저한 건강 관리가 수능 전략의 일부로 간주되어야 한다.

마지막으로 중요한 변수는 **수능 당일의 멘탈 관리**이다.

수능을 한두 차례 경험해본 N수생들과 달리, 수능 경험이 없는 고3 재학생들은 특히 수능 당일의 심리적 안정 유지에 각별히 유의해야 한다. 특히 불수능의 경우, 예상보다 어려운 문제로 인해 수험생의 멘탈이 무너지기 쉽다.

예를 들어, 2교시 수학에서 어려움을 겪어 멘탈이 흔들리면 수학 성적에만 영향을 미치지만, 1교시 국어에서 멘탈이 무너지면 그 여파가 2교시 수학까지 이어져 전체 성적에 중대한 영향을 줄 수 있다. 실제로 3년간 모든 모의수능에서 국어 영역을 안정적으로 수행했던 큰아들(현재 의대생)조차, 이번 수능에서 처음으로 국어의 난이도에 흔들려 멘탈이 무너졌고, 그 결과 수학 영역 성적까지 영향을 받았다.

고3 재학생들은 반드시 수능 이전에 국어가 매우 어렵게 출제될 경우를 가정한 멘탈 붕괴 대응 연습이나 가상 시나리오 훈련을 충분히 해 두어야 한다. 1교시 국어에서 무너지면 수능 전체가 무너질 수 있다는 사실을 명심하고, 멘탈 관리 전략을 사전에 체계적으로 준비하는 것이 필요하다.

4 의대 합격의 마지막 관문, 의대 면접

1 가장 강력한 대학면접, 의대 면접에 대하여

지금까지 오랜 기간 근무해온 학교는 지방도시에 위치한 평준화 지역의 일반고이며, 이 지역 일반고에서는 다수의 학생들이 지역 국립대에 진학하는 경우가 많다.

이러한 대학들의 면접은 합격에 결정적인 영향을 미치는 요소라기보다는, 지원 동기, 학교생활, 학생부 관련 내용을 성실하게 답변하는 수준이면 충분한 경우가 대부분이다. 또한 오랜 교직 생활 동안 맡아온 학급에서는 의과대학 진학을 목표로 하는 학생을 직접 지도해본 경험이 없었기 때문에, 서울대학교 지역균형전형 면접에 대해서는 알고 있었지만, 의대 면접에 대해서는 상대적으로 정보와 경험이 부족했던 것이 사실이다.

큰아들이 의대 면접을 보게 되었을 당시만 해도, 의대 면접에 대해 정확히 알지 못한 채 정보를 수집하며 하나씩 배워나가는 과정이었다. 면접 관련 책 한 권을 구입해 대략적인 내용을 읽어보았지만, 마음이 급했던 탓인지 대학마다 서로 다른 의대 면접의 구조와 특징에 대한 개념이 명확하게 잡히지 않았다.

의대 면접에 대한 이해가 부족한 상태에서 기출문제집을 구입하고, 면접 전문학원을 잠시 다녀보는 등 다양한 시도를 하며 큰아들은 여러 대학의 의대 면접을 실제로 경험하게 되었다. 다행히 큰아들은 매 면접에 성실하게 임했고, 자신의 생각을 담은 의미 있는 답변을 잘 해냈다. 면접을 마칠 때마다 언제나 기다리고 있던 아빠에게 그날 면접에서 있었던 내용과 질문, 자신의 답변을 상세히 설명해주었고, 이러한 과정은 부모로서도 의대 면접에 대해 점차적으로 이해해가는 계기가 되었다.

현직 교사로서 혼자 면접에 대해 공부해 오던 중, 큰아들의 실제 면접 경험이 더해지면서 면접 전반과 의대 면접에 대해 나름대로의 이해를 갖게 되었다. 이 책을 집필하면서 필자는 문득 한 가지 근본적인 질문을 떠올리게 되었다. '왜 대학에서는 면접을 실시하는가?' 잠시 주제를 넓혀보자.

어떤 대상을 제대로 이해하고 싶을 때 효과적인 방법 중 하나는, 그 대상에 대해 충분히 학습한 후 관점을 이동시켜 보는 것이다. '내가 의대 교수로서 면접관이라면 수험생에게서 어떤 점을 알고 싶을까?'라는 질문을 스스로에게 던졌고, 그 답은 분명했다. 아마도 그것은 '의사로서의 자질과 능력'일 것이다. 그렇다면 면접 역시 그 자질과 능력을 중심으로 이해하고 준비해야겠구나, 라는 관점의 전환이 필요하다는 생각에 이르게 되었다.

오랜 기간 많은 학생의 진학을 지도해온 경험이 있었지만, 의대 면접 지도는 그와는 전혀 다른 차원의 어려움이었다. 그 힘들었던 경험이 바로 이 책을 쓰게 된 이유 중 하나이며, 이 면접 파트에 특히 공을 들여 다양한 생각을 정리하고자 한 이유이기도 하다.

필자는 면접을 '또 다른 형태의 서류평가', 즉 '직접 만나 소통하는 서류평가'라고 생각한다. 이러한 관점에서 보면, 면접의 평가 항목은 서류평가의 평가 항목과 유사하다고 할 수 있다. 서류평가는 종이와 글을 매개로 이루어지는 언어적 행위인 반면, 면접은 사람과 사람이 말로 직접 마주하는 공시적 행위이자, 수험생의 과거와 미래를 함께 살펴보는 통시적 행위이기도 하다. 다시 말해, 면접은 수험생이 현재 가지고 있는 교과 지식, 인성, 적성을 검증하는 동시에, 향후 어떤 방향으로 발전할 가능성이 있는지를 평가하는 절차이기도 하다.

모든 형태의 면접에는 공통적으로 준비해야 할 항목들이 있다.

대표적으로 자기소개, 지원 동기, 마지막으로 하고 싶은 말 등의 질문은 어떤 면접에서도 반복적으로 등장하는 핵심 질문이므로, 반드시 미리 준비해둘 필요가 있다.

의대 면접은 형식적인 측면에서 크게 세 가지 유형으로 나눌 수 있다.

첫째는 '학생부 기반 면접', 둘째는 '제시문 기반 면접', 셋째는 'MMI(Multiple Mini Interview) 면접'이다.

가 유형은 평가 목적과 방식이 다르므로, 면접 준비 시 그 차이를 이해하고 전략을 세우는 것이 매우 중요하다.

■ 학생부 기반 면접

학생부 기반 면접은 지원자의 학교생활기록부를 중심으로 진행되는 질의응답 형식의 면접이다. 이 면접의 목적은 단순히 학생부에 기재된 내용의 사실 여부를 확인하는 데 그치지 않고, 그 내용을 바탕으로 지원자의 학업역량, 진로역량, 공동체역량 등을 면접을 통해 종합적으로 평가하는 데 있다. 면접관은 학생부의 세부 항목을 바탕으로 구체적인 질문을 던지며, 지원자가 해당 활동을 실제로 경험했는지, 어떤 태도와 성찰을 가지고 임했는지, 그리고 그것이 어떻게 성장으로 이어졌는지를 확인하려 한다.

다음에 제시하는 면접평가 내용은 오랜 기간 진학지도를 해온 경험과 큰아들의 의대 면접 경험을 바탕으로 정리한 주관적 판단에 기반한 자료이다. 이는 공식적인 객관적 검증을 거친 자료는 아니지만, 의대 면접에 관한 정보가 여전히 부족한 현실에서, 부담 없이 참고해볼 만한 하나의 사례로 제시하고자 한다.

평가 요소	평가 항목	면접 평가(추정)
학업역량	학업성취도	면접관 참고 사항
	학업태도	학생부 기반 면접 확인 사항
	탐구력	학생부 기반 면접 확인 사항
진로역량	전공관련 교과 이수 노력	면접관 참고 사항
	전공 관련 교과 성취도	면접관 참고 사항
	진로 탐색 활동과 경험	학생부 기반 면접 확인 사항
공동체역량	협업과 소통능력	학생부 기반 면접 확인 사항
	나눔과 배려	학생부 기반 면접 확인 사항
	성실성과 규칙 준수	학생부 기반 면접 확인 사항
	리더십	학생부 기반 면접 확인 사항

수험생은 수능 이후 면접일까지 학교생활기록부를 다시 꼼꼼히 읽고, 기록된 내용의 배경과 관련된 심화 지식까지 학습하며 철저히 준비하는 것이 바람직하다. 학생부 기반 면접에서는 단순한 사실 확인을 넘어, 그 활동의 맥락과 의미, 학업 및 진로역량과의 연관성까지 질문될 수 있기 때문에, 학생부 전반에 대한 추가 학습은 필수적이다. 학교에서

운영하는 모의면접 프로그램이 있다면 반드시 신청해 적극적으로 활용하고, 여건이 된다면 면접 전문학원에 등록하여 체계적인 지도를 받아보는 것도 좋다. 특히 모의면접 과정을 촬영하여 자신의 모습을 객관적으로 점검해 보는 연습은 매우 효과적이다. 이를 통해 답변 내용은 물론 면접 방식과 태도, 비언어적 표현까지 보완해 나갈 수 있으며, 실전 면접에서의 자신감과 완성도를 높이는 데 큰 도움이 된다.

다음의 서울대학교 면접 안내 내용은 학생부 기반 면접을 준비하는 데 있어 매우 유용한 참고가 될 수 있다.

"서류기반 면접에서는 학생들이 고등학교 생활 동안 경험했던 내용을 바탕으로 면접이 진행됩니다. 제출한 서류를 바탕으로 학생의 경험을 확인하고 기본적인 학업 소양을 평가하기 위한 면접이므로, 면접을 위한 별도의 준비가 필요하지 않습니다. 단지 답변하는 기술이나 태도를 측정하는 면접이 아니므로, 말투나 태도를 단기간 연습하기보다는 평소 학교생활을 충실히 하여 깊이 있고 다양한 경험을 쌓는 것이 더 중요합니다. 학교생활기록부에 담겨 있는 본인의 경험을 되돌아보고, 그것이 자신에게 어떤 의미였는지 성찰해 보는 것이 가장 효과적인 면접 대비 방법입니다. 또한 10분 내외로 면접위원 앞에서 본인의 생각을 조리 있게 말해야 하므로, 평소 학교 수업에서 토론이나 발표 시간에 자신의 생각을 정리하여 말하는 경험을 꾸준히 해두는 것이 도움이 됩니다. 아울러 부모님이나 선생님 앞에서 자신의 경험을 이야기해보는 연습도 면접 당일의 긴장감을 줄이는 데 유익한 방법이 될 수 있습니다."

이 안내는 의대 면접을 준비하는 학생들에게도 본질적인 방향성을 제시해 준다. 면접은 단기간에 포장해서 만들어 내는 기술의 문제가 아니라, 평소의 학교생활과 성찰이 축적되어 자연스럽게 드러나는 과정이라는 점에서, 고교생활 전반의 진정성과 학업태도가 면접의 핵심이라는 사실을 다시금 확인하게 한다.

■ 제시문 기반 면접

제시문 기반 면접은 주어진 제시문과 질문을 바탕으로 지원자를 평가하는 방식의 면접이다. 수험생은 면접실에 입실 전 제시문을 보고 파악할 시간을 어느 정도 가진 후 입실하여, 면접관의 질문에 대답하게 된다. 제시문은 의과대학 모집단위별로 다르다.

제시문 기반 면접은 일반적으로 의학을 전공하는 데 필요한 자질, 적성과 인성을 평가하기 위한 면접 방식이다. 과거 기록 중심인 학생부로는 파악하기 어려운 실제적인 역량을 대면으로 확인하고 평가하는 방식의 면접이다.

수험생은 면접실에 입실하기 전에 일정 시간 동안 제시문을 읽고 내용을 파악한 후, 면접실에 입장하여 면접관의 질문에 응답하게 된다. 제시문은 의과대학별, 모집단위별로 다양하게 구성되며, 그 내용과 성격은 대학의 선발 철학에 따라 달라진다.

제시문 기반 면접은 일반적으로 의학 분야에서 요구되는 자질, 적성, 인성을 평가하기 위한 방식으로, 서류평가만으로는 파악하기 어려운 지원자의 사고력, 상황 대처 능력, 가치관, 문제해결력 등을 확인하는 데 중점을 둔다. 이러한 점에서 제시문 기반 면접도 결국 수험생의 학업역량, 진로역량, 공동체역량을 입체적으로 검증하려는 목적을 가지고 있다.

면접에서 제시되는 질문은 단답형으로 끝나는 경우도 있지만, 면접관이 답변의 내용을 바탕으로 추가 질문을 던지며 사고의 깊이와 논리적 일관성을 확인하는 경우도 많다. 때로는 '추가기출문'이나 '자료의 추가 제시'를 통해 수험생의 사고를 확장시키는 방식으로 진행되기도 한다.

따라서 수험생은 예상치 못한 돌발 상황이나 질문 변화에 유연하게 대응할 수 있는 준비가 필요하며, 단순 암기식이 아닌 자신의 사고 과정을 말로 정리하고 전달하는 훈련이 반드시 선행되어야 한다. 가령, 어떤 그림과 제시문을 보여주고 그 그림이 보여주는 상황에 대해 설명하게 하는 단답형 질문을 던지고, 꼬리를 물어가는 추가 질문을 계속하는 경우도 많다. 추가 질문 시에는 돌발 상황에 대처할 수 있어야 한다.

평가 요소	면접 평가(추정)
학업역량	제시문 기반 면접 확인 사항
진로역량	제시문 기반 면접 확인 사항
공동체역량	제시문 기반 면접 확인 사항

제시문 기반 면접 예시 문항은 각 대학 입학처 수시 기출문제 자료실 혹은 선행학습 영향평가에서 찾아볼 수 있다.

■ MMI 면접

MMI(Multiple Mini Interview) 면접은 '다중 미니 면접'이라는 뜻으로, 면접 유형을 다양화하여 평가의 폭을 넓히고 면접의 타당성과 신뢰도를 높이겠다는 취지로 도입된 방식이다. 도입 초기에는 인성과 적성을 중심으로 한 복잡한 구조의 면접 방식이 많았지만, 최근에는 비교적 단순하고 구조화된 형태로 정리되는 추세다.

MMI는 말 그대로 여러 개의 면접방이 존재하며, 수험생은 각 방을 차례로 이동하며 면접을 본다. 일반적으로 2~5개의 면접방이 마련되어 있고, 각 방에서 약 10~15분가량 면접을 진행한 후 다음 방으로 이동한다. 따라서 전체 면접 시간은 대개 40분에서 60분 정도 소요된다. 쉽게 말해, MMI 면접은 학생부 기반 면접과 제시문 기반 면접의 요소들을 조합하여 구성되는 형식이며, 각 방마다 평가 항목이나 질문 유형이 다르게 설정되어 있어 수험생은 다양한 측면에서 검증받게 된다.

특히 제시문 기반 면접은 MMI 내에서도 중심적인 역할을 하며, 제시문 유형에 따라 다음과 같이 세부적으로 나눌 수 있다.

인문학적 사고를 요구하는 제시문, 사회과학적 쟁점을 담은 제시문, 의학의 본질이나 역할에 관한 질문이 담긴 의학 관련 제시문, 자료 해석 및 통계적 판단을 요구하는 도표형 제시문, 과학 및 수학적 사고력을 평가하는 제시문, 의료윤리나 의료현안에 관한 의학시사 제시문, 그리고 적성과 인성을 평가하기 위해 구성된 갈등 상황 제시문 등이다. 이처럼 MMI는 수험생의 다양한 역량을 종합적이고 구조화된 방식으로 평가하는 고난도 면접이지만, 그만큼 준비 과정에서도 체계적인 분석과 훈련이 요구된다.

2 ▸ 의대별 면접 방식

　의과대학별로 면접 방식에는 차이가 있지만, 일정한 기준에 따라 간단한 분류는 가능하다.

　다음에 정리된 자료는 각 대학의 면접 방식을 세부적으로 구분하기보다는, 전체적인 의대 면접의 구조와 흐름을 이해하기 위한 참고용으로 제시된 것이며, 정확한 정보를 위해서는 각 대학의 공식 입학전형 안내를 반드시 확인해야 한다.

　이 자료는 면접 유형의 큰 틀을 파악하고, 의대 면접 준비의 방향성을 설정하는데, 도움을 주기 위한 것이다.

출처 : 39개 의과대학 모집요강

면접 방식 39개 의과대학	면접 방식 ※ 매년 변경될 수 있으므로 당해년도 해당학교의 모집요강을 확인해야 함
서울대 의대	다중미니면접(상황/제시문 기반 면접과 서류기반 면접) 60분
연세대 의대	제시문 바탕 현장 녹화영상 면접
가톨릭대 의대	다중미니면접(인·적성 면접) 20분
성균관대 의대	다중미니면접(인적성 평가) 60분
울산대 의대	다대일 다면 평가, 5개방, 상황제시 면접(각10분, 총45분) + 학생부 기반 면접(10분), 제시문 영어 사용, 상황 숙지 시간 부여
고려대 의대	제시문 기반 면접+학생부 기반 면접
경희대 의대	서류 확인면접
한양대 의대	의대 면접 없음
중앙대 의대	개인별 심층면접
가천대 의대	학교생활기록부 기반 면접
아주대 의대	다중미니면접 60분
이화여대 의대	학교생활기록부 기반 면접
인하대 의대	학교생활기록부 기반 면접
경북대 의대	다중미니면접 20분
부산대 의대	다수의 평가자가 1)학생부 기반 심층면접

면접 방식 / 39개 의과대학	면접 방식 ※ 매년 변경될 수 있으므로 당해년도 해당학교의 모집요강을 확인해야 함
	2)공통문제 답변을 통해 잠재역량 평가, 30분(준비10분+답변20분)
한림대 의대	인성40%+상황30%+모의상황30%. 총 30분
순천향대 의대	면접관 2인이 수험생 1인 대상 5분 간 질의응답을 통해 전공 적합성, 발전가능성, 의사소통 능력 평가
전남대 의대	학생부 및 서류평가 면접 질문지. 약 15분 이내
충남대 의대	학교생활기록부 기반 면접 15분
연세대(미래캠) 의대	제출서류 기초 면접
건국대(글로컬) 의대	학교생활기록부 기반 면접 10~15분
동국대(WISE) 의대	학적 인성평가. 제시문 숙지 20분, 면접 10분
단국대(천안) 의대	인성 및 사회성, 전공적합성, 학업역량, 성장가능성을 종합적으로 평가
인제대 의대	다중미니면접 60분
전북대 의대	서류내용을 바탕으로 약 10분
강원대 의대	학업역량30%+전공적합성25%+인성24%+발전가능성21%
충북대 의대	학교생활기록부 기반 면접
을지대 의대	인성과 자질에 대하여 평가
동아대 의대	학교생활기록부를 바탕으로 학업역량, 진로역량, 공동체역량을 평가
영남대 의대	면접위원 2~3인이 인성, 창의성 등을 종합적으로 평가(구술고사)
경상국립대 의대	3인 1조 평가자가 15분 내외 개별면접으로 학생부 기반 확인면접
대구가톨릭대 의대	다중미니면접
계명대 의대	2개 고사실(인성, 서류검증)에서 순차적으로 면접 진행
조선대 의대	인성 및 가치관, 전공 및 적성영역에 대한 학업열의 등을 포괄 평가
제주대 의대	다수의 면접위원이 지원자 1인당 15분 내외로 개별 블라인드 면접 실시
건양대 의대	다중미니면접 60분
원광대 의대	2인 1조로 구성된 두 개의 면접실 운영
가톨릭관동대 의대	영상 업로드 평가
고신대 의대	비대면 실시간 동영상 업로드
차의과대:의전원	외전원 면접 참고

※ 대학별 면접 방식은 매년 변경될 수 있으므로 관심 대학은 대학 입학처 당해연도 모집요강에서 반드시 확인해야 함

3 ▸ 의과대학으로 가기 위한 면접 대비

큰아들이 다섯 곳의 의과대학에 지원한 덕분에 부산대, 충남대, 울산대 의대 면접장에서 면접이 진행되는 동안 밖에서 기다리며, 면접을 마치고 나온 아이로부터 즉석에서 면접 내용을 따뜻하고 생생하게 들을 수 있었다.

의대마다 면접 방식은 물론, 평가에서 주안점을 두는 방향에도 분명한 차이가 있었다. 학생부 기반 면접을 실시하는 방식 또한 대학별로 약간씩 달랐는데, 어떤 대학은 10분 동안 3개 정도의 큰 질문을 중심으로 진행하면서, 그에 따른 세부 질문을 추가적으로 던지는 구조였고, 다른 대학은 같은 시간 동안 세부적인 질문을 다수 던지며 전반적인 이해를 확인하려는 형태였다.

공통적으로는 생명과학과 화학 교과의 세부능력 및 특기사항, 창의적 체험활동 중 동아리 활동과 진로활동과 관련된 질문이 주를 이루었으며, 특히 실험이나 탐구 활동의 내용과 그 과정에 대해 집중적으로 묻는 경우가 많았다. 이처럼 면접은 대학마다 구조와 질문 방식이 다르지만, 학생부 기반이라는 공통된 틀 속에서 수험생의 실제 역량과 경험을 확인하려는 방향은 유사했다.

여러 의대 면접 관련 서적과 큰아들의 실제 의대 면접 경험을 바탕으로, 몇 가지 측면에서 의대 면접 대비법을 정리해 보고자 한다.

이는 의대 면접을 처음 접하는 학생과 학부모에게, 아무것도 모른 채 시행착오를 겪으며 준비했던 교사이자 부모의 솔직한 경험담으로써, 완벽하진 않더라도 조금이나마 실질적인 도움이 되기를 바라는 마음에서 정리한 것이다. 면접이라는 낯선 과정 앞에서 방향을 잡지 못하는 이들에게, 그 길을 먼저 지나온 사람의 생생한 이야기는 때로 가장 유용한 나침반이 될 수 있다.

경험자의 작은 소견

면접 준비는 단기간의 암기나 기술 습득보다는, 평소의 독서량과 사고력, 표현력에서 비롯된다. 특히 독서를 꾸준히 해온 학생이나 국어 영역의 독서 지문에 강한 학생은 면접에서도 질문을 이해하고 논리적으로 답변하는 데 유리하다. 학교 수업 시간에 교사의 질문에 적극적으로 답하거나 발표 활동에 자주 참여하는 경험은 자연스럽게 면접 대응 능력을 길러주는 실전 훈련이 된다. 수능 이후 학교에서 운영하는 모의 면접 프로그램에 참여해 실제 면접 분위기를 경험해보는 것도 효과적이며, 가능하다면 면접 전문학원에서 체계적인 피드백을 받는 것도 도움이 될 수 있다.

가정에서도 간단한 촬영 장비를 마련해두고, 부모가 면접관 역할을 맡아 질의응답을 주고받으며 모의 면접을 진행한 후, 그 모습을 영상으로 다시 보면서 피드백을 주고받는 방식은 실전 감각을 키우고 개선점을 발견하는 데 매우 유익한 방법이다.

의대 면접 일정은 크게 수능 전 면접과 수능 후 면접으로 나눌 수 있으며, 각 일정은 학생의 개인적 상황과 준비 정도에 따라 선택하면 된다.

수능 전 면접은 상대적으로 준비 시간이 부족할 수 있지만, 수능 부담을 덜 수 있다는 장점이 있고, 수능 후 면접은 준비 시간이 더 주어지는 대신 수능 결과에 대한 불안 요소가 있을 수 있다.

의대 면접 준비를 위한 교재로는 기출문제집과 의학 관련 시사 자료가 실질적인 도움이 된다. 이러한 교재는 온라인 서점에서 구매할 수 있으며, 일부 의대 면접 전문학원에서는 면접 강의를 수강해야 교재 형식으로 기출문제를 제공하는 경우도 있다. 아울러 의대 면접 일정이 겹치는 경우도 발생할 수 있으므로, 수시 원서 접수 시에는 각 대학의 면접 일정을 충분히 검토하고, 겹치는 대학이 있는지 여부를 신중히 따져본 뒤 전략적으로 지원 여부를 결정해야 한다.

학생부 기반 면접은 학교에서 진행하는 모의 면접 연습만으로도 충분히 실전 감각을 익히는 데 큰 도움이 된다. 특히 교사가 면접관 역할을 하고, 학생이 학생부 내용을 중심으로 질문에 답하는 과정을 반복적으로 경험하는 것만으로도 답변의 깊이와 자신감을 키울 수 있다. 또한 집에서도 부모님이 면접관 역할을 맡아 함께 연습해보는 방식노 매우 유익하다. 실제 면접과 유사한 분위기를 연출하고, 부모가 질문하고 학생이 답변하는 과정을 촬영하여 함께 피드백하는 방식은 실전 대응력을 높이는 데 효과적이다.

제시문 기반 면접의 경우, 학교에서 모의 면접이 제공된다면 반드시 참여하고, 보다 전문적인 연습이 필요할 경우 의대 면접 전문학원의 도움을 받는 것도 좋은 선택이다. 전문학원은 대학별 기출문제뿐 아니라 예상문제와 제시문 유형을 체계적으로 갖추고 있으며, 면접 촬영 시설을 통해 자신의 답변 모습과 태도를 객관적으로 확인할 수 있다. 이를 통해 불필요한 손동작, 시선 처리, 답변의 구조나 표현 방식 등 실제 면접에서 감점 요인이 될 수 있는 요소들을 효과적으로 교정할 수 있어 실질적인 도움이 된다.

면접 당일의 복장은 교복이나 후드티처럼 학생티가 나는 복장을 피하고, 단정하고 깔끔한 차림을 선택하는 것이 좋다. 면접 시 유의해야 할 중요한 사항 중 하나는 성명, 수험번호, 출신고등학교 등 지원자의 인적사항을 언급해서는 안 된다는 점이며, 이는 공정한 평가를 위한 기본 원칙이다.

면접장에서는 안내 요원의 지시에 따라 이동하고 대기하면 무리 없이 절차를 따를 수 있으며, 면접실에 들어설 때는 가볍고 씩씩하게 면접관에게 인사를 하면서 평온하고 안정된 태도를 유지하는 것이 중요하다. 면접 중에는 예상치 못한 돌발 상황이 발생할 수 있는데, 특히 면접관의 추가 질문이 당황스럽게 느껴질 경우에도 침착하게 "생각할 시간을 잠시만 주십시오"라고 요청한 후, 충분히 생각을 정리한 뒤 또박또박 답변하는 것이 바람직하다.

이처럼 면접 대응은 태도와 사고력, 표현력의 종합적인 균형이 요구되며, 다양한 블로그에 실린 의대 면접 경험담을 미리 읽어보는 것도 실전 감각을 키우고 긴장을 완화하는 데 효과적인 준비 방법이 될 수 있다.

5 2028학년도 대입 개편안과 의대 입학

1 2028학년도 대입 개편안 내용

2028학년도 대입 개편안의 핵심 내용은 다음과 같다.

수능에서는 기존 수능의 특징이었던 선택과목제가 폐지되며, 탐구 영역은 통합사회와 통합과학으로 출제되고, 심화 수학 과목인 미적분Ⅱ와 기하는 수능에서 제외된다. 이를 현행 수능과 비교해보면, 현재 수능은 미적분Ⅱ와 기하를 포함한 선택과목이 존재하는 통합형 수능인 반면, 2028학년도 수능은 이들 심화 수학 과목을 제외하고 선택과목이 없는 통합형 수능으로 개편되는 것이다.

아울러 고교 내신에서는 기존의 9등급제가 폐지되고 5등급제로 변경되며, 과목별 평가는 절대평가(A~E)와 상대평가(1~5등급)를 병기하며, 사회·과학 교과의 융합 선택과목에 대해서는 상대평가 석차등급을 기재하지 않는다.

이러한 개편 내용은 교육부가 제시한 다음의 자료표에 잘 정리되어 있다.

출처 : 교육부

2022 개정 교육과정 고등학교 보통교과

※사회과학 융합선택·체육예술·과학탐구실험·교양을 제외한 모든 보통교과는 석차등급 5등급제 실시
※수능 출제과목: 볼드체 / 상대평가 석차등급 미기재 과목: 밑줄+기울체

교과(군)	공통과목 (기초소양)	선택과목		
		일반선택 (학문별 주요내용)	진로선택 (심화과목)	융합 선택 (교과융합, 실생활응용)
국이	공봉국어1 공통국어2	화법과 언어, 독서와 작문, 문학	주제 탐구 독서, 문학과 영상, 직무 의사소통	독서 토론과 글쓰기, 매체 의사소통, 언어생활 탐구
수학	공동수학1 공통수학2	내수, 미적분Ⅰ, 확률과 통계	기하, 미적분Ⅱ, 경제 수학, 인공지능 수학, 직무 수학	수학과 문화, 실용 통계,

교과(군)	공통과목 (기초소양)	선택과목		
		일반선택 (학문별 주요내용)	진로선택 (심화과목)	융합 선택 (교과융합, 실생활응용)
	기본수학1 기본수학2			수학과제 탐구
영어	공통영어1 공통영어2	**영어Ⅰ, 영어Ⅱ,**	영미 문학 읽기, 영어 발표와 토론, 심화 영어, 심화 영어 독해와 작문, 직무 영어	실생활 영어 회화, 미디어 영어, 세계 문화와 영어
	기본영어1 기본영어2	영어 독해와 작문		
사회 (역사/ 도덕 포함)	**한국사1 한국사2**	세계시민과 지리, 세계사, 사회와 문화, 현대사회와 윤리	한국지리 탐구, 도시의 미래 탐구, 동아시아 역사 기행, 정치, 법과 사회, 경제 윤리와 사상,　인문학과 윤리, 국제 관계의 이해	*여행지리, 역사로 탐구하는 현대 세계, 사회문제 탐구, 금융과 경제생활, 윤리문제 탐구, 기후변화와 지속가능한 세계*
	통합사회1 통합사회2			
과학	**통합과학1 통합과학2**	물리학, 화학, 생명과학, 지구과학	역학과 에너지, 전자기와 양자, 물질과 에너지, 화학 반응의 세계, 세포와 물질대사, 생물의 유전, 지구시스템과학, 행성우주과학	*과학의 역사와 문화, 기후변화와 환경생태, 융합과학 탐구*
	과학탐구실험1 과학탐구실험2			
기술·가정 /정보		기술·가정	로봇과 공학세계, 생활과학 탐구	창의 공학 설계, 지식 재산 일반, 생애 설계와 자립, 아동발달과 부모
		정보	인공지능 기초, 데이터 과학	소프트웨어와 생활
제2외국어 /한문		**독일어, 프랑스어, 스페인어, 중국어, 일본어, 러시아어, 아랍어, 베트남어**	독일어 회화, 프랑스어 회화, (…) 베트남어 회화 심화 독일어, 심화 프랑스어, (…) 심화 베트남어	독일어권 문화, (…) 베트남 문화 * 8개 언어 모두 각각의 회화/심화/문화 과목 포함
		한문	한문 고전 읽기	언어생활과 한자
체육		체육1, 체육2	운동과 건강, 스포츠 문화, 스포츠 과학	스포츠 생활1, 스포츠 생활2
예술		음악, 미술, 연극	음악 연주와 창작, 음악 감상과 비평, 미술 창작, 미술 감상과 비평	음악과 미디어, 미술과 매체
교양		진로와 직업, 생태와 환경	인간과 철학, 논리와 사고, 인간과 심리, 교육의 이해, 삶과 종교, 보건	인간과 경제활동, 논술

2 **2028학년도 대입 개편안이 불러올 변화**

학교를 중심으로 보면, 고교 내신 5등급제는 고교 교육과정의 내부로부터 변화가 시작되는 것이며, 심화 수학 과목이 제외된 통합형·융합형 수능 과목 체계는 교육과정의 외부로부터 변화가 시작되는 것이다.

이러한 변화들이 반드시 일대일 대응 관계로 영향을 미치는 것은 아니며, 고교 유형별 학교와 학생부, 수능, 대입전형 등에 따라 때로는 명확한 영향을 미치기도 하고, 때로는 예기치 못한 방식으로 작용하기도 한다.

고교 내신 5등급제는 학생부의 교과 성적에 대한 변별력을 약화시키는 반면, 세부능력 및 특기사항 등 학생부의 비교과 영역은 더욱 강화시키는 방향으로 작용할 것이다. 이는 일반고에는 다소 불리하게, 자율형 사립고에는 상대적으로 유리하게 작용할 수 있다.

교과전형에서는 변별력 약화로 인해, 많은 대학이 서울대학교 지역균형전형처럼 학생부 비교과 요소를 일정 부분 반영하는 방식으로 전환할 가능성이 크다. 고교 내신 5등급제가 고교학점제와 결합될 경우, 학생들의 과목 선택에도 일부 변화가 나타날 수 있다. 또한, 기존 수시 교과전형에서 활용되던 등급 컷 기준이 더이상 유효하지 않기 때문에, 수시 교과전형의 지원전략수립과 대학의 선발 과정에는 적지 않은 혼란이 예상된다.

선택과목이 없는 통합형 수능 체계로의 전환은 학생부에는 별다른 영향을 미치지 않는다. 다만, 자율형 사립고보다는 일반고에, N수생보다는 재학생에 상대적으로 약간 유리한 영향을 미칠 수는 있다. 수시 교과전형이나 학생부 종합전형에서의 수능최저학력기준에도 특별한 변화는 없을 것으로 보인다.

심화 수학 과목인 미적분Ⅱ와 기하가 수능에 포함되지 않는다고 해도, 일반고와 자사고 간의 수능 성적 격차에 미치는 영향은 제한적일 것으로 전망된다. 다만, 미적분Ⅱ와 기하는 서울대학교 의과대를 비롯한 일부 의과대학에서 권장 이수 과목으로 요구할 가능성이 있기 때문에, 이 부분은 고교학점제와의 운영상 약간의 엇박자를 유발할 수 있다.

제3장

한눈에 보는
의과대학 입학전형

고교학점제와 학생부 종합전형에서는 의과대학에 대한 충분한 이해를 바탕으로 학생부를 진로에 맞게 구성하고, 입학전형에 대한 정확한 정보를 갖추는 것이 중요하다. 의대 입시를 지도하면서 가장 어려웠던 점은 의과대학 입학전형에 대해 너무 몰랐다는 사실이었다.

그 이유가 의학은 일반적으로 접근하기 어려운 분야였기 때문이었다. 약 15년 전, 서울대 경제학과 합격을 꿈꾸던 한 학생이 있었는데, 내신 성적이 다소 부족해 전략적인 접근이 필요했다. 마침 서울대학교에 자유전공학부가 신설되었고, 이에 대한 개념과 정보를 얻기 위해 학부 교수님께 직접 전화로 문의하고 다양한 경로를 통해 자료를 수집하며 공부했던 기억이 난다.

자유전공학부의 철학과 운영방식을 충분히 이해한 뒤 작성된 자기소개서와 교사추천서는 해당 전형에 적합한 내용으로 구성되었고, 그 학생은 결국 자유전공학부에 합격해 경제학과 통계학을 복수전공하게 되었다.

입시의 세계에서도 무언가를 알아가고 배우는 과정은 반드시 필요하며, 점차 이해를 넓혀갈수록 자신만의 진로 방향과 합격 전략이 구체화된다.

의학이란 무엇인지, 의학에서는 무엇을 배우는지, 의과대학은 어떤 곳인지 제대로 이해하게 되면 고교학점제와 학생부 종합전형에 대한 부담도 훨씬 줄어들 수 있다.

의과대학 입시에 대해 알아가는 과정은 예상보다 방대하고 만만치 않았다. 큰아들 담임 선생님과의 상담은 큰 도움이 되었으며, 주변의 많은 분들께 조언을 받기도 하고, 유튜브를 통해 다양한 정보에 접근하기도 했다. 그러나 궁극적으로 입시는 그 결과에 대해 학생과 학부모가 스스로 결정하고 감당해야 할 몫이다. 특히 불합격이라는 상황 앞에서는 그 모든 부담과 책임을 온전히 학생과 학부모가 견뎌야 한다.

입시 관련 정보는 방대하게 흩어져 있을 뿐만 아니라, 그 해석 또한 결코 쉽지 않다. 세상의 모든 공부가 그러하듯, 충분히 알기 전까지는 어렵게 느껴지며, 오히려 공부하고 알아갈수록 모르는 것이 더 많아진다는 사실을 실감하게 된다.

방대한 정보를 이해하고 정리하고 안목을 가지기 위해서는 충분한 공부와 기준점이 필요하다. 대학 입학의 세계는 수험생의 수도 수십만 명이고 대학의 수도 방대하고 입학 정보도 방대하다. 그 방대함이 전반적인 파악을 어렵게 만든다. 전반적인 파악을 하려면 한눈에 볼 수 있도록 정리가 되어야 한다. 한눈에 볼 수 있도록 정리하기 위해서는 기준점이 필요하다. 기준점과 관련해서는 '닻내림효과'라는 인지심리학 이론이 도움이 된다.

닻내림효과(anchoring effect)란, 배가 닻을 내린 위치에 머무르듯이 처음 입력된 정보가 정신적 닻으로 작용하여 이후의 판단에 지속적으로 영향을 미치는 현상을 말한다. 우리는 닻을 내린 지점을 중심으로 일정한 범위 내에서만 사안을 이해하고 해석하는 경향이 있으며, 이것이 바로 닻을 내리는 지점이 중요한 이유이다.

의대 입학전형을 이해하거나 수시 6회 지원 전략을 세우는 과정 역시 닻내림효과의 한 예로 볼 수 있다. 방대한 정보를 효과적으로 파악하려면 적절한 지점에 닻을 내리는 것이 필요하다. 다소 미흡할 수는 있지만, '한눈에 보는 의과대학 입학전형'은 입학 정보를 명확히 이해하기 위한 닻 내리기 지점을 설정하고 그에 따라 정보를 구조화하였다.

1 한눈에 보는 의과대학 기본정보

1 ▶ 의과대학 기본정보

■ 의학

의학은 생명체가 항상성을 유지하는 방식과 이를 무너뜨리는 질병의 원인을 연구하고, 궁극적으로 항상성을 회복하는 방법을 개발하는 데 중점을 두는 학문이다.

의학은 크게 기초의학, 임상의학, 임상지원의학으로 구분된다. 의사가 되는 과정은 예과 2년과 본과 4년(기초의학 2년, 임상의학 2년) 과정을 이수한 뒤 졸업 후 의사면허를 취득하면 일반의가 된다. 이후 전공의가 되기 위해서는 인턴 1년과 레지던트(전공의) 4년의 수련 과정을 추가로 거쳐야 한다.

인턴은 의사면허를 취득한 후 수련병원에서 다양한 임상과를 순환하며 실습하는 수련 과정을 의미하며, 레지던트는 인턴 과정을 마친 뒤 특정 진료과목을 선택해 집중적으로 수련하는 과정이다.

레지던트 수련을 마치면 전문의 자격을 취득하게 되며, 이후 1~2년간 해당 분야에서 추가 수련을 받으면 전임의(fellow)가 된다. 전임의 과정을 거치면 의과대학 교수로 진출할 수 있는 가능성도 생긴다.

■ 기초의학

기초의학은 의학의 기본 개념과 원리를 이해하고 탐구하는 학문으로, 자연과학을 기반으로 연구가 이루어지는 의학의 한 분야이다. 이 분야를 담당하는 교수들 가운데는 의사 면허를 보유하지 않은 연구자들도 적지 않다. 노벨생리의학상 수상자들의 연구 역시 대부분 기초의학 영역에서 배출되고 있다.

출처 : 위키피아, 나무위키

기초의학 : 자연과학을 기반으로 연구하는 의학의 분야	
주요분야	세부 분야
분자생물학	생화학, 세포생물학, 유전학, 발생학
해부학	조직학, 신경해부학
생리학	신경과학, 심리학
면역학	혈청학, 미생물학, 임상기생충학
병리학	조직병리학, 진단세포학, 종양학
약리학	약동학, 약력학

※의과대학마다 다를 수 있음

■ 임상의학

임상의학은 기초의학에서 학습한 이론과 개념을 실제 환자에게 적용하여, 진단과 치료를 수행하는 것을 목적으로 하는 의학의 한 분야이다.

출처 : 위키피아, 나무위키

임상의학 : 환자의 실제적인 진단 및 치료를 목적으로 하는 의학의 한 분야			
내과학 계열	외과학 계열	내과학, 외과학 외의 임상의학' 계열	사회인문의학
가정의학과	비뇨의학과	마취통증의학과	예방의학
결핵과	산부인과	방사선종양학과	법의학
내과	성형외과	영상의학과	의사학
소아청소년과	안과	응급의학과	농촌지역보건학
신경과	외과	병리과	의료윤리
정신건강의학과	이비인후과	직업환경의학과	의학교육학
재활의학과	정형외과	진단검상의학과	호스피스,완화의료학
피부과	흉부외과	핵의학과	

※의과대학마다 다를 수 있음

■ 의과대학 기본정보

　　의과대학을 평가하는 기준은 일반 종합대학을 평가하는 기준과는 다르다. 의과대학에서는 대학의 명성보다 부속병원과 협력병원의 역량이 더 중요하게 작용하기 때문이다.

　　의학은 이론적 학문이기도 하지만, 실제 환자와의 접촉을 기반으로 한 실습이 더욱 중요한 학문이다. 시체 해부가 법적으로 금지되어 있던 시절,《동의보감》의 저자 허준의 스승 유의태가 "사람의 병을 다루는 자가 신체 내부를 알지 못하고서야 생명을 지킬 수 없으니, 병든 몸이나마 내어주겠으니 네 정진의 계기로 삼으라"는 말을 남겼다는 일화는, 실습의 중요성을 강조하는 의학의 본질을 잘 보여준다. 이처럼 의학에서 실습은 필수적인 요소이므로, 의과대학을 평가할 때는 해당 대학의 부속병원과 협력병원의 수준을 중심으로 다른 요소들과 함께 종합적으로 판단해야 한다.

　　전국의 모든 의과대학을 체계적으로 이해하기 위해서는 일정한 분류 기준이 필요하다.

　　다양한 분류 방식이 가능하겠지만, 이 책에서는 서울의 메이저 의대를 기준점으로 삼아 메이저 의대, 인서울 의대, 수도권 의대, 광역시 소재 지방거점국립대 의대(지거국 의대), 일반 지거국 의대, 수도권에서 지리적으로 가까운 지방 의대, 그리고 의전원(의학전문대학원) 순으로 정렬하는 방식이 전체적인 구조를 파악하는 데 가장 이해하기 쉬운 분류라고 판단하여 이에 따라 정리하고자 한다.

의과대학 ＼ 특성	지역	특징	부속/협력/위탁병원	부속/협력병원 지역
서울대 의대	서울	메이저의대	3	서울, 성남
연세대 의대	서울	메이저의대	3	서울, 용인
가톨릭대 의대	서울	메이저의대	8	서울, 의정부, 인천, 부천, 수원, 대전
성균관대 의대	서울	메이저의대	3	창원, 협력병원:서울
울산대 의대	울산	메이저지방의대	3	울산, 협력병원:서울아산병원, 강릉
고려대 의대	서울	인서울의대	3	서울, 안산
경희대 의대	서울	인서울의대	3	서울, 김해
한양대 의대	서울	인서울의대	7	서울, 구리, 창원, 고양, 제천

의과대학＼특성	지역	특징	부속/협력/위탁병원	부속/협력병원 지역
중앙대 의대	서울	인서울의대	3	서울, 광명, 남양주
이화여대 의대	서울	인서울의대	2	서울
아주대 의대	경기	수도권의대	2	수원
가천대 의대	인천	수도권의대	2	인천
인하대 의대	인천	수도권의대	1	인천
충남대 의대	대전	광역시 지거국	2	대전, 세종
경북대 의대	대구	광역시 지거국	2	대구
부산대 의대	부산	광역시 지거국	3	부산, 양산
전남대 의대	광주	광역시 지거국	4	광주, 화순
강원대 의대	강원	지거국	1	춘천
충북대 의대	충북	지거국	1	청주
전북대 의대	전북	지거국	1	전주
경상국립대 의대	경남	지거국	3	진주, 창원
한림대 의대	강원	서울권병원보유 의대	6	서울, 춘천, 안양, 화성,
연세대(미래캠) 의대	강원	지방(서울)의대	1	원주
가톨릭관동대 의대	강원	지방의대	1	인천
건국대(글로컬) 의대	충북	지방(서울)의대	2	서울, 충주
단국대(천안) 의대	충남	지방(서울)의대	1	천안
순천향대 의대	충남	서울권병원보유 의대	4	서울, 부천, 천안, 구미
을지대 의대	대전	지방의대	4	대전, 의정부, 서울
건양대 의대	대전	지방의대	1	대전
원광대 의대	전북	지방의대	4	익산, 군포, 안산, 군산
조선대 의대	광주	지방의대	1	광주
동국대(WISE) 의대	경북	지방(서울)의내	2	고양, 경주
영남대 의대	대구	지방의대	2	대구, 영천

특성 의과대학	지역	특징	부속/협력/ 위탁병원	부속/협력병원 지역
계명대 의대	대구	지방의대	3	대구, 경주
대구가톨릭대 의대	대구	지방의대	2	대구
인제대 의대	부산	서울권병원보유 의대	5	부산, 서울상계, 일산,
동아대 의대	부산	지방의대	1	부산
고신대 의대	부산	지방의대	1	부산
제주대 의대	제주	지방의대	1	제주
차의과대:의전원	경기	의학전문대학원	9	구미, 협력병원:서울, 성남, 고양, 대구, 미국, 호주, 싱가폴

※시대적 변화에 맞추어 의과대학 정보가 매년 변경될 수 있으므로 관심 대학은 각 대학 의과대학 홈페이지에서 확인해야 함

2 ▶ 의과대학 인재상

히포크라테스는 《잠언집》에서 "인생은 짧고 의술의 길은 멀며, 기회는 순식간에 지나가고 경험은 완전하고 판단은 어렵다. 따라서 의사는 스스로 옳은 일을 실천할 뿐만 아니라, 환자와 수행원, 그리고 외부인 모두가 협력할 수 있도록 준비되어 있어야 한다"고 말했다.

생명을 다루는 의학은 철학, 윤리, 종교, 예술의 영역과도 깊이 연결되어 있으며, 그 어떤 학문보다도 인재상에 대한 고려가 절실한 분야다. 이제 의과대학이 요구하는 인재상에 대해 살펴보고자 한다.

출처: 39개 의과대학 홈페이지

인재상 39개 의과대학	인재상
서울대 의대	인간 존중의 가치관을 바탕으로 인류와 사회에 공헌할 의학 인재
연세대 의대	기독교정신을 바탕으로 의학과 다양한 관련 전문분야에서 시대에 앞서가는 지도자가 갖추어야 할 필수 전문교육을 통해 겨레와 인류에 이바지하는 인재
가톨릭대 의대	소명의식있는 의사, 리더십있는 의사, 역량있는 의사

인재상 39개 의과대학	인재상
성균관대 의대	인·의·예·지의 교시를 바탕으로 인류사회에 이바지 할 우수한 의사
울산대 의대	의료계를 선도하는 미래의 리더
고려대 의대	자유·정의·진리의 교육 이념을 바탕으로 윤리의식, 전문성, 리더십을 갖춘 인재
경희대 의대	'문화세계 창조라는 교시를 바탕으로 의학발전 및 인류 건강증진에 헌신하고자 한다. 이를 위해 최상의 실력과 인성을 겸비한 의사와 의과학자
한양대 의대	능동적으로 자기개발을 추구하면서 창의적인 연구로 의학전문지식을 실용화하고 지역사회와 국가, 나아가 인류사회에 사랑을 실천하는 전문 의료인
중앙대 의대	생명 중심의 따뜻한 마음을 지닌 의료인, 창의적인 연구를 통해 인류세상에 이바지하는 의료인, 공동체 중심의 의료정의를 실천하는 의료인
이화여대 의대	기독교적 진선미의 교육이념을 바탕으로 국가와 인류사회의 발전에 공헌하는 보건의료분야의 탁월한 여성지도자
아주대 의대	인간존중의 정신을 바탕으로 변화하는 의료환경에서 한국의 보건의료를 책임질 능력과 인격을 갖춘 의사
가천대 의대	박애, 봉사, 애국의 건강 이념을 바탕으로 의료인의 전문적 자질을 갖추고, 사회가 필요로 하며, 의학 발전에 기여하는 의과학자
인하대 의대	인격도야, 진리탐구, 사회봉사의 창학이념을 바탕으로 한 참(眞)의사
충남대 의대	질병 문제를 해결하기 위해 다양한 잠재력을 바탕으로 과학적 창의성을 발휘할 수 있는 인재. 사회의 요구와 의료변화에 능동적으로 대응하는 품위 있는 자질을 지닌 의사. 의학적 전문성을 바탕으로 국내외에서 다양한 사회봉사를 할 수 있는 인재
경북대 의대	다양한 학문적 호기심을 지닌 의과대학생들을 문제 중심 및 환자 중심으로 생각할 수 있는 의료인
부산대 의대	투철한 윤리의식과 건전한 사회성을 바탕으로 생명현상에 대한 의문을 창의적인 사고와 탐구정신을 통해 자기주도적으로 해결하려는 의지를 가진 학생
전남대 의대	진리·창조·봉사의 교육이념을 바탕으로 교육, 연구, 봉사를 통하여 의료의 발전과 인류의 안녕에 이바지하는 인재
강원대 의대	미래 변화에 능동적으로 대응하여 다양한 분야로 진출하는 의사
충북대 의대	진리, 정의, 개척의 건학이념으로 건강한 삶에 헌신하는 의료 전문가
전북대 의대	지역과 국가, 그리고 국제사회가 필요로 하는 의료인을 육성하고 인류의 질병과 건강증진을 책임질 수 있는 의사
경상국립대 의대	의학발전과 인류건강 증진에 기여하는 예(禮)•지(智)•학(學)을 겸비한 개척의사
한림대 의대	풍부한 인간성과 창조적 지성을 지닌 좋은 의사
연세대(미래캠) 의대	하나님의 사랑을 실천하며 역량있고 신뢰받는 자연스러운 보건의료인

인재상 39개 의과대학	인재상
가톨릭관동대 의대	가톨릭 정신을 바탕으로 인류와 사회발전에 기여할 수 있는 인격과 지성을 갖춘 열정적인 최고의 의료전문인
건국대(글로컬) 의대	'성(誠), 신(信), 의(義)의 역량을 길러 생명존중의 가치를 실현하고 건강 증진 및 사회발전에 기여할 수 있는 인재
단국대(천안) 의대	의사로서의 기본적인 지적 역량과 사회정서적 역량을 바탕으로 미래사회에 기여할 수 있는 주도적인 인재
순천향대 의대	인간사랑의 순천향 정신을 바탕으로, 창의와 열정으로 의학을 탐구하고 생명을 존중하며, 타인을 배려하는 전인적인 의료인
을지대 의대	가슴이 따뜻한 의사. 다양한 잠재력을 가진 의사. 더불어 미래를 준비하는 의사
건양대 의대	진리탐구, 역사창조, 인류봉사의 건학 이념을 바탕으로 의학발전과 건강증진에 기여하는 참된 인재
원광대 의대	의생명통합적 사고와 인간중심의 품성을 겸비하여 원불교 정신인 제생의세를 실천하고 지역, 국가, 인류사회에 기여할 수 있는 의학인재
조선대 의대	생명의 존엄성에 대한 깊이 있는 인식과 올바른 품성 및 봉사 정신을 갖추고, 전문적 지식과 기술을 통해 인류 사회에 기여할 수 있는 의학 인재
동국대(WISE) 의대	불교정신을 바탕으로 국가와 인류에 공헌할 수 있는 역량있는, 지혜를 갖춘, 자비로운, 정진하는 의료인
영남대 의대	창의적 역량과 능동적 태도로 사회와 소통 협력하며 전문성을 갖춘 전인적 인재
계명대 의대	기본적인 진료역량과 문제해결력을 갖추고 지속적으로 자기개발하는 의료인
대구가톨릭대 의대	가톨릭 정신을 바탕으로 역량있는 의료인
인제대 의대	仁德濟世(인덕제세)·仁術濟世(인술제세)의 창립정신과 '도덕적 인간·협력적 인간·실천적 인간'의 교육목적을 바탕으로 우리 사회와 국제 사회가 필요로 하는, 사회적 건강 요구에 부합하는 '미래 좋은 의사'
동아대 의대	홍익인간의 건학이념을 바탕으로 지역공동체와 세계의 요청에 부응하여 전문가적 역량을 발휘하는 의사
고신대 의대	그리스도의 사랑을 바탕으로 치료, 교육, 기독교 복음전파를 통해 사회에 공헌하는 의사
제주대 의대	진료, 연구역량, 인성을 갖추고 지역, 우리나라 의료 및 세계의료를 선도할 수 있는 의료인
차의과대:의전원	의학전문대학원 참고

※의대 인재상은 시대적 변화에 맞추어 의과대학이 매년 변경할 수 있으므로 관심 대학은 각 대학 의과대학 홈페이지에서 확인작업을 거쳐야 한다.

3 의과대학 교육과정

출처 : 서울대 의대 교과과정

학년＼학기	1학기	2학기
1학년	정상인체(인체해부학, 조직학총론, 인체조직과 생리학, 인체생화학, 기초신경과학)	질병이해의 기초(질병의 병리학적 이해, 감염의 기초, 면역의 기초, 약물의 이해), 인체와 질병I, 의학연구I
2학년	인체와 질병II(순환기, 소화기, 호흡기), 인체와 질병III(대사와 내분비, 뇌신경과 정신해동, 혈액과 종양)	인체과 질병IV(근골격, 피부 및 감각기, 생식·성장·발달2, 신장요로), 의학연구II
3학년	임상추론I, 임상의학입문3, 내과계 실습, 여성과 소아 실습	외과계 실습, 정신 신경계 및 영상 실습
4학년	선택임상실습	심화선택, 임상추론2, 학생인턴

대부분의 의과대학 교육과정은 큰 틀에서 유사한 구조를 가지고 있지만, 세부 과목명이나 운영 방식에는 대학별로 적지 않은 차이가 있다. 따라서 자신이 진학을 희망하는 대학의 교육과정을 한 번쯤 직접 살펴보는 것이 바람직하다.

2 한눈에 보는 의과대학 입학전형

1 한눈에 보는 의대 입학전형

세계에서 가장 많이 판매되고 19개 언어로 번역되어 전 세계적으로 읽히는 미술서 《서양미술사》의 저자 에른스트 곰브리치(Ernst Gombrich)는 인류의 가장 오래된 동굴 벽화에 그려진 소의 형상에서 수백 가지의 정보를 읽어내고, 이를 바탕으로 해당 벽화가 제작된 당시 사회의 모습을 재구성해낸다. 작은 흔적들이 모여 하나의 그림을 이루고, 그 그림 속에는 수백 가지 이상의 정보가 함축되어 있다는 것을 말해준다.

곰브리치는 역사와 미술을 함께 공부했기에, 하나의 이미지 속에서 방대한 맥락과 의미를 읽어내며 사회 전체의 모습을 상상해낼 수 있었다. 누구든지 현재와 과거를 성실히 탐구하고 끊임없이 노력한다면, 미술사학자 에른스트 곰브리치처럼 하나의 매개체를 통해 다른 시대와 세계를 바라볼 수 있을 것이다.

의과대학 입학 정보를 파악하는 과정도 이와 유사하다.

각 의과대학은 저마다의 방식으로 다양한 정보를 여러 문서와 매체에 분산시켜 제공하고 있다. 선행학습 영향평가 보고서, 대학 신입생 입학전형 시행계획, 모집요강, 전년도 입시 결과, 학생부 종합전형 안내서 등은 모두 중요한 자료이지만, 정보가 흩어져 있어 이를 일일이 대입 정보포털 '어디가'나 전국 39개 의과대학의 입학처 사이트를 통해 확인하고 분석하는 일은 학부모 입장에서 결코 쉽지 않다. 마치 동굴 속 그림을 통해 원시 부족과 곰브리치가 교감했듯, 의대 입시를 이해하기 위해서도 분산된 정보를 하나의 구조적 그림으로 재구성하는 시각이 필요하다. 39개 의과대학을 깊이 있게 이해하려면, 각각의 조각난 정보를 유기적으로 연결해 하나의 그림으로 그려보는 노력이 필요하다.

의과대학 입시를 하나의 그림처럼 이해하기 위해서는, 전국의 39개 의학과를 각각의 개별 대학이 아니라 '하나의 종합대학', 즉 '39개 의과대학'이라는 통합된 시각으로 바라보는 관점이 필요하다. 다양한 관점에서 제시된 정보를 이 통합된 틀 안에서 정리하면, 우리는 39개 의과대학을 안팎에서 보다 입체적으로 이해할 수 있게 된다.

이처럼 39개 의과대학을 유기적으로 연결된 하나의 체계로 자유롭게 바라보고 파악할 수 있다면, 입시 전략은 훨씬 단순하고 명확해진다. 즉, 입시라는 지도를 상하좌우 다양한 각도에서 조망하며, 상황에 따라 전략을 수정하거나 가장 적합한 진로 계획을 세울 수 있는 안목이 생긴다.

'한눈에 보는' 방식은 닻내림효과(Anchoring Effect)를 응용한 것이다. 닻내림효과란 특정한 정보나 수치가 머릿속에 기준점으로 작용해 이후의 판단에 영향을 미치는 심리 현상을 의미한다. 이때 기준점을 적절히 설정한 뒤, 자녀의 학생부 내신 평균 등급과 학생부 종합전형의 주요 요소들을 꼼꼼히 이해하고 기억하면서 '한눈에 보는 의대 입학 정보'를 지속적으로 비교·분석해 본다면, 어느 의과대학이 적합한지를 판단하는 데 실질적인 도움이 된다. 또한 '한눈에 보는 입학전형'을 자주 정독하며 충분히 이해하고 시각적으로 익힌 후, 자녀의 학생부 교과와 비교과 영역을 함께 준비해 나가고, 모의수능 평가를 통해 수능 성적을 예측해 본다면, 자녀에게 가장 적합한 의대 입시 전략을 수립할 수 있을 것이다.

지금부터 계속해서 살펴보게 될 '한눈에 보는 의대 입학전형'은 정보의 정확성과 최신성 면에서 다소 부족할 수 있다. 그러나 전체적인 흐름을 파악할 수 있는 구조성과 전형 간의 통일성 면에서는 분명한 장점을 지닌다.

이 자료를 반복해서 살펴보며 시각적으로 익숙해진다면, 자녀가 실제로 수시 지원 시기에 도달했을 때에는 반드시 각 의과대학의 최신 모집요강을 철저히 확인하고, 자녀에게 가장 적합한 전략을 세우는 데 활용해야 한다. 그럼 지금부터 '한눈에 보는 의대 입학전형'을 통해 의대 입시 전반에 대한 이해를 함께 시작해 보자.

　　　　　의대생 학부모이며 현직 고등학교 교사가 쓰다

출처 : 39개 의과대학 모집요강, 대입정보포털 어디가

의대 모집인원과 특성 / 39개 의과대학	지역	대표적 특징	모집 정원	정시 합계	수시 합계	학생부 반영교과
서울대 의대	서울	메이저의대	135	33	102	전과목
연세대 의대	서울	메이저의대	110	43	67	전과목
가톨릭대 의대	서울	메이저의대	93	39	54	전과목
성균관대 의대	서울	메이저의대	40	15	25	전과목
울산대 의대	울산	메이저지방의대	40	16	24	전과목
고려대 의대	서울	인서울의대	106	20	86	전과목
경희대 의대	서울	인서울의대	110	44	66	국수영사(과)한
한양대 의대	서울	인서울의대	110	68	42	국수영사과한
중앙대 의대	서울	인서울의대	86	45	41	국영수사과
이화여대 의대	서울	인서울여의대	76	63	13	국수영사과한
아주대 의대	경기	수도권의대	40	10	30	국수영사과
가천대 의대	경기	수도권의대	40	14	26	국수영과
인하대 의대	인천	수도권의대	49	14	35	국수영사과
충남대 의대	대전	광역시 지거국	110	45	65	전과목
경북대 의대	대구	광역시 지거국	110	29	81	국수영사과한
부산대 의대	부산	광역시 지거국	125	47	78	국영수사과한
전남대 의대	광주	광역시 지거국	125	50	75	전과목
강원대 의대	강원	지거국	49	15	34	국영수사과한
충북대 의대	충북	지거국	49	29	20	공통+국수영과
전북대 의대	전북	지거국	142	61	81	국영수사과한
경상국립대 의대	경남	지거국	76	31	45	국수영사(과)
한림대 의대	강원	서울권병원보유의대	76	40	36	상위3개교과
연세대(미래캠) 의대	강원	지방(서울)의대	93	27	66	국영수사과
가톨릭관동대 의대	강원	지방의대	49	20	29	전과목
건국대(글로컬) 의대	충북	지방(서울)의대	40	27	13	국영수사과한
단국대(천안) 의대	충남	지방(서울)의대	40	4	36	국수영과
순천향대 의대	충남	서울권병원보유의대	93	26	67	국영수사과 중

의대 모집인원과 특성 39개 의과대학	지역	대표적 특징	모집 정원	정시 합계	수시 합계	학생부 반영교과
						우수3개교과
을지대 의대	대전	지방의대	40	29	11	국영수사과한
건양대 의대	대전	지방의대	49	12	37	국수영과
원광대 의대	전북	지방의대	93	32	61	상위 15과목
조선대 의대	광주	지방의대	125	52	73	국영수사과한
동국대(WISE) 의대	경북	지방(서울)의대	49	6	43	국수영사과
영남대 의대	경북	지방의대	76	35	41	공통+국수영과한
계명대 의대	대구	지방의대	76	24	52	국수영사(과)한
대구가톨릭대 의대	경북	지방의대	40	13	27	국영수사과한
인제대 의대	부산	서울권병원보유의대	93	37	56	국수+과2과목
동아대 의대	부산	지방의대	49	15	34	국수영사과 중 12
고신대 의대	부산	지방의대	76	26	50	국수영사과
제주대 의대	제주	지방의대	40	18	22	전과목
차의과대:의전원	경기	의전원 선발	사십			MEET
합계(인원)			3,018	1,174	1,844	
합계(비율)			100%	38.9%	61.1%	

※이 자료는 한눈에 보기 위해 특정년도를 기준으로 간략히 정리한 자료이므로 정확한 내용은 당해년도의 대학별 수시 모집요강을 통해 확인해야 함

의과대학별 모집정원은 일반적으로 큰 변동이 없다.

2025학년도에 이루어진 2,000명 규모의 증원은 매우 이례적인 사례이며, 이로 인해 의료계와 의학교육 현장에는 많은 혼란과 갈등이 초래되었다. 그러나 이후의 정원 조정은 단순한 회귀가 아니라, 보다 안정적인 변화를 위한 일종의 숨 고르기라 볼 수 있다.

의대 전체 정원의 구조가 비탄력적인 데 비해, 정시와 수시 모집인원은 매년 일정 부분씩 조정되곤 한다. 앞의 표를 바탕으로 의과대학 전반에 대한 기본적인 구조를 이해한다면, 39개 의과대학의 특성을 파악하고 효과적인 입시 전략을 수립하는 데 큰 도움이 될 것이다.

2 한눈에 보는 의대 수시전형

■ 의대 수시모집 명칭 알아보기

대학별로 사용하는 전형 명칭은 매우 다양하며 해마다 조금씩 변경되기도 한다. 개별 대학의 입장에서는 대학만의 고유한 전형 명칭을 사용하는 것이 정체성을 드러내는 데 도움이 될 수 있다. 그러나 여러 대학의 전형을 함께 비교하고 이해해야 하는 학생과 학부모 입장에서는 이러한 고유성이 오히려 전형 이해를 어렵게 만드는 요소로 작용한다. 특별한 경우를 제외하고는 학생부 교과전형과 학생부 종합전형이라는 통일된 명칭을 사용하는 것이 바람직하다는 바람을 가져본다.

다음은 각 대학의 고유한 전형 명칭을 분류하여 정리한 자료로, 전체적인 흐름을 대략적으로 이해한 뒤, 이후 계속 제공되는 내용을 익혀 나가면 전형 명칭으로 인한 혼란은 상당 부분 해소될 수 있을 것이다.

출처 : 39개 의과대학 모집요강

전형명칭 39개 의과대학	교과		학종			논술
	교과(일반) 명칭	교과(지역인재) 명칭	학종(일반1) 명칭	학종(일반2) 명칭	학종(지역인재) 명칭	논술
서울대 의대	지역균형전형		일반전형			
연세대 의대	추천형		활동우수형			
가톨릭대 의대	지역균형전형		카톨릭지도자 추천	학교장추천		논술
성균관대 의대			탐구형			논술
울산대 의대		지역교과	잠재역량		지역인재	
고려대 의대	학교추천전형		학업우수전형	계열적합형		
경희대 의대	지역균형전형		네오르네상스 전형			논술
한양대 의대			추천형	서류형		
중앙대 의대			CAU융합형 인재형	CAU탐구형 인재형		논술
이화여대 의대			미래인재			

전형명칭 39개 의과대학	교과		학종			논술
	교과(일반) 명칭	교과(지역인재) 명칭	학종(일반1) 명칭	학종(일반2) 명칭	학종(지역인 재) 명칭	논술
아주대 의대			ACE전형	첨단융합 인재전형		논술
가천대 의대	학생부우수자		가천의약학			논술
인하대 의대	지역균형		인하미래인재			논술
충남대 의대	일반	지역인재	일반	서류	종합II (지역)	
경북대 의대		지역인재 전형	일반학생전형		지역인재 전형	논술
부산대 의대	학생부교과	지역인재			지역인재	논술
전남대 의대		지역인재 전형	고교생활 우수자I			
강원대 의대	일반	지역인재	미래인재II		지약인제	
충북대 의대	학생부 교과	지역인재 전형	학생부 종합I	학생부 종합II		
전북대 의대	일반학생	지역인재1 /지역인재2	큰사람			
경상국립대 의대	일반	지역인재	일반		지역인재	
한림대 의대			학교생활우수		지역인재	
연세대(미래캠) 의대	교과우수자		학교생활우수자		강원인재 (일반)/ 강원인재 (한마음)	논술
가톨릭관동대 의대	일반	지역인재		가톨릭 지도자추천		
건국대(글로컬) 의대		지역인재	Cogito자기추천		지역인재	
단국대(천안) 의대				DKU인재 (면접형)		
순천향대 의대	교과우수자	지역인재	일반학생		지역인재	
을지대 의대	지역균형	지역의료 인재				
건양대 의대	일반학생	지역인재				

전형명칭 39개 의과대학	교과		학종			논술
	교과(일반) 명칭	교과(지역인재) 명칭	학종(일반1) 명칭	학종(일반2) 명칭	학종(지역인재) 명칭	논술
	(최저) / 일반학생 (면접)	(최저) / 지역인재 (면접)				
원광대 의대		지역인재 교과 (전북, 호남)	학생부 종합		지역인재I (전북, 호남)/지역 인재II	
조선대 의대	일반	지역인재	면접			
동국대(WISE) 의대	교과/불교추천 인재	지역인재(교 과)/지역인재 (경북-교과)	참사람		지역인재 (종합)/지 역인재(경 북-종합)	
영남대 의대	일반학생/의학 창의인재	지역인재				
계명대 의대	일반/먄잡	지역	일반		지역	
대구가톨릭대 의대	교과	지역교과			지역종합	
인제대 의대	의예약학	지역인재I				
동아대 의대		지역인재 교과	잠재능력우수자		지역인재 종합	
고신대 의대	일반고	지역인재				
제주대 의대	일반학생	지역인재				
차의과대:의전원						

※이 자료는 한눈에 보기 위해 특정년도를 기준으로 간략히 정리한 자료이므로 정확한 내용은 당해년도의 대학별 수시 모집요강을 통해 확인해야 함

서울대학교 모집요강에서는 지역균형전형(지균)을 학생부 종합전형의 하나로 소개하고 있다. 2004년 처음 도입된 서울대 지역균형전형은 당시 서류평가도 병행되었으나, 실질적으로는 교과 성적이 합격을 좌우하는 핵심 요소였다. 이후 2008년 입학사정관제도가 도입되었고, 2013년부터는 이 제도의 명칭이 '학생부 종합전형'으로 변경되어 통합 운영되기 시작했다. 이와 함께 서울대 지역균형전형에도 학생부 종합전형의 평가 요소가 점차 반영되었으며, 수도권정비계획법에 따라 수도권 소재 대학들이 교과 중심의 추천 전형으

로 모집정원의 최소 10% 이상을 선발하도록 규정되면서, 서울대 지역균형전형 또한 이러한 전형 체계에 맞추어 운영되고 있다.

서울대 지역균형전형은 교과 성적이 50% 이상 반영되는 것으로 추정되며, 수도권정비계획법의 요건을 충족해야 하기에 교과 전형으로 분류할 여지도 있는 전형이다.

전형 명칭이 역사를 가지기에 39개 의과대학의 전형 명칭이 헷갈릴 수 있지만, 크게는 교과, 학종, 논술 세 가지 안에 모두 포함된다는 것만 명심하면 기억하는 데 어려움이 없다.

■ 전형별로 보는 의대 수시 모집인원

세부 전형별 모집인원을 정확히 파악하는 것은 수시 전략 수립의 기본이다. 특히 의과대학은 현재 총 3,018명의 모집정원을 기준으로 하고 있으며, 의대 정원 확대나 공공의대·지역의대 신설 등의 이슈로 인해 총 정원이 증가할 수는 있으나, 그 이후에는 대학별 모집인원이나 전체 정원이 장기간 고정되는 경향이 강하다. 실질적으로 매년 변동이 있는 부분은 교과전형, 학생부 종합전형, 논술전형, 정시모집 등 전형 간의 세부 모집인원이며, 이와 같은 변동은 경쟁률과 합격 등급 컷에 직접적인 영향을 미친다. 따라서 수시 실전에서는 최근 3~5년간의 평균 등급 컷을 살펴보며, 의대 입시 결과의 흐름과 전형별 경향을 이해하는 것이 중요하다.

출처 : 39개 의과대학 모집요강

전형별 모집인원 / 의과대학	모집정원	정시합계	수시합계	학생부 교과			학생부 종합					논술	
				교과 (일반)	교과 (지역인재)	교과 (기회)	학종 (일반1)	학종 (일반2)	학종 (지역인재)	학종 (사회적배려)	학종 (농어촌)	논술 (일반)	논술 (지역)
서울대 의대	135	39	96	39			50				7		
연세대 의대	110	47	63	18			42			3			
가톨릭대 의대	93	37	56	10			2	25				19	
성균관대 의대	40	10	30				25					5	
울산대 의대	40	10	30				14		15	1			

전형별 모집인원 / 의과대학	모집정원	정시합계	수시합계	학생부 교과			학생부 종합					논술	
				교과(일반)	교과(지역인재)	교과(기회)	학종(일반1)	학종(일반2)	학종(지역인재)	학종(사회적배려)	학종(농어촌)	논술(일반)	논술(지역)
고려대 의대	106	39	67	18			29	15		5			
경희대 의대	110	44	66	18			33					15	
한양대 의대	110	68	42				39			3			
중앙대 의대	86	45	41				11	11				19	
이화여대 의대	76	63	13				13						
아주대 의대	40	10	30				20					10	
가천대 의대	40	15	25	5		일	20						
인하대 의대	49	16	33	9			16				이	8	
충남대 의대	110	39	71	23	20	3	19	6					
경북대 의대	110	22	88		12	5	22		39			10	
부산대 의대	125	47	78		30				30	3			15
전남대 의대	125	32	93		78	3	12						
강원대 의대	49	15	34	10	14	1	9						
충북대 의대	49	29	20	4	7	1	4	4					
전북대 의대	142	58	84	19	60		5						
경상국립대 의대	76	26	50	11	32		2		3	2	삼		
한림대 의대	76	37	39				21		16	2	이		
연세대 (미래캠) 의대	93	21	72	19			15		20	3		15	
가톨릭관동대 의대	49	19	30	8	10	2	8	2					
건국대 (글로컬) 의대	40	15	25		12	1	12						
단국대 (천안) 의대	40	25	15	0			0	15					
순천향대	93	28	65	18	31	3	6		7				

전형별 모집인원 / 의과대학	모집 정원	정시 합계	수시합계	학생부 교과			학생부 종합					논술	
				교과 (일반)	교과 (지역인재)	교과 (기회)	학종 (일반1)	학종 (일반2)	학종 (지역인재)	학종 (사회적 배려)	학종 (농어촌)	논술 (일반)	논술 (지역)
의대													
을지대 의대	40	15	25	5	19	1							
건양대 의대	49	12	37	15	20	2							
원광대 의대	93	22	71	0			26		45	이			
조선대 의대	125	56	69	16	40	3	10	0					
동국대 (WISE) 의대	49	11	38	10	10	2	7		9				
영남대 의대	76	35	41	16	23	2							
계명대 의대	76	24	52	12	28	2	4		6				
대구가톨릭 대 의대	40	13	27	5	18	1			3				
인제대 의대	93	37	56	28	28								
동아대 의대	49	19	30		18				10	2	이		
고신대 의대	76	26	50	25	25								
제주대 의대	40	20	20	8	12	이							
차의과대: 의전원													
합계(인원)	3,018	1,146	1,872	369	547	32	496	78	203	24	7	101	15
합계(비율)	100.0%	38.0%	62.0%	19.7%	29.2%	1.7%	26.5%	4.2%	10.8%	1.3%	0.4%	5.4%	0.8%

※이 자료는 한눈에 보기 위해 특정년도를 기준으로 간략히 정리한 자료이므로 정확한 내용은 당해년도의 대학별 수시 모집요강을 통해 확인해야 함

　　서울에 거주하는 학생과 학부모는 서울을 중심으로 의과대학 전체를 바라보는 경향이 있다. 반면, 지방 거주자들은 자신의 거주지를 기준으로 의과대학을 파악하는 것이 보다 현실적이고 전략적인 접근이라 할 수 있다. 거주 지역에 따라 바라보는 관점이 달라져야 하며, 이는 닻내림효과(Anchoring Effect)와도 관련이 있다. 닻내림효과는 특정 기준점을 중심으로 상황을 명확히 인식하고 판단을 내릴 수 있게 한다는 장점이 있지만, 동시에

자기중심적 판단을 유도할 수 있다는 한계도 분명히 존재한다. 그럼에도 불구하고 의대 입시에서는 자신의 거주지를 중심으로 사고하고 판단하는 것이 전략 수립에 있어 가장 유리한 방식이라 할 수 있다.

서울에 거주하는 학생과 학부모는 어떤 의과대학을 졸업하더라도, 졸업 후 다시 서울로 돌아가기를 희망하는 경우가 많다. 이는 자연스러운 현상이다. 실제로 많은 통계에서 지방 의과대학 졸업생의 50% 이상이 수도권 병원에 취업하는 것으로 나타난다. 이 수치는 지방 의대를 졸업한 수도권 출신 학생이 다시 수도권으로 돌아가는 경우와 지방 출신 학생이 수도권 병원에 취업하는 경우를 모두 포함한 것이다.

수도권 의대를 졸업하든 지방 의대를 졸업하든, 전공의(레지던트) 자리는 전체적으로 수도권 병원에 50% 이상 집중되어 있는 것이 현실이며, 이는 지방 의대 출신이 수도권으로 유입되는 주요한 이유 중 하나이다. 수도권 의대를 진학하지 않더라도, 수도권 병원에 취업할 수 있는 다양한 경로와 가능성이 존재한다.

따라서 단지 수도권 병원 취업만을 기준으로 의대를 선택하기보다는, 여러 요소를 종합적으로 고려해 진학할 대학을 결정하는 것이 바람직하다.

■ 지역별로 보는 의대 수시 모집인원

지역 \ 모집인원	모집인원비율	모집정원	정시	수시	정시비율	수시비율	교과(일반)	교과(지역인재)	학종(일반)	학종(지역)	논술
서울	28.7%	866	392	474	45.3%	54.7%	103	0	313	0	58
인천	2.9%	89	31	58	34.8%	65.2%	14	0	36	0	8
경기	1.3%	40	10	30	25.0%	75.0%	0	0	20	0	10
부산	11.4%	343	129	214	37.6%	62.4%	53	101	5	40	15
울산	1.3%	40	10	30	25.0%	75.0%	0	0	15	15	0
경남	2.5%	76	26	50	34.2%	65.8%	11	32	4	3	0
대구	10.0%	302	94	208	31.1%	68.9%	43	81	26	48	10
경북	1.6%	49	11	38	22.4%	77.6%	12	10	7	9	0
강원	8.8%	267	92	175	34.5%	65.5%	40	24	60	36	15

지역＼모집인원	모집인원비율	모집정원	정시	수시	정시비율	수시비율	교과(일반)	교과(지역인재)	학종(일반)	학종(지역)	논술
전남	0.0%	0	0	0	0%	0%	0	0	0	0	0
광주	8.3%	250	88	162	35.2%	64.8%	22	118	22	0	0
전북	7.8%	235	80	155	34.0%	66.0%	19	60	31	45	0
충남	4.4%	133	53	80	39.8%	60.2%	21	31	21	7	0
대전	6.6%	199	66	133	33.2%	66.8%	49	59	25	0	0
충북	2.9%	89	44	45	49.4%	50.6%	6	19	20	0	0
제주	1.3%	40	20	20	50.0%	50.0%	8	12	0	0	0
합계	100.0%	3,018	1,146	1,872	38.0%	62.0%	401	547	605	203	116

※이 자료는 한눈에 보기 위해 특정년도를 기준으로 간략히 정리한 자료이므로 정확한 내용은 당해년도의 대학별 수시 모집요강을 통해 확인해야 함

앞의 자료는 2025학년도 의대 정원 2,000명 증원 시기를 제외한, 의과대학별 모집인원을 기준으로 정리된 것이다. 향후 공공의대와 지역의대가 도입되면 일부 인원 변화가 발생할 수는 있지만, 이를 제외하면 지역별 모집정원 자체에는 큰 변화가 없을 것으로 예상된다.

다만, 매년 수시와 정시 모집인원에는 소폭의 변동이 지속적으로 발생한다는 점은 염두에 둘 필요가 있다. 따라서 지역별 모집인원 자료도 참고용으로 함께 살펴보면 의대 입시 전략 수립에 도움이 될 것이다.

3 ▸ 한눈에 보는 의대 수시전형 방법

■ 교과, 학종, 논술

출처 : 39개 의과대학 모집요강, 대입정보포털 어디가

전형방법 39개 의과대학	학생부 교과		논술
	교과(일반)	교과(지역인재)	논술(일반)/지역인재)
서울대 의대	1단계(3배) : 학생부 100 2단계 : 학생부 70 + 면접 30		
연세대 의대	교과 100		
가톨릭대 의대	학생부 교과100, 면접P/F		논술 80 + 교과 20
성균관대 의대			논술100
울산대 의대		1단계(5배) : 교과90+출결10 2단계 : 1단계 80 + 면접 20	
고려대 의대	교과80+학생부20 학생부80+서류20		
경희대 의대	학생부 교과/비교과 70+교과종합평가30		논술 100
한양대 의대			
중앙대 의대			교과20+출결10+논술70
이화여대 의대			
아주대 의대			교과 20 + 논술 80
가천대 의대	교과 100		논술 100
인하대 의대	교과 100		논술 70 + 교과 30
충남대 의대	교과 100	교과 100	
경북대 의대		교과 80 + 서류평가 20	교과 30+논술 70
부산대 의대	교과 80 + 학업역량평가 20	교과 80 + 학업역량평가 20	논술 70 + 교과 30
전남대 의대		교과 100	
강원대 의대	학생부 교과 100	학생부 교과 100	
충북대 의대	교과 100	교과 100	

전형방법 39개 의과대학	학생부 교과		논술
	교과(일반)	교과(지역인재)	논술(일반)/지역인재)
전북대 의대	교과 100		
경상국립대 의대	교과 100	교과 100	
한림대 의대			
연세대(미래캠) 의대	교과 80+면접 20		논술 100
가톨릭관동대 의대	학생부 교과 100	학생부 교과 100	
건국대(글로컬) 의대		1단계(5배수) : 교과 100 2단계:교과70+면접30	
단국대(천안) 의대			
순천향대 의대	학생부 교과 100	학생부 교과 100	
을지대 의대	교과 95 + 면접 5(인성면접)	교과 95 + 면접 5(인성면접)	
건양대 의대	1단계(5배) : 교과 100 2단계 : 교과 80 + 면접 20 / 1단계(3배) : 교과 100 2단계 : 교과 80 + 면접 20		
원광대 의대		교과90+출결10	
조선대 의대	교과 100	교과 100	
동국대(WISE) 의대	교과 100	교과 100	
영남대 의대	교과 90 + 출결 10 / 1단계(7배) : 교과 90 + 출결 10 2단계 : 1단계 70 + 면접 30	교과 90 + 출결 10	
계명대 의대	1단계(10배) : 교과80 + 출결20 2단계 : 1단계 80 + 면접 20	1단계(10배) : 교과80 + 출결20 2단계 : 1단계 80 + 면접 20	
대구가톨릭대 의대	1단계(5배) : 교과 80 + 출결 20 2단계 : 1단계 80 + 면접 20	1단계(5배) : 교과 80 + 출결 20 2단계 : 1단계 80 + 면접 20	

전형방법 39개 의과대학	학생부 교과		논술
	교과(일반)	교과(지역인재)	논술(일반)/지역인재)
인제대 의대	1단계(5배) : 교과 100 2단계 : 교과 67.5 + 면접 32.5	1단계(5배) : 교과 100 2단계 : 교과 67.5 + 면접 32.5	
동아대 의대		교과80 + 서류20	
고신대 의대	1단계(10배) : 교과100 2단계 : 교과 90 + 면접 10	1단계(10배): 교과100 2단계: 교과90+면접10	
제주대 의대	교과 100	교과 100	
차의과대: 의전원			

※이 자료는 한눈에 보기 위해 특정년도를 기준으로 간략히 정리한 자료이므로 정확한 내용은 당해년도의 대학별 수시 모집요강을
   통해 확인해야 함

전형방법 39개 의과대학	학생부 종합전형		
	학종(일반1)	학종(일반2)	학종(지역인재)
서울대 의대	1단계(2배) : 학생부 100 2단계 : 1단계 100+면접 및 구술고사100		
연세대 의대	1단계(4배) : 학생부 100 2단계 : 1단계 60 + 면접 40		
가톨릭대 의대	1단계(4배수): 서류100 2단계: 1단계70 + 면접30	1단계(4배수): 서류100 2단계:서류70+면접30	
성균관대 의대	1단계(4배) : 학생부 100 2단계 : 1단계 80 + 면접20		
울산대 의대	1단계(5배) : 학생부 100 2단계 : 1단계 50 + 면접 50		1단계(5배):학생부100 2단계:1단계50+면접50
고려대 의대	학생부 100	1단계(5배):학생부100 2단계:1단계50+면접50	
경희대 의대	1단계(3배) : 학생부 100 2단계 : 1단계 70 + 면접 30		
한양대 의대	학생부종합평가 100	학생부종합평가 100	

전형방법 39개 의과대학	학생부 종합전형		
	학종(일반1)	학종(일반2)	학종(지역인재)
중앙대 의대	학생부 100	1단계(3.5배):학생부100 2단계:학생부70+면접30	
이화여대 의대	학생부 100		
아주대 의대	1단계(3배) : 학생부 100 2단계 : 1단계 70 + 면접 30		
가천대 의대	1단계(5배) : 학생부 100 2단계:1단계50+면접50		
인하대 의대	1단계(3배) : 학생부 100 2단계 : 1단계 70 + 면접 30		
충남대 의대	1단계(3배) : 학생부 100 2단계 : 1단계 66.7 + 면접 33.3	학생부 100	1단계(3배):학생부100 2단계:1단계66.7 + 면접33.3
경북대 의대	학생부 100		1단계(5배):학생부100 2단계:1단계70+면접30
부산대 의대			1단계(4배):학생부100 2단계:학생부80+면접20
전남대 의대	1단계(6배) : 학생부 100 2단계 : 1단계 70 + 면접 30		
강원대 의대	1단계(3배수): 서류100 2단계: 1단계60 + 면접40		1단계(3배수): 서류100 2단계: 1단계60 + 면접40
충북대 의대	학생부 100	학생부 100	
전북대 의대	1단계(3배) : 학생부100 2단계 : 1단계 70 + 면접 30		
경상국립대 의대	1단계(3배) : 학생부 100 2단계 : 1단계 80 + 면접 20		1단계(3배) : 학생부 100 2단계 : 1단계 80 + 면접 20
한림대 의대	1단계(5배) : 학생부 100		1단계(5배):학생부100
연세대(미래캠) 의대	1단계(6배) : 학생부 100 2단계 : 1단계 70 + 면접 30		학생부 80 + 면접 20
가톨릭관동대 의대		학생부 100	
건국대(글로컬)	1단계(3배수): 서류100		학생부 100

전형방법 39개 의과대학	학생부 종합전형		
	학종(일반1)	학종(일반2)	학종(지역인재)
의대	2단계: 1단계70 + 면접30		
단국대 (천안)의대		1단계(10배):교과100 2단계:교과90+면접10	
순천향대 의대	학생부 100		학생부 100
을지대 의대			
건양대 의대	1단계(5배) : 교과 100 2단계 : 교과 80 + 면접 20 / 1단계(3배) : 교과 100 2단계 : 교과 80 + 면접 20		
원광대 의대	1단계(5배) : 학생부 100 2단계 : 1단계 70 + 면접 30		1단계(5배):학생부100 2단계:1단계70+면접30
조선대 의대	1단계(5배) : 학생부100 2단계 : 1단계 70 + 면접 30		
동국대(WISE) 의대	1단계(5배) : 학생부 100 2단계 : 학생부 70+면접 30		1단계(5배) : 학생부 100 2단계 : 학생부 70+면접 30
영남대 의대			
계명대 의대	1단계(7배) : 학생부 100 2단계 : 1단계 80 + 면접 20		1단계(7배):학생부100 2단계:1단계80+면접20
대구가톨릭대 의대			1단계(5배):학생부100 2단계:1단계80+면접20
인제대 의대			
동아대 의대	1단계(10배) : 학생부100 2단계 : 1단계 60+면접 40		1단계(6배):학생부100 2단계:1단계60+면접40
고신대 의대			
제주대 의대			
차의과대: 의전원			

※이 자료는 한눈에 보기 위해 특정년도를 기준으로 간략히 정리한 자료이므로 정확한 내용은 당해년도의 대학별 수시 모집요강을 통해 확인해야 함

수시전형의 주요 요소는 학생부 교과, 학생부 비교과, 면접, 논술, 수능최저학력기준으로 구성된다. 이 중에서 학생의 현재 강점과 향후 예상되는 성장 가능성을 정확히 파악하여, 자신에게 유리한 전형 방법을 선택하는 것이 중요하다.

교과전형이든 학생부 종합전형이든, 1단계 전형에서 일정 배수 내에 선발되고 수능최저학력기준을 충족하면, 최종 합격 가능성은 상당히 높아진다. 이는 상위권 의대로 이동하는 학생, 면접에서 기대만큼의 성과를 내지 못한 학생, 수능 난이도에 따른 기준 미충족 학생 등이 적지 않기 때문이다. 따라서 학생에게 가장 적합한 전형 방식을 찾아내는 것이 의대 합격 가능성을 크게 높이는 핵심 전략이 된다.

4 한눈에 보는 의대 학생부 종합전형

학생부 교과전형의 주도권은 학생과 학교에 있다. 여기서 '주도권'이란, 학생의 의대 지원 선택이 합격 여부를 좌우할 수 있다는 의미다. 반면, 학생부 종합전형의 주도권은 학생이나 학교가 아닌, 전형을 평가하는 대학에 있다. 따라서 학생부 종합전형을 준비할 때에는 각 대학이 제시하는 평가 항목과 그 내용을 정확히 이해하고, 학교생활기록부 항목에 대한 깊은 이해 역시 필수적이다. 물론 대학마다 학생부 종합전형의 평가 기준이 일부 다르긴 하지만, 모든 대학의 기준을 일일이 살펴볼 필요는 없다.

서울대학교의 학생부 종합전형 평가 항목과 서울 주요 5개 대학이 공동으로 제시한 학생부 종합전형 평가 항목만 제대로 이해해도 충분하다.

앞으로는 이 서울 5개 대학의 공동 평가 기준이 사실상 표준이 되어, 대부분 대학이 이 방식을 따르게 될 것으로 보인다. 아래 제시된 자료는 처음에는 다소 낯설게 느껴질 수 있지만, 시간을 들여 차분히 읽고 이해하려 노력하면 학생부 종합전형과 학교생활기록부 항목 간의 관계가 보다 명확하게 보이게 된다.

참고로, '교과학습 발달상황'은 **'교과'** 혹은 '교과성적', '교과 세부능력 및 특기사항'은 **'교과세특'**, '창의적 체험활동 특기사항'은 **'창체특기'**, '행동특성 및 종합의견'은 **'행특'** 등으로 줄여 표기한다.

■ 서울대 학생부 종합전형 평가 항목과 학생부 항목

출처 : 서울대학교 학생부 종합전형 안내

평가 요소	평가 항목	개념 및 세부평가내용	학생부 항목
학업 능력 · 학업 태도 · 학업 외 소양	학업 능력	학생 선발에서 가장 중요하게 고려하는 부분은 우수한 학업능력 입니다. 학생의 학업능력은 반드시 교과 성적과 일치하지는 않습니다. 교과 성적이 학생들의 학업능력을 판단할 수 있는 유일한 자료가 아니기 때문입니다. 학생들의 학업능력은 교과 공부뿐 아니라 교내 탐구활동, 동아리활동 등을 통해서도 향상될 수 있습니다.	교과성적· 교과세특· 창체특기
		전 교과목의 3년간의 성취도를 정성적으로 평가합니다. 학생이 이수한 과목의 선택 상황을 고려해서 수강자 수, 원점수, 평균, 표준편차, 학년별 성적 변화, 선택과목 특성 등의 다양한 정보를 통해 수치가 가지고 있는 의미와 정보를 정성적으로 해석하여 더욱 정확하게 학업능력을 평가하고자 합니다.	교과성적
		학생의 교과별 학습활동 내용을 판단할 수 있는 부분입니다. 또한, 학생의 교과별 성취기준에 따른 성취수준의 특성 및 학습활동 참여도, 자기주도적 학습에 의한 변화와 성장 정도가 잘 나타나 있는 중요한 부분이기도 합니다. 기재된 교재나 수업 내용(토론, 발표, 실험 등), 그 안에서 보인 학생의 노력, 과제 수행 내용 등을 통해 학생이 수업에서 학습한 내용과 수준을 파악하여, 단순히 교과 성적 수치로 볼 수 없는 학생의 역량을 살펴볼 수 있습니다.	교과세특
		자율활동, 동아리활동, 진로활동 등에서 학생의 학업 관련 우수성이 드러난다면 평가 대상이 될 수 있습니다. 탐구활동 등의 학내 활동을 통해 드러나는 우수성을 볼 수 있는 부분입니다.	창체특기
		기재된 내용 중 학생의 학습에 관한 내용은 학생의 전반적인 변화와 성장의 모습을 파악하는데 활용될 수 있습니다.	행특
	학업 태도	학생들의 자기주도적 학습 경험에서 나타나는 지적 호기심, 탐구 의지, 학업에 대한 적극성 및 진취성, 과목 선택의 적극성, 진로 탐색 의지 등을 고려하여 평가합니다. 이와 같은 특성은 교과학습뿐 아니라 관심 분야에 대한 적극적인 독서활동, 글쓰기, 탐구활동, 실험 수업 등 다양한 학습 경험에서 드러납니다.	교과세특· 창체특기· 행특
	학업 외 소양	학교생활에 나타난 지원자의 성품뿐 아니라 리더십, 공동체 의식, 책임감, 사회 구성원으로서의 기여 가능성 등을 평가합니다.	
		바른 인성을 갖추려 노력하였는가? 학교생활을 통해 리더십을 발휘한 경험이 있는가? 공동체 의식을 지니고 있는가? 폭넓은 시야를 갖추기 위해 노력한 경험이 있는가? 학교생활에서 겪은 어려움은 무엇이며 이를 극복한 경험이 있는가? 사회적 약자를 배려하고 도움을 주고자 하는 마음이 있는가?	창체특기· 교내 봉사활동 내용· 행특

■ 학생부 종합전형 공통 평가 항목(건국대, 경희대, 연세대, 중앙대, 한국외대)과 학생부 항목

출처 : 건국대, 경희대, 연세대, 중앙대, 한국외대 학생부 종합전형 안내

평가 요소	평가 항목	개념 및 세부평가내용	학생부 항목
학업 역량	학업 성취도	개념 : 고교 교육과정에서 이수한 교과의 성취수준이나 학업 발전의 정도	
		1. 대학 수학에 필요한 기본교과목(국, 수, 영, 사/과 등)의 교과 성적은 적절한가?	교과성적
		2. 그 외 교과목의 교과성적은 어느 정도인가? 유난히 소홀한 과목이 있는가?	교과성적
		3. 학기별/학년별 성적의 추이는 어떠한가?	교과성적
	학업 태도	개념 : 학업을 수행하고 학습해 나가려는 의지와 노력	
		1. 성취동기와 목표의식을 가지고 자발적으로 학습하려는 의지가 있는가?	교과세특
		2. 새로운 지식을 획득하기 위해 자기주도적으로 노력하고 있는가?	교과세특
		3. 교과 수업에 적극적으로 참여해 수업 내용을 이해하려는 태도와 열정이 있는가?	교과세특
	탐구력	개념 : 지적 호기심을 바탕으로 사물과 현상에 대해 탐구하고, 문제를 해결하려는 노력	
		1. 교과와 각종 탐구활동 등을 통해 지식을 확장하려고 노력하고 있는가?	교과세특· 창체특기
		2. 교과와 각종 탐구활동에서 구체적인 성과를 보이고 있는가?	교과세특· 창체특기
		3. 교내 활동에서 학문에 대한 열의와 지적 관심이 드러나고 있는가?	교과세특· 창체특기
진로 역량	전공 관련 교과 이수 노력	개념 : 고교 교육과정에서 전공에 필요한 과목을 선택하여 이수한 정도	
		1. 전공(계열)과 관련된 과목을 적절하게 선택하고, 이수한 과목은 얼마나 되는가?	교과
		2. 전공(계열)과 관련된 과목을 이수하기 위하여 추가적인 노력을 하였는가? (예: 공동교육과정, 온라인수업, 소인수과목 등)	교과
		3. 선택과목(일반/진로)은 교과목 학습단계(위계)에 따라 이수하였는가?	교과
	전공 관련 교괴 성취도	정의 : 고교 교육과정에서 전공에 필요한 과목을 수강하고 취득한 학업성취 수준	
		1. 전공(계열)과 관련된 과목의 석차등급/성취도, 원점수, 평균, 표준편차,	교과성적

평가 요소	평가 항목	개념 및 세부평가내용	학생부 항목
		이수단위, 수강자수, 성취도별 분포비율 등을 종합적으로 고려한 성취 수준은 적절한가?	
		2. 전공(계열)과 관련된 동일 교과 내 일반선택과목 대비 진로선택과목의 성취수준은 어떠한가?	교과성적
	진로 탐색 활동과 경험	개념 : 자신의 진로를 탐색하는 과정에서 이루어진 활동이나 경험 및 노력 정도	
		1. 자신의 관심 분야나 흥미와 관련한 다양한 활동에 참여하여 노력한 경험이 있는가?	교과세특•창체특기
		2. 교과 활동이나 창의적 체험활동에서 전공(계열)에 대한 관심을 가지고 탐색한 경험이 있는가?	교과세특•창체특기
공동체 역량	협업과 소통 능력	개념 : 공동체의 목표를 달성하기 위해 협력하며, 구성원들과 합리적인 의사소통을 할 수 있는 능력	
		1. 단체 활동 과정에서 서로 돕고 함께 행동하는 모습이 보이는가?	창체특기•교과세특•행특
		2. 구성원들과 협력을 통하여 공동의 과제를 수행하고 완성한 경험이 있는가?	창체특기•교과세특•행특
		3. 타인의 의견에 공감하고 수용하는 태도를 보이며, 자신의 정보와 생각을 잘 전달하는가?	창체특기•교과세특•행특
	나눔과 배려	정의 : 상대방을 존중하고 이해하여 원만한 관계를 형성하며, 타인을 위하여 기꺼이 나누어 주고자 하는 태도와 행동	
		1. 학교생활 속에서 나눔을 실천하고 생활화한 경험이 있는가?	창체특기•교과세특•행특
		2. 타인을 위하여 양보하거나 배려를 실천한 구체적 경험이 있는가?	창체특기•교과세특•행특
		3. 상대를 이해하고 존중하는 노력을 기울이고 있는가?	창체특기•교과세특•행특
	성실성과 규칙 준수	개념 : 책임감을 바탕으로 자신의 의무를 다하고, 공동체의 기본 윤리와 원칙을 준수하는 태도	
		1. 교내 활동에서 자신이 맡은 역할에 최선을 다하려고 노력한 경험이 있는가?	창체특기•교과세특•행특
		2. 자신이 속한 공동체가 정한 규칙과 규정을 준수하고 있는가?	창체특기•교과세특•행특
	리더십	개념 : 공동체의 목표 달성을 위해 구성원들의 상호작용을 이끌어가는 능	

평가 요소	평가 항목	개념 및 세부평가내용	학생부 항목
		력	
		1. 공동체의 목표를 달성하기 위해 계획하고 실행을 주도한 경험이 있는 가?	창체특기•교과세 특•행특
		2. 공동체의 목표를 달성하기 위해 계획하고 실행을 주도한 경험이 있는 가?	창체특기•교과세 특•행특

서울 주요 5개 대학이 공동으로 제시한 학생부 종합전형의 평가 항목인 학업역량, 진로역량, 공동체역량은 반드시 기억해야 한다. 이 세 가지 역량에 대한 이해 없이, 전체 의대 수시 모집인원의 40% 이상을 차지하는 학생부 종합전형에 효과적으로 대응하기는 어렵다.

■ 의대별 학생부 종합전형 평가요소 반영 비율

출처 : 39개 의과대학 모집요강

학종 평가요소 / 39개 의과대학	학생부 종합 평가요소			
	학업역량	진로역량	공동체역량	기타 역량 (발전가능성)
서울대 의대 (지균/일반)	학업역량 7등급 평가	학업태도 3등급 평가	학업 외 소양 3등급 평가	
연세대 의대	35%	35%	30%	
가톨릭대 의대	25%	35%	20%	20%
성균관대 의대	50%	30%	20%	
울산대 의대	50%	30%	20%	
고려대 의대	20%	30%	20%	10%
경희대 의대	30%	50%	20%	
한양대 의대	50%	30%	20%	
중앙대 의대	50%	30%	20%	
이화여대 의대	종합적	종합적	종합적	
아주대 의대	37%	35%	28%	

학종 평가요소 39개 의과대학	학생부 종합 평가요소			
	학업역량	진로역량	공동체역량	기타 역량 (발전가능성)
가천대 의대	20%	40%	40%	
인하대 의대	30%	50%	20%	
충남대 의대	40%	30%	10%	20%
경북대 의대	30%/40%	50%45%	20%/15%	
부산대 의대	40%	40%	20%	
전남대 의대	30%	30%	20%	20%
강원대 의대	30%	25%	24%	21%
충북대 의대	58%	17%	25%	
전북대 의대	40%	40%	20%	
경상국립대 의대	50%	30%	20%	
한림대 의대	30%	30%	20%	20%
연세대(미래캠) 의대	40%	30%	30%	
가톨릭관동대 의대	40%	20%	20%	20%
건국대(글로컬) 의대	30%	30%	40%	
단국대(천안) 의대	45%	35%	20%	
순천향대 의대	20%	30%	20%	30%
을지대 의대	30%	50%		20%
건양대 의대	종합적	종합적	종합적	
원광대 의대	38%	32%	30%	
조선대 의대	40%	30%	30%	
동국대(WISE) 의대	50%	30%	20%	
영남대 의대	30%	50%	20%	
계명대 의대	35%	40%	25%	
대구가톨릭대 의대	20%	25%	30%	25%
인제대 의대	없음	없음	없음	
동아대 의대	35%	45%	20%	

학종 평가요소 39개 의과대학	학생부 종합 평가요소			
	학업역량	진로역량	공동체역량	기타 역량 (발전가능성)
고신대 의대	30%/40%	40%/30%	30%	
제주대 의대	40%	30%	30%	
차의과대:의전원				

※이 자료는 한눈에 보기 위해 특정년도를 기준으로 간략히 정리한 자료이므로 정확한 내용은 당해년도의 대학별 수시 모집요강을 통해 확인해야 함

대학마다 평가 요소 항목의 개념이 다소 상이하기 때문에, 본 자료는 주관적인 판단에 따라 재구성한 것이며, 정확한 내용은 각 대학 입학처 홈페이지에서 반드시 확인해야 한다. 또한 대학입시 자료는 매년 소폭의 변화가 있기 때문에, 무엇보다 중요한 것은 전체적인 방향성과 맥락을 먼저 파악하고 이에 기반해 미리 준비하는 것이다. 이후 해당 연도의 대학 모집요강에서 정확한 정보를 확인하고 이를 바탕으로 합격 전략을 수립하는 것이 바람직하다.

5 한눈에 보는 의대 수시 수능최저기준

■ 의과대학 수시 교과전형 수능최저기준

출처 : 39개 의과대학 모집요강, 대입정보포털 어디가

수능최저기준 39개 의과대학	학생부 교과 대학별 명칭		학생부 교과 수능최저기준	
	교과 일반	교과 지역인재	교과 일반	교과 지역인재
서울대 의대	지역균형전형		3합7	
연세대 의대	추천형		국수탐 중 2개이상 1	
가톨릭대 의대	지역균형전형		4(과절사)합5	
성균관대 의대				
울산대 의대		지역교과		3합4

수능최저기준 39개 의과대학	학생부 교과 대학별 명칭		학생부 교과 수능최저기준	
	교과 일반	교과 지역인재	교과 일반	교과 지역인재
고려대 의대	학교추천전형		4합5	
경희대 의대	지역균형전형		3합4	
한양대 의대				
중앙대 의대				
이화여대 의대				
아주대 의대				
가천대 의대	학생부우수자		3(과절사)각1	
인하대 의대	지역균형		3합3	
충남대 의대	일반	지역인재	3(수학 포함)합4	3(수학 포함)합4
경북대 의대		지역인재전형		3합4
부산대 의대	학생부교과	지역인재	3합4	3합4
전남대 의대		지역인재전형		3(수학 포함)합5
강원대 의대	일반	지역인재	3(과1)합5	3(과1)합6
충북대 의대	학생부교과	지역인재전형	3(수학 포함,과1)합4	3(수학 포함,과1)합5
전북대 의대	일반학생	지역인재1 / 지역인재2	4(과절사)합5	4(과절사)합6
경상국립대 의대	일반	지역인재	3(과절사)합4	3(과절사)합6
한림대 의대				
연세대(미래캠) 의대	교과우수자		4(과1)합5	
가톨릭관동대 의대	일반	지역인재	3(과절사)합4	3(과절사)합5
건국대(글로컬) 의대		지역인재		3(과절사)합4
단국대(천안) 의대				
순천향대 의대	교과우수자	지역인재	4합6	4(과1)합6
을지대 의대	지역균형	지역의료인재	4(과1)합5	4(과1)합6
건양대 의대	일반학생(최저) / 일반학생(면접)	지역인재(최저) / 지역인재(면접)	3(과절사)합4 / 없음	3(과절사)합5 / 없음
원광대 의대		지역인재교과 (전북,호남)		3(수학 포함)합5

수능최저기준 \ 39개 의과대학	학생부 교과 대학별 명칭		학생부 교과 수능최저기준	
	교과 일반	교과 지역인재	교과 일반	교과 지역인재
조선대 의대	일반	지역인재	3(수학포함, 과1)합5	3(수학포함, 과1)합5
동국대(WISE) 의대	교과/불교추천인재	지역인재(교과)/ 지역인재(경북-교과)	국수과1합4/3(과1) 합4	3(과1)합4
영남대 의대	일반학생/ 의학창의인재	지역인재	4(과1)합5	4(과1)합5
계명대 의대	일반/맏잡	지역	3(과1)합3	3(과1)합3/3(과1) 합3
대구가톨릭대 의대	교과	지역교과	3(과절사)합4	3(과절사)합4
인제대 의대	의예약학	지역인재I	4(과1)각2	4(과1)각2
동아대 의대		지역인재교과		4(과1)합6
고신대 의대	일반고	지역인재	3(과1)합4	3(과1)합4
제주대 의대	일반학생	지역인재	3(수학포함, 과절사)합6	3(수학포함, 과절사)합6
차의과대:의전원				

※이 자료는 한눈에 보기 위해 간략히 요약정리한 자료이므로 정확한 내용은 반드시 당해년도의 대학별 수시 모집요강을 통해 확인해야 함

※과1:과학탐구 1과목, 과절사:과학탐구 2과목 평균의 소수점은 버림

■ 의과대학 수시 학생부 종합전형 수능최저기준

출처 : 39개 의과대학 모집요강

수능최저기준 \ 39개 의과대학	학생부종합 대학별 명칭			학생부종합 수능최저기준		
	학생부종합 일반1 명칭	학생부종합 일반2 명칭	학생부종합 지역인재 명칭	학생부 종합 일반1	학생부 종합 일반2	학생부종합 (지역인재)
서울대 의대	일반전형			없음		
연세대 의대	활동우수형			국수탐 중 2개 이상 1		
가톨릭대 의대	가톨릭시도사 추천	학교장추천		없음	3(과질사) 합4	

수능최저기준 39개 의과대학	학생부종합 대학별 명칭			학생부종합 수능최저기준		
	학생부종합 일반1 명칭	학생부종합 일반2 명칭	학생부종합 지역인재 명칭	학생부 종합 일반1	학생부 종합 일반2	학생부종합 (지역인재)
성균관대 의대	탐구형			없음		
울산대 의대	잠재역량		지역인재	3합4		3합4
고려대 의대	학업우수전형	계열적합형		4합5	없음	
경희대 의대	네오르네상스 전형			없음		
한양대 의대	추천형	서류형		3(과1)합4	없음	
중앙대 의대	CAU융합형 인재형	CAU탐구형인 재형		없음	없음	
이화여대 의대	미래인재			4(과1)합5		
아주대 의대	ACE전형	첨단융합인재 전형		4합6		
가천대 의대	가천의약학			3(과절사) 각1		
인하대 의대	인하미래인재			없음		
충남대 의대	일반	서류	종합II(지역)	3(수학 포함)합5	3(수학 포함)합5	3(수학 포함)합5
경북대 의대	일반학생전형		지역인재전형	3합4		
부산대 의대			지역인재			3합4
전남대 의대	고교생활우수자I			3(수학 포함)합5		
강원대 의대	미래인재II		지역인재	없음		3(과1)합7
충북대 의대	학생부종합I	학생부종합II		없음	3(수학 포함,과1) 합5	
전북대 의대	큰사람			4(과절사) 합6		
경상국립대 의대	일반		지역인재	3(과절사) 합6		
한림대 의대	학교생활우수		지역인재	3합4		3합4
연세대(미래캠)	학교생활우수자		강원인재(일반)	4(과1)합5		4(과1)합5

수능최저기준 39개 의과대학	학생부종합 대학별 명칭			학생부종합 수능최저기준		
	학생부종합 일반1 명칭	학생부종합 일반2 명칭	학생부종합 지역인재 명칭	학생부 종합 일반1	학생부 종합 일반2	학생부종합 (지역인재)
의대			/강원인재(한마음)			
가톨릭관동대 의대		가톨릭지도자 추천			3(과절사) 합5	
건국대(글로컬) 의대	Cogito자기추천		지역인재	3(과절사) 합4		3(과절사) 합4
단국대(천안) 의대		DKU인재 (면접형)			3합5	
순천향대 의대	일반학생		지역인재	없음		없음
을지대 의대						
건양대 의대						
원광대 의대	학생부 종합		지역인재I(전북, 호남)/지역인재 II	3(수학 포함)합6		3(과1,수학 포함)합6
조선대 의대	면접			3(수학포함, 과1) 합5		
동국대(WISE) 의대	참사람		지역인재(종합) /지역인재(경북 −종합)	3(과1) 합4		3(과1)합4
영남대 의대						
계명대 의대	일반		지역	없음		3(과1)합4
대구가톨릭대 의대			지역종합			3(과절사) 합5
인제대 의대						
동아대 의대	잠재능력우수자		지역인재종합	4(과1)합6		4(과1)합6
고신대 의대						
제주대 의대						
차의과대:의전원						

※이 자료는 한눈에 보기 위해 간략히 요약정리한 자료이므로 정확한 내용은 반드시 당해년도의 대학별 수시 모집요강을 통해 확인해야 함

■ 의과대학 수시 논술전형 수능최저기준

2025학년도 수능최저기준 / 39개 의과대학	논술 (일반)	논술 (지역인재)
	수능최저기준	수능최저기준
서울대 의대		
연세대 의대		
가톨릭대 의대	3(과절사)합4	
성균관대 의대	3합4	
울산대 의대		
고려대 의대		
경희대 의대	3합4	
한양대 의대		
중앙대 의대	4합5	
이화여대 의대		
아주대 의대	4합6	
가천대 의대		
인하대 의대	3합3	
충남대 의대		
경북대 의대	3합4	
부산대 의대		3합4
전남대 의대		
강원대 의대		
충북대 의대		
전북대 의대		
경상국립대 의대		
한림대 의대		
연세대(미래캠) 의대	국수과(1)합3	
가톨릭관동대 의대		
건국대(글로컬) 의대		

39개 의과대학 \ 2025학년도 수능최저기준	논술 (일반) 수능최저기준	논술 (지역인재) 수능최저기준
단국대(천안) 의대		
순천향대 의대		
을지대 의대		
건양대 의대		
원광대 의대		
조선대 의대		
동국대(WISE) 의대		
영남대 의대		
계명대 의대		
대구가톨릭대 의대		
인제대 의대		
동아대 의대		
고신대 의대		
제주대 의대		
차의과대:의전원		

※이 자료는 한눈에 보기 위해 간략히 요약정리한 자료이므로 정확한 내용은 반드시
당해년도의 대학별 수시 모집요강을 통해 확인해야 함

6 한눈에 보는 의대 정시모집

의대 쏠림 현상과 함께 의대 정시모집은 이제 '공부 천재들의 무대'가 되어버렸다. 전국단위 및 광역단위 자사고의 경우, 상위 40% 이상이 미진학할 정도로 치열하며, 학군지 일반고 또한 미진학 비율이 40% 내외에 딜한다. 여기에 미진학 비율이 닞지 않은 자율학교 학생들, 그리고 내신에서 불리했던 일반고 우수 학생들까지 수능을 통해 만회를 누리며 의대 정시에 도전하고 있다. 결국 재학생 중 상위권 학생들 나수가 N수에 나서는 현실

속에서, 그 경쟁의 치열함은 이루 말할 수 없다.

2024학년도에는 전체 의대 정원 3,018명 중 1,146명을 정시로 선발했고, 2025학년도에는 정원이 4,487명으로 증가함에 따라 정시 선발 인원도 1,467명으로 확대되었다. 그러나 2026학년도에는 다시 전체 정원이 3,018명으로 환원되며, 정시모집 인원도 약 1,008명으로 감소하고, 이후 지속된다고 본다.

의대 수시는 때로는 학교 내 경쟁, 때로는 지역 내 경쟁, 혹은 고교유형 간 경쟁의 성격을 띠기도 하지만, 의대 정시는 지역인재전형을 제외하면 철저한 전국단위의 수능 경쟁이다.

인터넷 정보에 따르면, 서울대 의대는 수능에서 4개 문항 정도를 틀려야 지원이 가능하고, 이른바 메이저 의대는 6~7개, 지방 의대조차도 약 10개 이내로 틀려야 지원 가능하다는 분석이 있다. 개인적인 입시 지도 경험에 비추어 보면, 수시 6회의 기회 이후에도 다음 기회를 기대해볼 수 있는 수시와는 달리, 의대 정시는 합격자보다 불합격자가 훨씬 많은 전형이라 할 수 있다. 따라서 의대 정시 합격 전략은 가능한 한 피할 수 있다면 피하는 것이 바람직한 접근이라 할 수 있다.

■ 의과대학 정시 수능 반영지표 및 수능 점수

출처 : 39개 의과대학

39개 의과대학 \ 수능 점수	수능성적 반영지표	수능 백분위 3합	수능 백분위 평균	표준점수
서울대 의대	표준점수	299	99.5 / 99.25	430
연세대 의대	표점+변환표점	299	99.5	429
가톨릭대 의대	표점+변환표점	298	99.5	428
성균관대 의대	표점+변환표점	298	99.36	428
울산대 의대	표점+변환표점	298	98.5	428
고려대 의대	표점+변환표점	298	99.37	428
경희대 의대	표점+변환표점	297	98.8	425
한양대 의대	표점+변환표점	297	99.5	425
중앙대 의대	표점+변환표점	297	98.88	425

수능 점수 / 39개 의과대학	수능성적 반영지표	수능 백분위 3합	수능 백분위 평균	표준점수
이화여대 의대	표점+변환표점	295	98.83 / 98.5	423
아주대 의대	표점+변환표점	296	97.33	425
가천대 의대	백분위	297	98.98	425
인하대 의대	표점+변환표점	296	98	423
충남대 의대	표준점수	294	97 / 96.93	416
경북대 의대	표점+변환표점	295	98.67	420
부산대 의대	표점+변환표점	295	98.5 / 97.83	420
전남대 의대	표준점수	294	98.17 / 97.83	416
강원대 의대	백분위	294	98.5	409
충북대 의대	표준점수	294	95.75	412
전북대 의대	표점+변환표점	293	98.3 / 98	414
경상국립대 의대	표준점수	294	98.33	409
한림대 의대	표준점수	296	98.38	420
연세대(미래캠) 의대	표점+변환표점	294	98.17	416
가톨릭관동대 의대	백분위	293	98.17	408
건국대(글로컬) 의대	표준점수	294	99.1 / 98.2	414
단국대(천안) 의대	백분위	294	98.15	416
순천향대 의대	백분위	296	103.23	420
을지대 의대	백분위	294	99.52	412
건양대 의대	백분위	293	98.85	408
원광대 의대	표준점수	293	96	408
조선대 의대	백분위	294	99.33 / 98.67	408
동국대(WISE) 의대	백분위	293	98.5	416
영남대 의대	백분위	293	98.5	412
계명대 의대	백분위	293	99	412
대구가톨릭대 의대	표점+변환표점	294	98.37	412
인제대 의대	표준점수	295	98.44 / 97.98	416

수능 점수 39개 의과대학	수능성적 반영지표	수능 백분위 3합	수능 백분위 평균	표준점수
동아대 의대	표준점수	294	98 / 97.33	416
고신대 의대	표준점수	293	95.33 / 94.67	407
제주대 의대	백분위	293	98.17 / 97.83	409
차의과대:의전원				
합계(인원)				

※이 자료는 한눈에 보기 위해 특정년도를 기준으로 정리한 자료이므로 정확한 내용은 당해년도의 대학별 수시 모집요강과 입시결과 등을 통해 확인해야 함

수능 반영 지표는 매년 대학마다 변경될 수 있으므로, 정확한 정보는 반드시 각 대학 입학처를 통해 확인해야 한다. 앞에 제시된 자료는 전형유형, 모집인원, 경쟁률, 학생부 반영 여부, 면접 점수, 수능 성적 반영 방식 등 등급 컷에 영향을 미치는 다양한 요소를 배제한 해당 연도의 단순 비교 자료로, 참고용으로 활용하는 것이 바람직하다.

의대 정시모집에서 수능에 대한 이해를 위해서는 먼저 주요 용어에 대한 개념 정리가 필요하다. '표준점수'는 원점수 평균을 100으로 설정했을 때, 자신의 점수가 평균으로부터 얼마나 떨어져 있는지를 나타내는 상대적 지표로, 산출 공식은 '표준점수=((원점수-평균)/표준편차×20)+100'이다. '백분위'는 자신보다 낮은 표준점수를 받은 수험생이 전체 중 몇 퍼센트인지를 백분율로 나타낸 수치다.

'변환표준점수'는 수능 성적표에 직접 기재되지는 않지만, 일부 대학에서 선택과목 간 유불리를 보정하기 위해 활용하는 점수로, 주로 탐구 영역에서 백분위를 바탕으로 산출된다.

'대학 환산점수'는 각 대학이 수능 영역별로 부여한 가중치를 반영해 최종적으로 계산하는 점수로, 실질적인 정시전형 평가에 활용된다.

기본 용어들은 처음에는 낯설고 어렵게 느껴질 수 있지만, 반복해서 읽고 이해하려는 노력을 기울이면 점차 익숙해지고 자연스럽게 받아들여지게 된다. 일단 익숙해지면 결코 어렵지 않다. 자녀가 열심히 공부하며 많은 노력을 기울이고 있는 만큼, 부모로서도 이 정도의 수고는 반드시 감내해야 할 부분이다.

■ 의과대학별 정시 수능 영역별 반영비율

출처 : 주요 의과대학 모집요강, 대입정보포털 어디가

수능반영비율 / 의과대학	전형	인문/자연	국어	수학	탐구	영어	한국사	영어 2등급 감점
서울대	수능전형(지역균형전형)	인문	33.33%	40.00%	26.67%	0.00%	0.00%	0.5
서울대	수능전형(지역균형전형)	자연	33.33%	40.00%	26.67%	0.00%	0.00%	0.5
서울대	수능전형(일반전형)	인문	33.33%	40.00%	26.67%	0.00%	0.00%	0.5
서울대	수능전형(일반전형)	자연	33.33%	40.00%	26.67%	0.00%	0.00%	0.5
연세대	일반전형	인문	32.79%	32.79%	16.39%	16.39%	1.64%	8.35
연세대	일반전형	자연	21.98%	32.97%	32.97%	10.99%	1.10%	8.35
연세대	일반전형(의예과)	자연	21.98%	32.97%	32.97%	10.99%	1.10%	8.35
고려대	일반전형	인문	35.71%	35.71%	28.57%	0.00%	0.00%	3
고려대	일반전형	자연	31.25%	37.50%	31.25%	0.00%	0.00%	3
고려대	교과우수전형	인문	31.25%	37.50%	31.25%	0.00%	0.00%	3
고려대	교과우수전형	자연	31.25%	37.50%	31.25%	0.00%	0.00%	3
고려대	교과우수전형(의예과)	자연	31.25%	37.50%	31.25%	0.00%	0.00%	3
서강대	수능(일반)	인문	36.67%	43.33%	20.00%	0.00%	0.00%	1
서강대	수능(일반)	자연	36.67%	43.33%	20.00%	0.00%	0.00%	1
성균관대	수능(일반)	인문	35.00%	30.00%	25.00%	10.00%	0.00%	변환표준
성균관대	수능(일반)	자연	30.00%	35.00%	25.00%	10.00%	0.00%	변환표준
한양대	수능(일반)	인문	30.00%	30.00%	30.00%	10.00%	0.00%	2
한양대	수능(일반)	자연	20.00%	35.00%	35.00%	10.00%	0.00%	2
중앙대	수능(일반)	인문	40.00%	40.00%	20.00%	0.00%	0.00%	2
중앙대	수능(일반)	자연	25.00%	40.00%	35.00%	0.00%	0.00%	2
경희대	수능위주(일반)	인문	35.00%	25.00%	25.00%	15.00%	0.00%	4
경희대	수능위주(일반)	자연	20.00%	35.00%	30.00%	15.00%	0.00%	4
부산대	수능위주(일반)	인문	30.00%	25.00%	25.00%	20.00%	0.00%	2
부산대	수능위주(일반)	자연	20.00%	30.00%	30.00%	20.00%	0.00%	2
경북대	수능위주(일반)	인문	37.50%	25.00%	25.00%	12.50%	0.00%	3

수능반영 비율 의과대학	전형	인문/ 자연	국어	수학	탐구	영어	한국사	영어 2등급 감점
경북대	수능위주(일반)	자연	25.00%	37.50%	25.00%	12.50%	0.00%	3
경상 국립대	일반전형/지역인재전형	인문	30.00%	25.00%	25.00%	20.00%	0.00%	4
경상 국립대	일반전형/지역인재전형	자연	25.00%	30.00%	25.00%	20.00%	0.00%	4

※이 자료는 한눈에 보기 위해 간략히 정리한 자료이므로 정확한 내용은 당해년도의 대학별 입학처에서 확인해야 함

수능 영역별 반영 비율은 수능에서 틀린 문항이 10개 내외인 상황에서, 어떤 영역에서 더 많이 틀리고 덜 틀렸는지를 기준으로 의대 지원 전략을 세우기 위한 판단 자료로 활용된다. 앞에 제시된 자료는 그러한 전략 수립에 도움을 주기 위한 단순 참고용이다.

7 한눈에 보는 의대 수시와 정시 전국 지원자 수

의대 쏠림 현상은 이제 단순한 교육 문제를 넘어, 국가의 미래를 좌우할 수 있는 중대한 사회 현상으로 자리 잡았다. 저출생으로 인한 학령인구 감소, 의대를 희망하는 N수생의 지속적인 증가, 초고령화 사회로의 진입, 급속한 직업 구조 변화와 소멸, 그리고 AI에 의한 직업 대체 등 복합적 위기 속에서 의대 쏠림 현상은 이러한 사회적 불안을 더욱 가속화시키고 있다.

과연 얼마나 많은 우수한 학생들이 의대 합격을 희망하고 있는지, 그 숫자가 궁금해진다. 특정 연도의 경쟁률과 모집인원을 바탕으로 전국 단위 의대 지원자 수를 추정해볼 수 있다. 이를 통해 실제로 얼마나 많은 수험생이 의대 입시에 몰리고 있는지 보다 구체적으로 파악할 수 있으며, 의대 쏠림 현상의 심각성과 입시 경쟁의 강도를 가늠하는 데에도 도움이 된다.

출처 : 39개 의과대학 입학처, 대입정보포털 어디가, 진학사

39개 의과대학 / 수시전형	지역	학생부 교과전형(일반)			학생부 교과전형(지역인재)		
		모집인원	경쟁률	지원자 수	모집인원	경쟁률	지원자 수
서울대 의대	서울	39	8.03	313			0
연세대 의대	서울	18	6.50	117			0
가톨릭대 의대	서울	10	9.40	94			0
성균관대 의대	서울			0			0
울산대 의대	울산			0			0
고려대 의대	서울	18	23.44	422			0
경희대 의대	서울	18	8.17	147			0
한양대 의대	서울			0			0
중앙대 의대	서울			0			0
이화여대 의대	서울			0			0
아주대 의대	경기			0			0
가천대 의대	경기	5	25.60	128			0
인하대 의대	인천	9	9.44	85			0
충남대 의대	대전	23	10.04	231	20	8.05	161
경북대 의대	대구			0	12	8.17	98
부산대 의대	부산			0	30	6.07	182
전남대 의대	광주			0	78	4.09	319
강원대 의대	강원	10	13.80	138	14	6.00	84
충북대 의대	충북	4	27.25	109	7	13.00	91
전북대 의대	전북	19	18.47	351	60	8.09	485
경상국립대 의대	경남	11	21.09	232	32	5.97	191
한림대 의대	강원			0			0
연세대(미래캠) 의대	강원	10	21.70	217	10	24.40	244
가톨릭관동대 의대	강원	8	16.88	135	10	11.90	119
건국대(글로컬) 의대	충북	19	23.95	455			0
딘국대(친인) 의대	충남			0	12	8.25	99
순천향대 의대	충남	18	11.22	202	31	6.26	194

수시전형 39개 의과대학	지역	학생부 교과전형(일반)			학생부 교과전형(지역인재)		
		모집인원	경쟁률	지원자 수	모집인원	경쟁률	지원자 수
을지대 의대	대전	5	15.40	77	19	9.68	184
건양대 의대	대전	15	26.20	393	20	21.90	438
원광대 의대	전북	0		0			0
조선대 의대	광주	16	13.69	219	40	6.93	277
동국대(WISE) 의대	경북	0		0			0
영남대 의대	경북	16	37.13	594	23	13.00	299
계명대 의대	대구	12	20.75	249	28	8.36	234
대구가톨릭대 의대	경북	5	18.80	94	18	7.67	138
인제대 의대	부산	28	6.96	195	28	5.71	160
동아대 의대	부산			0	18	12.39	223
고신대 의대	부산	25	14.84	371	25	14.48	362
제주대 의대	제주	8	12.75	102	12	4.42	53
차의과대:의전원	경기						
합계(인원)		369	16.9	5,670	547	9.8	4,636
합계(비율)							

※이 자료는 한눈에 보기 위해 특정년도를 기준으로 정리한 자료이므로 정확한 내용은 당해년도의 대학별 수시 모집요강과 입시결과 등을 통해 확인해야 함

출처 : 39개 의과대학 입학처, 대입정보포털 어디가, 진학사

수시전형 39개 의과대학	학생부 종합전형(일반1)			학생부 종합전형(일반2)			학생부 종합전형(지역인재)		
	모집인원	경쟁률	지원자수	모집인원	경쟁률	지원자수	모집인원	경쟁률	지원자수
서울대 의대	50	15.64	782			0			0
연세대 의대	42	11.33	476			0			0
가톨릭대 의대	2	29.00	58	25	16.40	410			0
성균관대 의대	25	24.56	614			0			0
울산대 의대	14	20.64	289			0	15	12.13	182
고려대 의대	29	30.28	878	15	24.93	374			0
경희대 의대	33	21.42	707			0			0

수시전형 39개 의과대학	학생부 종합전형(일반1)			학생부 종합전형(일반2)			학생부 종합전형(지역인재)		
	모집 인원	경쟁률	지원자 수	모집 인원	경쟁률	지원자 수	모집 인원	경쟁률	지원자 수
한양대 의대	39	23.77	927			0			0
중앙대 의대	11	42.00	462	11	37.45	412			0
이화여대 의대	13	20.85	271			0			0
아주대 의대	20	44.15	883			0			0
가천대 의대	20	49.50	990			0			0
인하대 의대	16	21.00	336			0			0
충남대 의대	19	10.79	205	6	14.67	88			0
경북대 의대	22	35.50	781			0	39	8.82	344
부산대 의대			0			0	30	8.77	263
전남대 의대	12	13.25	159			0			0
강원대 의대	9	30.22	272			0			0
충북대 의대	4	32.50	130	4	12.75	51			0
전북대 의대	5	18.80	94			0			0
경상국립대 의대	2	19.00	38			0	3	20.67	62
한림대 의대	21	21.81	458			0	16	10.69	171
연세대(미래캠) 의대	7	41.86	293			0	9	24.89	224
가톨릭관동대 의대	8	18.25	146	2	16.50	33			0
건국대(글로컬) 의대	15	27.60	414			0	20	12.17	243
단국대(천안) 의대	12	28.92	347			0			0
순천향대 의대	6	40.83	245			0	7	15.29	107
을지대 의대			0			0			0
건양대 의대		14.20	0			0		7.00	0
원광대 의대	26	12.31	320			0	45	8.03	361
조선대 의대	10	11.50	115	0		0			0
동국대(WISE) 의대	0		0	15	15.47	232			0
영남대 의대			0			0			0
계명대 의대	4	46.25	185			0	6	26.50	159

39개 의과대학 \ 수시전형	학생부 종합전형(일반1)			학생부 종합전형(일반2)			학생부 종합전형(지역인재)		
	모집인원	경쟁률	지원자수	모집인원	경쟁률	지원자수	모집인원	경쟁률	지원자수
대구가톨릭대 의대			0			0	3	41.30	124
인제대 의대			0			0			0
동아대 의대			0			0	10	22.70	227
고신대 의대			0			0			0
제주대 의대			0			0			0
차의과대:의전원									
합계(인원)	496	25.9	11,875	78	19.7	1,600	203	16.8	2,468
합계(비율)									

※이 자료는 한눈에 보기 위해 특정년도를 기준으로 정리한 자료이므로 정확한 내용은 당해년도의 대학별 수시 모집요강과 입시결과 등을 통해 확인해야 함

다음은 위 특정 연도를 기준으로 계산한 지역별 의대 지원자 수이다.

지역 \ 수시전형	교과전형(일반) 지원자	교과전형(지역인재) 지원자	학종전형(일반1) 지원자	학종전형(일반2) 지원자	학종전형(지역인재) 지원자	논술전형
서울	1,093	0	5,175	1,196	0	14,147
인천경기	213	0	2,209	0	0	9,268
부울경	798	1,118	327	0	734	964
대구경북	937	868	1,313	0	627	1,745
강원	273	203	876	265	171	3,878
전라광주	570	1,082	688	0	361	
충청대전	1,684	1,312	1,287	139	574	
제주	102	53	0	0	0	
합계	5,670	4,636	11,875	1,600	2,468	30,002

※이 자료는 한눈에 보기 위해 특정년도를 기준으로 정리한 자료이므로 정확한 내용은 당해년도의 대학별 수시 모집요강과 입시결과 등을 통해 확인해야 함

앞의 표에서 지역별 지역인재 전형의 지원자 수는 해당 지역의 실제 의대 지원 희망자 수에 상당히 근접한 수치로 볼 수 있다. 예를 들어, 부울경지역에서 수시로 의대를 희망하는 고3 및 재수생의 수는 약 1,118명으로 추정할 수 있다. 다만, 전체 수능 응시생 504,588명 중에서 전국 의대 지원자 수를 정확히 산출할 수 없다는 점은 아쉬운 부분이다. 그러나 대략적인 추정은 가능하다.

의대 수시 교과전형(일반)은 5,670명,
교과전형(지역인재)은 4,636명,
학종전형(일반1)은 11,875명,
학종전형(일반2)은 1,600명,
학종전형(지역인재)은 2,468명으로,
교과와 학종 전형을 모두 합하면 총 26,164명에 이른다.

수험생 1인당 최대 6장의 수시 지원 기회를 활용한다는 점, 이 중 1장은 비의예과에 안정 시원했을 가능성이 있다는 섬, 지역인재전형은 해당 지역 학생만 지원할 수 있다는 점 등을 고려하면, 수시 교과전형과 학종전형의 실질 의대 지원자는 약 10,000명 수준으로 추정된다.

논술전형의 경우 약 30,000명이 지원하지만, 이들 대부분은 수시의 다른 전형이나 정시 수능과 중복된 인원이므로, 논술을 제외한 수시 실질 지원자는 약 10,000명으로 볼 수 있다. 정시에서는 약 1,100명을 선발하며, 전국 의대의 평균 경쟁률은 67대 1 수준이다. 이를 기준으로 계산하면 정시 의대 지원자는 약 7,500명으로 추정되며, 수험생 1인당 2~3장을 의대에 정시 지원한다는 점을 고려할 때, 정시 실질 지원자는 약 3,500명 수준으로 예상된다. 결과적으로 수시 약 10,000명, 정시 약 3,500명을 합하면, 전국 의대 실질 지원자 수는 총 13,500명 정도로 추산된다.

8 ▸ 한눈에 보는 2025학년도 의대 정원 2천 명 증원

2025학년도에는 계획상 2,000명 증원이었지만 실제로는 의대 정원이 1,509명 증가하여 총 4,567명이 되었으며, 2026학년도부터는 기존 정원인 3,058명으로 환원된다. 대학들은 2025학년도 의대 수시전형에서 증원된 정원을 활용해 지역인재전형의 모집 인원을 확대하거나 새로운 지역인재전형을 신설하고, 전국단위 지원이 가능한 학생부 교과전형 및 학생부 종합전형을 추가로 개설하기도 했다.

모집 인원이 늘어난 만큼 전체 지원자 수도 수천 명 증가했지만, 그 증가폭이 기존의 의대 수시 경쟁률 보다는 낮았다. 이는 학생이 의대 지원을 결정할 때 일반학과에 비해 훨씬 더 많은 요소를 신중히 고려해야 하기 때문이다. 즉, 높은 성적 부담, 개인의 적성과 흥미, 부모의 경제적 지원 여력, 긴 교육 기간, 의학이라는 학문의 특수성 등 다양한 진입 조건이 작용한다. 이러한 요소들을 종합적으로 고려할 때, 이를 '의대 진입 장벽'이라고 표현할 수 있다.

2024학년도와 2025학년도 의대 입시를 비교해보면, 수시모집 인원은 1,872명에서 3,010명으로 약 60.8% 증가했고, 지원자 수는 57,192명에서 약 72,219명으로 26.3% 늘었으며, 경쟁률은 30.55대 1에서 23.99대 1로 하락하였다. 정원이 대폭 확대되면서 수시 의대 경쟁률은 다소 낮아졌지만, 지원자 수 자체도 큰 폭으로 증가함에 따라 학생들의 관심은 여전하거나 오히려 더 높아진 것으로 보인다. 이 비교가 의미 있는 이유는, 2026학년도 이후 의대 지원의 양상이 2024학년도와 2025학년도 사이의 특성을 모두 반영하는 중간 지점에 위치할 가능성이 높기 때문이다.

의대 정원의 2,000명 증원과 이후 원점 복귀는 당분간 의대 입시와 의대 교육의 불확실성과 변동성을 지속적으로 유발하는 요인이 될 것이다. 2024학년도, 2025학년도, 2026학년도에 걸친 모집 인원의 변화는 의대 입시 흐름을 이해하는 데 있어 반드시 짚고 넘어가야 할 중요한 전환점이다. 아래에는 이 세 개 학년도에 걸친 의과대학별 모집 정원을 정리한 자료가 제시되어 있다.

의대 모집인원과 특성 / 39개 의과대학	지역	24학년도	25학년도		26학년도
		모집정원	증원인원	모집정원	모집정원+(공공의대와 지역의대 추가 예정)
서울대 의대	서울	135	0	135	135
연세대 의대	서울	110	0	110	110
가톨릭대 의대	서울	93	0	93	93
성균관대 의대	서울	40	70	110	40
울산대 의대	울산	40	70	110	40
고려대 의대	서울	106	0	106	106
경희대 의대	서울	110	0	110	110
한양대 의대	서울	110	0	110	110
중앙대 의대	서울	86	0	86	86
이화여대 의대	서울	76	0	76	76
아주대 의대	경기	40	70	110	40
가천대 의대	경기	40	90	130	40
인하대 의대	인천	49	71	120	49
충남대 의대	대전	110	45	155	110
경북대 의대	대구	110	45	155	110
부산대 의대	부산	125	38	163	125
전남대 의대	광주	125	38	163	125
강원대 의대	강원	49	42	91	49
충북대 의대	충북	49	76	125	49
전북대 의대	전북	142	29	171	142
경상국립대 의대	경남	76	62	138	76
한림대 의대	강원	76	24	100	76
연세대(미래캠) 의대	강원	93	7	100	93
가톨릭관동대 의대	강원	49	51	100	49
건국대(글로컬) 의대	충북	40	60	100	40
단국대(천안) 의대	충남	40	40	80	40

의대 모집인원과 특성 / 39개 의과대학	지역	24학년도 모집정원	25학년도 증원인원	25학년도 모집정원	26학년도 모집정원+(공공의대와 지역의대 추가 예정)
순천향대 의대	충남	93	57	150	93
을지대 의대	대전	40	60	100	40
건양대 의대	대전	49	51	100	49
원광대 의대	전북	93	57	150	93
조선대 의대	광주	125	25	150	125
동국대(WISE) 의대	경북	49	71	120	49
영남대 의대	경북	76	24	100	76
계명대 의대	대구	76	44	120	76
대구가톨릭대 의대	경북	40	40	80	40
인제대 의대	부산	93	7	100	93
동아대 의대	부산	49	51	100	49
고신대 의대	부산	76	24	100	76
제주대 의대	제주	40	30	70	40
차의과대:의전원	경기	40	40	80	40
합계(인원) −차의과대 포함		3,058	1,509	4,567	3,058 + (공공의대와 지역의대 추가 예정)
합계(인원) −차의과대 제외		3,018	1,469	4,487	3,018 + (공공의대와 지역의대 추가 예정)

※이 자료는 한눈에 보기 위해 특정년도를 기준으로 정리한 자료이므로 정확한 내용은 당해년도의 대학별 수시 모집요강과 입시결과 등을 통해 확인해야 함

2025학년도 의대 정원이 대폭 증원된 대학들을 중심으로, 변화가 두드러진 세부 전형을 살펴보면 다음과 같다.

151명이 증원됐던 충북대학교는 학생부 교과 일반전형을 2024학년도 4명에서 2025학년도 16명으로, 학생부 교과 지역인재전형을 7명에서 32명으로 확대하였고, 학생부 종합 학종일반2전형은 4명에서 동일하게 4명으로 유지하였다. 124명이 증원됐던 경상국립대학교는 학생부 교과 일반전형을 11명에서 16명으로, 지역인재전형을 32명에서 62명으

로 크게 늘렸다. 90명이 증원됐던 가천대학교는 논술전형을 신설하여 2024학년도 0명에서 2025학년도 40명으로 증원하였다. 90명이 증원됐던 경북대학교는 학생부 교과 지역인재전형을 12명에서 28명으로, 학생부 종합 학종일반1전형을 22명에서 31명으로, 학생부 종합 지역인재전형을 39명에서 58명으로 각각 확대하였다. 80명이 증원됐던 성균관대학교는 학생부 종합 학종일반1전형을 22명에서 31명으로, 학종일반2전형을 25명에서 50명으로 증가시켰다. 80명이 증원됐던 울산대학교는 학생부 교과 지역인재전형을 신설하여 0명에서 33명으로, 학생부 종합 학종일반1전형을 14명에서 34명으로, 학생부 종합 지역인재전형을 15명에서 34명으로 증원하였다.

모집 정원이 크게 늘어난 대부분의 의과대학은 주로 지역인재전형을 확대했지만, 전국단위 지원이 가능한 학생부 교과 일반전형, 학생부 종합 일반전형, 논술전형 또한 일부 확대하거나 신설하였다. 이러한 변화는 전체적인 의대 합격 전략에 적지 않은 영향을 미쳤다. 특히 메이저 의대와 수도권 의대의 선발 인원 증대 및 전형 신설은 전국 수험생의 지원 흐름에 직접적인 변화를 일으켰다. 성균관대, 울산대, 가천대, 아주대, 인하대 의대 등 전국 수험생이 지원할 수 있는 주요 대학들의 증원과 전형 신설은 39개 의과대학 전체의 입시 구도에 유의미한 영향을 주었다.

2025학년도 1년 동안 펼쳐졌던 이 모든 변화는 이제 한여름 밤의 꿈처럼 지나간 일이 되었다. 모두가 하루빨리 다시 일상으로 돌아가기를 바란다.

9 한눈에 보는 3058명 의대+공공의대+지역의대

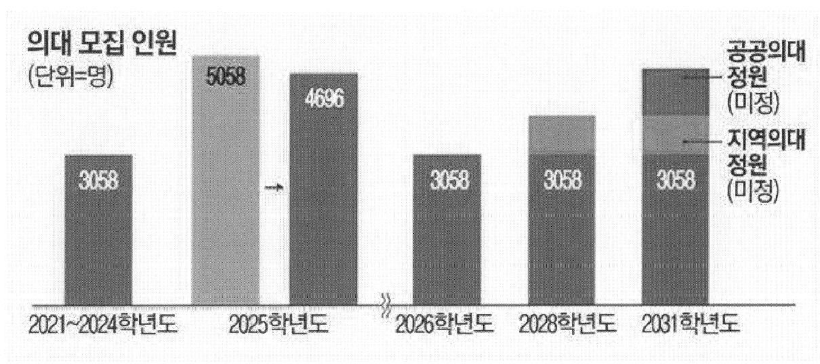

공공의대 · 지역의대 · 지역필수의사제 비교

구분	공공의대	지역의대	지역필수의사제
목적	공공보건 강화	비수도권 의료인력 확대	지역 필수과목 의사 장기근무 유도
설립 주체	정부	지방 국립대	기존 의과대학 졸업자 대상 (전공의)
주요 진료과	감염병, 만성질환, 정신건강 관리 등	지역보건의료 전반	외과, 산부인과, 소아청소년과, 응급의학과 등 8개
시행 시기	2031년 개교 예정	2028학년도 신입생부터	2028년부터 (2025년 7월 시범사업)

*의무 복무기간 10년, 정주여건 지원 등은 공통. 향후 논의에 따라 달라질 수 있음.

2026학년도부터 의대 정원은 2024학년도처럼 다시 3,058명으로 유지된다. 이제 의대 정원의 향후 변동과 관련된 주요 변수는 2031년 도입 예정인 공공의대, 2028년 시행 예정인 지역의대, 그리고 같은 해 도입되는 지역필수의사제다.

공공의대는 지역 의료 불균형을 해소하고 필수의료 인력을 안정적으로 공급하기 위해 정부 주도로 설립되는 국공립 의과대학으로, 주로 농어촌이나 의료 취약지의 공공의료기관에서 근무할 의사를 양성하는 것을 목표로 한다. 입학생에게는 등록금이 지원되며, 졸업 후 일정 기간 해당 지역에서 의무복무를 해야 한다. 기존의 일반 의대와 달리, 공공의대는 공공성·지역성·의무복무 중심이라는 특수 목적을 갖는 것이 특징이다.

지역의대는 지역 간 의료 격차 해소와 지방 의료 인력 확보를 위해 설립되거나 정원이 배정되는 형태의 의과대학을 의미한다. 이들 대학에서는 주로 해당 지역 거주자 또는 지역 고등학교 출신 학생을 대상으로 선발하며, 졸업 후 일정 기간 해당 지역 의료기관에서 의무적으로 근무해야 한다. 이는 지역 정착과 공공의료 강화를 목표로 하며, 국가적 과제인 지역 균형 발전과 필수의료 인력 확보를 실현하는 데 중점을 둔다.

지역필수의사제는 지방 의료 인력 부족 문제를 해결하기 위해 정부가 의과대학 정원을 확충하고 일정 기간 지역 근무를 의무화하는 제도이다. 해당 제도를 통해 의대에 입학한 지역의사 선발자는 장학금을 지원받고, 졸업 후 최소 10년간 지정된 지역 의료기관에서 필수 의료서비스를 제공해야 한다. 이는 수도권과 지방 간 의료 불균형을 해소하고, 공공 및 필수의료 분야를 중심으로 지방 의료 인력을 집중적으로 확충하려는 정부의 정책적 의도가 반영된 제도이다.

제4장

자신만의
의대 합격
전략 찾기

1️⃣ 교육과정과 대학입학이 만나는 진로진학

개인적으로는 오랜 시간 동안 교육과 진학 사이의 간극, 교육과정과 대학입학 사이의 괴리를 어떻게 좁힐 수 있을지에 대해 깊이 고민해 왔다. '궁하면 변하고, 변하면 통한다'는 주역의 말처럼, 오랜 시간의 성찰 끝에 비로소 조금씩 그 실마리를 이해하게 되었다. 되돌아보면 참으로 먼 길이었다. 그 길 위에서, 나와 비슷한 고민을 품고 걸어온 수많은 교사들의 노력과 땀으로 쓰인 여러 권의 책이 큰 힘이 되었고, 그 덕분에 여기까지 올 수 있었던 것 같다.

아래 표는 완벽하진 않지만, 교육과정과 대학입학이 만나는 지점을 포기하지 않고 끊임없이 고민하며 만들어 낸 진로진학 모형이다. 부족한 부분이 있을 수 있으나, 교육과 진학의 연결을 고민하는 분들께 작은 참고가 되기를 바란다.

교육과정. 고교학점제	교육과정 핵심역량	학교교육활동 (3년 간의 교육과정-수업-평가-기록)	학생부: 학교단위 평가	수능: 전국단위 평가	대학입학전형		학생부 교과	학생부 비교과	면접	수능	대학 공통역량
학생 선택 중심 교육과정	자기관리 역량 지식정보 처리역량 창의적사고 역량 심미적감성 역량 의사소통 역량 공동체역량	1.교육과정 : 학교별 고교학점제+ 공동교육과정 2. 수업 : 전과목 3. 평가 : 지필평가, 수행평가 4.기록	교과학습 발달사항 창의적 체험활동 세부능력 및 특기사항 행동특성 및 종합의견	국.수. 영.과탐 사탐, 제2외 국어	수시	교과 전형	활용	일부	일부	일부	학업역량. 진로역량. 공동체 역량
					수시	학생부 종합	활용	활용	활용	일부	
					수시	논술 전형	활용			활용	
					정시	수능 위주				활용	
					정시	수능+ 교과	활용		일부	활용	

위 표는 고등학교 교육이 왼쪽의 교육과정에서 시작하여 점차 오른쪽의 대학입학 단계로 나아가며, '교육과정이 진로진학으로 완성되어 가는 과정'을 시각적으로 나타낸 것이다. 학교 교육의 현실적인 목표는 학생과 교사가 교육과정 속에서 함께 노력하며 교수평기(교육과정-수업-평가-기록)를 충실히 실현하고, 그 결과물인 학생부와 수능을 기반

으로 학생 개개인에게 적합한 대학 입학전형을 찾아내어, 대학이 요구하는 역량을 통과하도록 돕는 데 있다. 이를 통해 학생이 자신의 진로에 맞는 대학 진학을 성공적으로 이뤄낼 수 있도록 하는 것이 교육의 실질적인 과제이자 방향이다.

《총, 균, 쇠》의 저자 제러드 다이아몬드(Jared Diamond) 교수는 "사람들은 성공의 이유를 단 하나의 요소에서 찾으려 하지만, 실제로 어떤 일에서 성공을 거두기 위해서는 무엇보다 수많은 실패 원인을 피할 수 있어야 한다"고 말한다.

의대 합격도 이와 크게 다르지 않다. 합격을 이루기 위해서는 성공 전략을 세우는 것만큼이나, 실패 요인을 줄이는 것이 중요하다. 그러나 대학 입시는 학생과 학부모 모두에게 처음 겪는 복잡한 과정이기 때문에, 실패 요인을 사전에 파악하고 회피하는 일이 결코 쉽지 않다. 실패의 원인은 학생마다 매우 다양하며, 그 원인 간의 인과관계를 명확히 밝히는 일 또한 어렵다. 특히 3년에 걸친 긴 학교생활 속에서 학생의 신체적·정신적 불안정성, 과목별로 서로 다른 특성, 끊임없이 반복되는 평가, 교사마다 다른 교육관, 대학별로 다른 평가 기준, 매년 변동되는 경쟁률과 수능 난이도, 그리고 교육과정 및 입시제도의 변화 등 수많은 변수가 존재한다. 이러한 복합적 조건 속에서 의대 입시의 실패 요인을 줄여나가는 일은, 그 자체로 전략과 통찰이 요구되는 매우 정교한 과정이다.

의대 합격의 비결은 생각만큼 특별하거나 비범한 것이 아니다. 교육과정에서 진로진학으로 이어지는 아슬아슬한 길 위를 묵묵히, 최선을 다해 걸어가는 것뿐이다. 학문에 왕도가 없듯, 의대 합격의 길에도 왕도는 없다. 중요한 것은 교육과정과 대학입학 사이의 연결 구조를 정확히 이해하고, 그에 따라 3년 동안 성실하게 실천해 나가는 일이다. 여기에 더해, 풍부한 경험을 바탕으로 한 전략적인 입시 설계가 뒷받침된다면 의대 합격의 가능성은 분명히 높아질 수 있다. 다만, 그럼에도 불구하고 언제나 예상치 못한 변수가 존재한다는 점은 반드시 명심해야 한다. 본격적인 합격 전략을 살펴보기 전에, 먼저 의대 입시전형 결과와 그 경향을 다양한 관점에서 분석해 본다.

2️⃣ 3~5개년 의대 수시 학생부 교과전형과 종합전형 평균 결과

출처 : 39개 의과대학 입학처, 대입정보포털 어디가

전형결과 / 의대	교과일반 평균등급	반영과목	수시 교과	수시 학종	수시논술	수시 합계	정시 합계	모집 인원
39개 의과대학	1.25	전교과, 국영수사과史, 국영수사과, 국영수과 등	948	808	116	1,872	1,146	3,018

※이 자료는 한눈에 보기 위해 특정년도를 기준으로 정리한 자료이므로 정확한 내용은 당해년도의 대학별 수시 모집요강과 입시결과 등을 통해 확인해야 함

출처 : 39개 의과대학 입학처, 대입정보포털 어디가

년도별 등급 컷 (수능 난도) / 39개 의과대학	교과(일반/지역) 70% 등급 컷 3~5개년 평균				
	25학년도	24학년도	23학년도	22학년도	21학년도
	평이한 수능	강불수능 (국어>영어>수학)	약불수능 (수학)	강불수능 (국어,수학)	물수능
서울대 의대	1.09				
연세대 의대	1.03				
가톨릭대 의대	1.01				
성균관대 의대	해당 전형 없음				
울산대 의대	1.04				
고려대 의대	1.13				
경희대 의대	1.18				
한양대 의대	1.51				
중앙대 의대	해당 전형 없음				
이화여대 의대	해당 전형 없음				
아주대 의대	해당 전형 없음				
가천대 의대	1.06				
인하대 의대	1.13				
충남대 의대	1.13				
경북대 의대	1.17				
부산대 의대	1.11				
전남대 의대	1.21				

년도별 등급 컷 (수능 난도) / 39개 의과대학	교과(일반/지역) 70% 등급 컷 3~5개년 평균				
	25학년도	24학년도	23학년도	22학년도	21학년도
	평이한 수능	강불수능 (국어>영어>수학)	약불수능 (수학)	강불수능 (국어,수학)	물수능
강원대 의대	1.11				
충북대 의대	1.25				
전북대 의대	1.39				
경상국립대 의대	1.27				
한림대 의대	2.91				
연세대(미래캠) 의대	1.31				
가톨릭관동대 의대	1.15				
건국대(글로컬) 의대	1.33				
단국대(천안) 의대	해당 전형 없음				
순천향대 의대	1.02				
을지대 의대	1.27				
건양대 의대	1.32				
원광대 의대	1.28				
조선대 의대	1.20				
동국대(WISE) 의대	1.34				
영남대 의대	1.39				
계명대 의대	1.38				
대구가톨릭대 의대	1.33				
인제대 의대	1.12				
동아대 의대	1.25				
고신대 의대	1.35				
제주대 의대	1.09				
차의과대:의전원	의전원 모집				
평균	1.25				

※이 자료는 한눈에 보기 위해 특정년도를 기준으로 정리한 자료이므로 정확한 내용은 당해년도의 대학별 수시 모집요강과 입시결과 등을 통해 확인해아 한

※정확한 최신 등급 컷은 매년 6월에 대학별 홈페이지나 대입정보포털 어디가 사이트에서 발표되는 전형결과 자료를 확인하고 활용해야 한다.

앞의 표를 이해하기 위해 우선 부모들이 알아야 할 용어를 정리해 보자. '50% 등급 컷'과 '70% 등급컷'은 최종 등록자 중 50% 지점에 있는 등위(등수)의 성적과 70% 지점에 있는 등위의 성적을 나타낸다. '충원순위'는 최초 합격자가 등록을 포기하여 추가적으로 합격자가 발생한 총인원을 말한다. 기본적인 개념이 이해되었으면, 39개 의과대학의 학생부 교과전형 3~5개년 동안의 등급컷 자료를 평균하여 만든 자료를 살펴보면서, 학생부 교과전형의 전반적인 흐름과 특징을 이해해 보자. 이를 통해 각 대학이 요구하는 학업 수준과 평가 기준의 차이를 파악하고, 자신의 위치를 객관적으로 점검해 보는 데 도움이 될 것이다.

평균 등급만으로는 드러나지 않지만, 교과 등급은 고교학점제로 인한 성적 산출 방식의 변화로 인해 기본적으로 상승하는 추세에 있다. 이러한 상승 경향은 수능의 난이도에 따라 그 폭이 영향을 받거나 일정 부분 조정되기도 한다. 전반적인 경향을 보면, 교과전형의 내신 등급컷은 지속적으로 높아지고 있는 것으로 나타난다. 이러한 등급컷 상승에 영향을 미치는 요인은 크게 두 가지 측면에서 분석할 수 있다.

거시적 측면에서는 고교학점제로 인한 성적 산출 방식의 변화와 수능 난이도가 주요 요인이다. 특히 고교학점제와 함께 도입된 진로선택과목 등의 성취도 평가 방식은 등급제 과목의 총 과목수를 줄이는 결과를 초래하여 내신 등급 상승의 구조적 배경이 되고 있다. 또한 수능의 영역별 난이도 조합에 따라 '불수능'과 '물수능'이 결정되며, 이에 따라 교과 전형 내신 등급컷의 상승 또는 하락이 영향을 받는다. 한편 미시적 측면에서는 전형별 지원 자격, 모집인원, 경쟁률 등의 요소가 내신 등급컷에 직접적인 영향을 미친다.

교과 등급컷의 상승은 무한히 지속될 수는 없다. 일정한 지점에 도달하면 상승세는 멈추고, 모두가 받아들이는 수준에서 고착화되기 마련이다. 특히 의대 교과전형의 등급컷은 다른 학과보다 훨씬 빠르게 고착화되는 국면에 근접해 있다. 교과전형 경쟁률의 전반적인 하락은 이러한 고착화가 이미 현실화되고 있음을 보여주는 신호이기도 하다. 실제로 지원자들 사이에서는 등급컷이 일정 수준 이상으로는 더이상 낮아지지 않는다는 인식이 형성되고 있으며, 그 결과 등급컷 이하의 학생들은 지원 자체를 포기하려는 경향을 보인다. 물론 경쟁률 역시 무한히 하락하지는 않겠지만, 교과전형 등급컷이 일정 수준에서 고정된다는 사실은 수험생과 학부모 모두에게 안정적인 지원 전략을 세울 수 있다는 점에서 긍정적인 측면도 있다.

3 3~5개년 의대 수시 학생부 종합전형 평균 결과

출처 : 39개 의과대학 입학처, 대입정보포털 어디가

학종 결과 의대	학종일반 평균등급	반영과목	수시 교과 모집 인원	수시 학종모집 인원	수시논 술모집 인원	수시합계	정시합계	모집인원
전국 39 의대	1.44	전교과, 국영수사과史, 국영수사과, 국영수과 등	948	808	116	1,872	1,146	3,018

※이 자료는 한눈에 보기 위해 특정년도를 기준으로 정리한 자료이므로 정확한 내용은 당해년도의 대학별 수시 모집요강과 입시결과 등을 통해 확인해야 함

년도별 등급 컷 (수능 난도) 39개 의과대학	학종(일반/지역) 70% 등급 컷 3~5개년 평균				
	25학년도	24학년도	23학년도	22학년도	21학년도
	평이한 수능	강불수능 (국어>영어>수학)	약불수능 (수학)	강불수능 (국어,수학)	물수능
서울대 의대	1.26				
연세대 의대	1.13				
가톨릭대 의대	해당 전형 없음				
성균관대 의대	1.41				
울산대 의대	1.18				
고려대 의대	1.38				
경희대 의대	1.13				
한양대 의대	1.48				
중앙대 의대	1.94				
이화여대 의대	1.13				
아주대 의대	1.90				
가천대 의대	2.09				
인하대 의대	1.20				
충남대 의대	1.15				

년도별 등급 컷 (수능 난도) 39개 의과대학	학종(일반/지역) 70% 등급 컷 3~5개년 평균				
	25학년도	24학년도	23학년도	22학년도	21학년도
	평이한 수능	강불수능 (국어>영어>수학)	약불수능 (수학)	강불수능 (국어,수학)	물수능
경북대 의대			1.99		
부산대 의대			1.25		
전남대 의대			1.20		
강원대 의대			2.09		
충북대 의대			1.07		
전북대 의대			1.39		
경상국립대 의대			1.44		
한림대 의대			1.25		
연세대(미래캠) 의대			1.48		
가톨릭관동대 의대			1.37		
건국대(글로컬) 의대			1.50		
단국대(천안) 의대			1.35		
순천향대 의대			1.09		
을지대 의대			해당 전형 없음		
건양대 의대			해당 전형 없음		
원광대 의대			1.18		
조선대 의대			1.26		
동국대(WISE) 의대			1.50		
영남대 의대			해당 전형 없음		
계명대 의대			1.43		
대구가톨릭대 의대			1.78		
인제대 의대			해당 전형 없음		
동아대 의대			1.89		
고신대 의대			해당 전형 없음		
제주대 의대			해당 전형 없음		
차의과대:의전원			의전원 모집		
평균			1.44		

※이 자료는 한눈에 보기 위해 특정년도를 기준으로 정리한 자료이므로 정확한 내용은 당해년도의 대학별 수시 모집요강과 입시결과 등을 통해 확인해야 함

※정확한 최신 등급 컷은 매년 6월에 대학별 홈페이지나 대입정보포털 어디가 사이트에서 발표되는 전형결과 자료를 확인하고 활용해야 한다.

39개 의과대학의 학생부 종합전형 3~5개년 동안의 등급컷 자료를 평균하여 만든 자료를 살펴보면서, 학생부 종합전형의 전반적인 흐름과 특징을 이해해 보자. 이를 통해 각 대학이 요구하는 학업 수준과 평가 기준의 차이를 파악하고, 자신의 위치를 객관적으로 점검해 보는 데 도움이 될 것이다. 또한 학종의 특성상 단순한 등급 수치 외에도 비교과, 서류 완성도, 면접 등 다양한 요소가 종합적으로 반영된다는 점을 염두에 두고, 전형별 전략을 함께 고려해 보는 것이 중요하다. 이제 자료를 통해 학생부 종합전형의 전반적인 경향성을 구체적으로 살펴보자.

학생부 종합전형의 평균 등급은 학생부 교과전형의 평균 등급보다 낮은 편이다. 이는 학종에서는 교과 성적의 반영 비율이 교과전형에 비해 상대적으로 낮기 때문이다. 그러나 지방 소재 의과대학으로 갈수록 학종과 교과전형 간의 등급 격차가 급격히 줄어드는 경향이 있다. 이는 지방의대의 경우, 학종에서도 교과 성적을 상당 부분 반영하고 있음을 시사한다. 다만, 학생부 종합전형의 세부 평가 기준은 대학마다 다르므로, 앞서 제시한 학생부 종합전형 평가항목표를 함께 참고하기를 바란다.

3~5개년 의대 수시 학생부 종합전형 평균 결과는 학생부 종합전형 결과를 한눈에 볼 수 있도록 정리한 자료이다. 다만, 실제로 많은 대학은 학종전형 결과를 표 형태보다는 분포도나 산포도 형식으로 제공하는 경우가 많다.

출처 : 경희대 입학처

모집단위 / 등급	합격자 평균 등급	지원자 및 합격자 교과 등급 분포 ○합격(충원합격 포함) X 불합격								
		1등급	2등급	3등급	4등급	5등급	6등급	7등급	8등급	9등급
의예과	1.1									

진한색은 지원자 분포, 옅은색은 합격자 분포를 나타낸다.

학생부 종합전형은 내신 등급이 합격을 좌우하는 결정적인 요소가 아니라 여러 평가 요소 중 하나이기 때문에, 결과를 산포도 형식으로 제시하는 것이 더 적절하다. 학종전형에는 일정 수준 이상의 교과 성적을 갖춘 지시고, 학군지 일반고, 일반고의 비교과 우수 학생들이 지원한다.

학종에서 제시되는 등급컷만으로는 해당 학생이 일반고, 학군지 일반고, 자사고 중 어느 유형에 속하는지 파악하기 어렵다. 일반적으로 1등급대는 일반고 학생, 1등급 후반이나 2등급대는 학군지 일반고 또는 자사고 학생으로 추정할 수 있다. 학종전형에서 내신 등급의 영향력은 의대 전체 평균 기준으로 약 20~60% 수준이며, 일반고 학생의 경우 상위권 의대에서는 내신을 지원자격 수준으로 간주하고, 지방 의대에서는 실질 영향력이 더 커진다고 볼 수 있다. 학종전형에서 나머지 40~80%는 학생부 서류와 면접이 차지하므로, 등급컷보다는 학생부 서류평가 요소와 면접 대비 전략을 보다 깊이 있게 이해하는 것이 중요하다.

학생부 종합전형은 도입 초기의 복잡한 구조를 지나 점차 단순화되는 방향으로 발전하고 있다. 현재는 서울 주요 5개 대학이 공동으로 정리한 학종 평가요소 및 평가항목이 사실상 표준으로 자리 잡아가는 중이다. 학업역량, 진로역량, 공동체역량, 면접, 수능최저기준이라는 평가요소를 정확히 이해하고, 각 의대가 이들 요소를 어떤 비율로 반영하는지를 파악하고 비교하면 입시 전략 수립에 실질적인 도움이 된다. 특히 수능최저기준은 학종전형에서 매우 중요한 결정 요인으로 작용한다. 학종전형은 교과전형처럼 단일 기준으로 평가하지 않고, 대학마다 서로 다른 평가요소를 복합적으로 반영하여 종합평가를 진행하므로, 단순히 하향, 적정, 상향 지원이라는 이분법적 접근으로는 합격 가능성을 예측하기 어렵다. 따라서 세부 전형 요소에 대한 깊이 있는 분석이 필요하다.

4 의대 수시 논술전형 분석

다음은 2026학년도 의대 수시 논술전형을 분석·정리한 자료이다. 당분간은 이와 같은 경향성이 지속될 것으로 예상되므로, 논술전형을 고려하는 수험생이라면 참고 자료로 활용하면 된다.

출처 : 39개 의과대학 입학처

39개 의과대학 / 논술	논술 유형	시간	문항 수	전형방법	출제범위
서울대 의대					
연세대 의대					
가톨릭대 의대	수리논술	100분	4문항	논술80%+학생부 교과20%	수학, 수학I, 수학II, 미적분, 확률과통계
성균관대 의대	수리논술	100분	3문제	논술100%	수학공통 및 일반선택 기하 포함
울산대 의대					
고려대 의대					
경희대 의대	수리논술+ 과학선택 (물리, 화학, 생명과학)	120분	수학, 과학 각 4문항	논술100%	수학(수학, 수학I, 수학II, 확률과통계, 미적분, 기하)과 과학(물리학I·II, 화학I·II, 생명과학I·II)
한양대 의대	수리논술	100분	3개의 대문항+ 세부문항	논술90%+학생부 종합10%	수학I, 수학II, 미적분, 확률과 통계, 기하
중앙대 의대	수리논술	120분	4문항	논술70%+학생부 교과20%+학생부 비교과(출결)10%	수학, 수학I, 수학II, 확률과 통계, 미적분, 기하
이화여대 의대	수리논술	100분	3개의 대문항+ 세부문항	논술100%	수학I, 수학II, 미적분, 확률과 통계, 기하
아주대 의대	수리논술 + 과학논술 (생명과학)	120분	2문항(문항 별 세부문항)	논술80%+학생부 교과20%	수학, 수학I, 수학II, 미적분
가천대 의대	수리논술	80분	수학 8문항	논술100%	수학I, 수학II, 미적분 중심, 고등학교 수학 과정과 EBS 수능 연계 교재를 기반으로 출제.
인하대 의대	수리논술	120분	3문항(8~10논제	논술70%+학생부 교과30%	수학교과 (수학, 수학I II, 미적분) ※기하,확률과통계 제외
충남대 의대					
경북대 의대	수리논술	100분	3문제 내외	논술70%+학생부 교과30%	수학, 수학I, 수학II, 미적분, 의학논술
부산대 의대	수리논술 (지역인재)	100분		논술70%+학생부 교과30%	수학, 수학I, 수학II, 미적분

39개 의과대학 ＼ 논술	논술 유형	시간	문항 수	전형방법	출제범위
전남대 의대					
강원대 의대					
충북대 의대					
전북대 의대					
경상국립대 의대					
한림대 의대					
연세대(미래캠) 의대	수리논술+과학선택(물리, 화학, 생명과학)	120분	각 2문제 내외	논술100%	수학(수학, 수학Ⅰ, 수학Ⅱ, 미적분, 기하) 과학(물리학(Ⅰ,Ⅱ), 화학(Ⅰ,Ⅱ), 생명과학(Ⅰ,Ⅱ)
가톨릭관동대 의대					
건국대(글로컬) 의대					
단국대(천안) 의대	수리논술	120분	2문항	논술80%+학생부교과20%	고교 수학 전 범위(수학, 수학Ⅰ, 수학Ⅱ, 미적분)
순천향대 의대					
을지대 의대					
건양대 의대					
원광대 의대					
조선대 의대					
동국대(WISE) 의대					
영남대 의대					
계명대 의대					
대구가톨릭대 의대					
인제대 의대					
동아대 의대					
고신대 의대					
제주대 의대					
차의과대:의전원					
합계(인원)/평균					

※이 자료는 한눈에 보기 위해 간략히 정리한 자료이므로 정확한 내용은 당해년도의 대학별 입학처에서 확인해야 함

의대 논술전형은 2024학년도에 9개 의대에서 116명을, 2025학년도에는 9개 의대에서 109명을, 2026학년도에는 13개 의대에서 131명을 모집하였다. 이 전형은 수능최저기준이 높아 자사고 우수학생, 일반고 수학 최상위권 학생, 일부 특목고 학생 등 수학과 과학 성적이 우수하고 수능 성적이 뛰어난 학생들이 선호한다.

대부분 의대의 논술전형 경쟁률은 200대 1 이상이며, 실질 경쟁률은 이보다 낮겠지만 합격을 기대하기에는 매우 어려운 수준이다. 수학과 과학 실력이 매우 뛰어나지 않다면 논술전형은 가급적 피하는 것이 바람직하다. 다만, 논술전형의 장점은 수능 수학 영역의 학습과 병행을 할 수 있다는 점이다. 논술 문항의 난이도는 수능 수학 고난도 문항과 비슷하거나 그 이상이며, 수능 최지기준 또한 상당히 높은 편이다. 논술전형 합격생 중 일반고 학생의 비율은 약 4분의 1이며, 다수는 N수생으로 추정된다. 한편, 부산대 의대는 지역인재전형으로 운영되어 지원자가 제한되므로 부울경지역 학생에게는 지원을 고려해 볼 만하다.

5 의대 수시 합격을 위한 수시 6장 전략

대학입시 전략에는 절대적인 기준이 존재하지 않는다. 사람마다 유전자가 모두 다르듯, 학생의 조건과 상황 역시 제각각이기 때문이다. 더불어, 사람이 하는 모든 일에 변수가 따르듯 대학입시에도 항상 예측할 수 없는 변수가 존재한다. 만약 한 해의 입시를 변수 없이 마무리했다면, 그것은 매우 운이 좋은 경우일 것이다. 이러한 변수는 기존의 모든 기준과 예측을 뒤흔들 수 있다.

다음은 의대 진학지도를 통해 경험적으로 얻은 조언으로, 학생과 학부모에게 전하고 싶은 내용이다.

- 학생 스스로 자신의 상섬과 약점을 정확히 파악해야 하다.
- 주어진 여건 속에서 최고의 수시 전략을 수립해아 한다.
- 고3 한 해의 시각만으로 접근하지 말고, '만일'을 염두에 두며 학생부 교과와 비교

과를 지속적으로 관리해야 한다.

- 예측하지 못한 행운 또는 불운이 찾아올 수 있음을 항상 염두에 두어야 한다.
- 어떤 학생은 쉽게 합격하고, 또 어떤 학생은 납득하기 어려운 불합격을 겪기도 하지만, 결코 좌절해서는 안 된다.

■ 자기 스스로 평가하기

대학입시를 중심으로 학생을 분류해 보면 내신이 강한 학생, 수능이 강한 학생, 학생부가 강한 학생, 재수를 결심한 학생, 학교 교육보다는 검정고시와 수능을 준비하는 학생, 그리고 여러 가지 요소가 조합되어 강점을 지닌 학생 등 다양한 유형이 있다. 이 가운데 학교 교육을 포기하고 검정고시와 수능만을 준비하는 학생을 볼 때 가장 마음이 아프다. 만일 수시와 정시 모두에서 실패하고, N수까지도 원하는 결과를 얻지 못하더라도 진정으로 '의사'라는 꿈을 품고 있다면 너무 좌절하지 않았으면 한다.

우리나라에서 유일하게 존재하는 의학전문대학원인 차의과학대학교 의전원에서 40명을 모집하는 기회도 존재한다. 이 차선의 기회를 준비하는 방법은 다음과 같다.

먼저 차의과학대학교의 의학 관련 학과에 입학한 후, 4년 동안 학업성취도, M·DEET 성적, GPA, 영어 성적 등을 꾸준히 준비하여 의전원 진학을 목표로 삼는 것이다. 결코 쉬운 길은 아니지만, 포기하지 말라는 의미에서 전하고 싶은 이야기다.

학생들의 강점은 저마다 다르지만, 재학생의 대다수에게 수시로 의대를 진학하는 것이 절대적으로 유리하다는 점은 분명하다. 정시로 의대에 진학하는 재학생은 극소수에 불과할 것이다. 재학생이 국어, 수학, 영어, 과탐에서 수능 과목 중 10개 이내로 틀리는 것은 거의 천재의 영역에 해당한다.

정시는 지나치게 치열하고, 진입 장벽이 매우 높다. 반면 수시전형 요소는 학생부 교과, 학생부 비교과, 면접, 논술, 수능최저기준 등으로 구성되며, 이 중에서 자신의 현재 강점과 예측 가능한 강점을 정확히 파악하고, 그에 맞는 전형 방법을 설정한 후 아래의 순서를 참고하면 전략 수립에 도움이 될 것이다.

- **학생부 교과:** 대입정보포털 '어디가', 각 대학의 입학처 자료 등을 활용하여 자신의 평균 등급과 39개 의대의 교과전형 전년도 등급컷, 최근 3년간의 등급컷 추이를 종합적

으로 비교하고, 이를 바탕으로 안정, 적정, 상향 지원 범위를 판단한다.

- **학생부 비교과:** 학생부 내용을 바탕으로 학업역량, 진로역량, 공동체역량을 항목별로 상·중·하 수준으로 자가 평가해 본다.
- **면접:** 면접 유형(서류 기반, 제시문 기반, MMI 등)에 따라 자신의 준비 수준과 수행 능력을 상·중·하로 분석한다
- **수능최저기준 충족 가능성:** 6월 모의평가 등급 또는 3월, 4월, 6월 평균 등급을 기준으로 파악하되, 실제 수능에서 재수생 등 N수생의 등장 가능성까지 참작하여 자신의 수능최저 충족 가능성을 예측한다.
- **수능 난이도 예측:** 전년도 수능을 기준으로 국어, 수학, 영어 영역별 난이도와 전체 수능 난도를 분석하고, 이를 바탕으로 해당 연도의 영역별 난이도와 전체 수능 난도를 예측해 본다. 예컨대 전년도 수능이 '물수능'이었다면 올해는 '보통 난도' 또는 '약불수능'일 가능성이 높고, 전년도 수능이 보통 난도였다면 올해는 유사한 난도거나 약간 더 어려울 수 있으며, 전년도 수능이 '불수능'이었다면 올해는 완화되거나 보통 난도의 수능이 될 가능성이 있다. 다만, 이는 단순한 예측에 불과하며 수능의 실제 난이도는 언제나 예측 불허라는 점을 명심해야 한다.

■ 적합한 의대 교과전형과 학종전형 찾기

학생 자신에게 적합한 전형은 학생부 교과, 학생부 비교과, 면접, 수능최저기준 충족 여부, 수능 난도 예상을 종합적으로 점검하면서 찾아낼 수 있다.

교과전형은 수능최저기준 충족 가능성을 가장 먼저 확인한 후, 학생부 교과 성적, 면접 준비 수준, 수능 난도 예상을 기준으로 삼고, 여기에 더해 교과전형의 유형, 최근 3년간의 등급컷 추세, 모집인원 변화, 전년도 경쟁률, 충원순위 등을 꼼꼼히 확인하여 지원 가능성을 판단하고, 이를 바탕으로 지원 가능한 대학의 교과전형을 다수 선별해 낸다. 교과전형은 비교적 합격과 불합격을 예측하기 쉬운 편이다.

학종전형은 수능최저기준 충족 여부를 가장 먼저 확인한 후, 학생부 교과 성적, 학생부 비교과 활동, 면접 대비 수준, 수능 난도 예상을 종합적으로 고려하고, 각 의대의 인재상, 학종 평가요소 반영 비율, 모집인원 변화, 전년도 경쟁률, 충원순위 등을 세심하게 검

토하여 지원 가능성을 판단하고, 그에 따라 지원할 대학의 학종전형을 다수 선별해 낸다. 학종전형은 평가요소가 다양하고 정성 평가의 비중이 높기 때문에 합격과 불합격을 예측하기 어려운 전형이다.

■ 수시 6장 기본 전략

　현행 대학 입시제도가 오랫동안 지속되기는 어렵겠지만, 수시와 정시 체계가 근본적으로 크게 바뀌는 일도 결코 쉬운 일은 아니다. 다만 저출생과 고령화, 그리고 AI 특이점 시대의 도래와 같은 사회제도 패러다임을 바꾼 변화들이 우리가 생각했던 것보다 더 빠르게 현실로 다가올 경우, 현행 대학 입시제도가 다음 제도를 충분히 준비할 여유도 없이 급작스럽게 개편될 가능성도 배제할 수 없다. 이는 우리가 통제할 수 없는 영역이기도 하다. 그럼에도 불구하고 어느 정도의 기간까지는 대학 입시제도의 큰 틀은 지금과 유사한 형태로 유지될 가능성이 높다.

　의대 입학전형의 전반적인 경향을 예측해 보면, 수시와 정시 모집인원의 비율은 2024학년도 62.1%대 37.9%, 2025학년도 67.6%대 32.4%, 2026학년도 67.7%대 32.3%이며 3개년 평균은 65.8%대 34.2%이다. 앞으로도 6.5대 3.5 정도의 구조를 유지할 가능성이 높다.

　수시 교과전형의 경쟁률은 일정 수준에서 유지될 것으로 보이며, 교과전형의 등급 컷은 수능 난이도의 영향을 받아 다소의 등락은 있겠지만 기본적으로는 점진적으로 상승할 것이다. 학종전형은 평가요소와 요소별 반영 비율 등이 점차 표준화되고 안정화되면서, 지금보다 훨씬 더 예측 가능하고 안정적인 전형으로 자리 잡아 갈 것이다. 그러나 2028학년도 입시부터는 내신 5등급제의 영향으로 수시 교과전형에도 약간의 서류평가가 반영될 가능성이 높아지며, 교과전형이 학종전형화가 부분적으로 이뤄질 것이다.

　기본적인 예측을 바탕으로 앞서 제시한 방식과 자신의 분석을 결합하여, 자신에게 적합한 의대 교과전형과 학종전형을 6개 이상 선별해냈다면, 이제는 '수시 6장 기본 전략'에 근거해 최종 지원 전략을 수립할 단계이다. 다음에서 제시하는 수시 6장 원서 지원 기본 전략은 절대적인 기준이 아니라, 단순화된 기본 형태일 뿐이다. 실제 지원 전략은 학생 개인의 상황과 특성에 따라 유연하게 조정되어야 한다. 특히 수도권 의대 진학을 목표로 하는 경우와 지방 의대 진학을 목표로 하는 경우는 입시 환경과 전형 방식에 있어 실질적인 차이가 존재하므로, 두 가지 상황을 구분하여 접근할 필요가 있다.

다음에 제시하는 기준은 결코 절대적인 것이 아니고, 하나의 표준을 제시하는 것임을 반드시 염두에 두고 이해해야 한다. 의대를 희망하는 학생이라면, 일반적으로 교과전형과 종합전형 모두에 지원할 수 있을 정도의 학생부를 준비해 왔을 가능성이 높다. 물론, 학생 개인의 상황이나 소속 학교의 여건에 따라, 한 가지 전형에 집중하여 준비해온 경우도 있을 수 있다.

[수도권 의대를 진학하고자 하는 경우]

지원전략 수시원서	지원전략	교과에 더 강점이 있는 경우	학종에 더 강점이 있는 경우	수능에 더 강점이 있는 경우	수능최저기준 통과 예상 (수능 최고 예상 등급)
수시원서 1	상향	1순위:교과전형 2순위:학종전형	1순위:학종전형 2순위:교과전형	수능최저 높은 교과전형·학종전형	6월 모평등급 혹은 3,4,6월 평균등급 중 최고등급
수시원서 2	상향	1순위:교과전형 2순위:학종전형	1순위:학종전형 2순위:교과전형	수능최저 높은 교과전형·학종전형	6월 모평등급 혹은 3,4,6월 평균등급 중 최고등급
수시원서 3	적정	교과전형	1순위:학종전형 2순위:교과전형	수능최저 높은 교과전형·학종전형	6월 모평등급 혹은 3,4,6월 평균등급
수시원서 4	적정	교과전형	1순위:학종전형 2순위:교과전형	수능최저 높은 교과전형·학종전형	6월 모평등급 혹은 3,4,6월 평균등급 + 0~1등급
수시원서 5	안정	교과전형	1순위:교과전형 2순위:학종전형	수능최저 높은 교과전형·학종전형	6월 모평등급 혹은 3,4,6월 평균등급 + 1~2등급
수시원서 6	안정	1순위:비의예과 2순위:교과전형	1순위:비의예과 2순위:교과전형	수능최저 높은 교과전형·학종전형	6월 모평등급 혹은 3,4,6월 평균등급 + 1~2등급

수도권 의대 진학을 희망하는 경우를 살펴보자. 먼저 교과 성적에 강점이 있는 경우, 수시 6장의 지원 전략은 다음과 같이 구성할 수 있다.

6번 카드는 평소 수능 평균 등급보다 1~2등급 낮춰 강한 안정 지원으로 활용하되, 1순위는 비의예과, 2순위는 교과전형 지원을 권한다.

5번 카드는 평소 수능 평균 등급보다 1~2등급 낮춰 안정 지원으로, 교과전형을 추천한다.

4번 카드는 수능 평균 등급보다 0~1등급 낮춰 적정 지원으로 교과전형에 지원하는 것이 좋다.

3번 카드는 수능 평균 등급과 유사한 수준의 적정 지원으로 교과전형을 선택한다.

2번과 1번 카드는 수능 평균 등급 기준으로 적정 또는 상향 지원에 활용하되, 1순위로는 교과전형, 2순위로는 학종전형을 고려하는 것이 바람직하다.

학종에 더 강점이 있는 경우, 수시 6장의 전략은 다음과 같이 구성할 수 있다.

6번 카드는 평소 수능 평균 등급보다 1~2등급 낮춰 강한 안정 지원으로 활용하며, 1순위는 비의예과, 2순위는 교과전형을 권한다.

5번 카드는 수능 평균 등급보다 1~2등급 낮춘 안정 지원으로, 1순위는 교과전형, 2순위는 학종전형을 추천한다.

4번 카드는 수능 평균 등급보다 0~1등급 낮춘 적정 지원으로, 1순위는 학종전형, 2순위는 교과전형을 고려할 만하다.

3번, 2번, 1번 카드는 수능 평균 등급을 기준으로 적정 또는 상향 지원에 활용하되, 1순위는 학종전형, 2순위는 교과전형으로 설정하는 것이 바람직하다.

한편, 수능에 더 강점이 있는 경우에는 수능최저기준이 높은 교과전형이나 논술전형에 지원하는 전략을 권한다.

[지방 의대를 진학하고자 하는 경우]

지원전략 / 수시원서	지원전략	교과에 더 강점이 있는 경우- 지역인재전형	학종에 더 강점이 있는 경우- 지역인재전형	수능에 더 강점이 있는 경우	수능최저기준 통과 예상 (수능 최고 예상 등급)
수시원서 1	상향	1순위:교과전형 2순위:학종전형	1순위:학종전형 2순위:교과전형	수능최저 높은 교과전형·학종전형	6월 모평등급 혹은 3,4,6월 평균등급 중 최고등급
수시원서 2	상향	1순위:교과전형 2순위:학종전형	1순위:학종전형 2순위:교과전형	수능최저 높은 교과전형·학종전형	6월 모평등급 혹은 3,4,6월 평균등급 중 최고등급
수시원서 3	적정	1순위:교과전형 2순위:학종전형	1순위:학종전형 2순위:교과전형	수능최저 높은 교과전형·학종전형	6월 모평등급 혹은 3,4,6월 평균등급
수시원서 4	적정	1순위:교과전형 2순위:학종전형	1순위:학종전형 2순위:교과전형	수능최저 높은 교과전형·학종전형	6월 모평등급 혹은 3,4,6월 평균등급 + 0~1등급

지원전략 \ 수시원서	지원전략	교과에 더 강점이 있는 경우- 지역인재전형	학종에 더 강점이 있는 경우- 지역인재전형	수능에 더 강점이 있는 경우	수능최저기준 통과 예상 (수능 최고 예상 등급)
수시원서 5	안정	교과전형	1순위:교과전형 2순위:학종전형	수능최저 높은 교과전형·학종전형	6월 모평등급 혹은 3,4,6월 평균등급 + 1~2등급
수시원서 6	안정	1순위:비의예과 2순위:교과전형	1순위:비의예과 2순위:교과전형	수능최저 높은 교과전형·학종전형	6월 모평등급 혹은 3,4,6월 평균등급 + 1~2등급

다음은 지방 의대를 진학하고자 하는 경우를 살펴보자.

지방 의대의 수시 진학은 사실상 자신의 지역에서는 지역인재전형을, 타지역에서는 교과 일반전형을 중심으로 접근해야 한다. 지금부터 설명하는 학종전형과 교과전형은 모두 자기 지역의 지역인재전형을 의미한다고 보며 이해하면 된다. 지방 의대는 학종전형이라 하더라도 학생부 교과 성적의 비중이 높은 경우가 많기 때문에 이 점을 유의해야 한다. 교과에 더 강점이 있는 경우, 수시 6장의 전략은 다음과 같이 구성할 수 있다.

6번 카드는 평소 수능 평균 등급보다 1~2등급 낮춰 강한 안정 지원으로 활용하며, 1순위는 비의예과, 2순위는 교과전형을 권한다.

5번 카드는 수능 평균 등급보다 1~2등급 낮춘 안정 지원으로 교과전형을 추천한다.

4번 카드는 수능 평균 등급보다 0~1등급 낮춘 적정 지원으로, 1순위는 교과전형, 2순위는 학종전형을 고려하면 좋다.

3번, 2번, 1번 카드는 수능 평균 등급을 기준으로 적정 또는 상향 지원에 활용하며, 1순위는 교과전형, 2순위는 학종전형으로 설정하는 것이 바람직하다.

학종에 더 강점이 있는 경우, 수시 6장의 전략은 다음과 같이 설계할 수 있다.

6번 카드는 평소 수능 평균 등급보다 1~2등급 낮춰 강한 안정 지원으로 설정하되, 1순위: 비의예과, 2순위: 교과전형을 권한다.

5번 카드는 수능 평균 등급보다 1~2등급 낮춘 안정 지원으로, 1순위: 교과전형, 2순위: 학송전형이 적설하다.

4번 카드는 수능 평균 등급보다 0~1등급 낮춘 적정 지원으로 활용하며, 1순위: 학종전형, 2순위: 교과전형을 권한다.

3번, 2번, 1번 카드는 수능 평균 등급을 기준으로 한 적정 또는 상향 지원에 해당하며, 1순위: 학종전형, 2순위: 교과전형을 추천한다. 한편, 수능에 더 강점이 있는 학생의 경우, 수능최저기준이 높은 교과전형이나 논술전형에 지원하는 것이 유리하다.

교과전형과 학종전형을 적절히 조합해야 하듯, 수도권 의대와 지방 의대 역시 상황에 따라 균형 있게 배분하여 지원하는 것이 바람직하다. 이와 함께 학생과 학부모가 반드시 기억해야 할 점이 있다. 수시 6장 지원이 모두 실패할 경우, 정시에서 성공을 거두는 일은 매우 어렵다는 사실이다.

이 경우 대부분은 재수의 길로 들어서게 된다. 따라서 수시 지원 전략을 세울 때는 항상 재수 가능성을 고려해야 하며, 특히 고3 2학기의 교과 성적도 철저히 관리해야 한다. 만약 재수에 돌입하게 되었을 때, 고3 2학기 성적이 관리되지 않아서 수시 6장 사용이 제한되고 정시 외에는 선택지가 없는 상황이라면, 재수는 훨씬 더 고된 경쟁 환경에서 이루어질 수밖에 없다.

현재 의대 정시는 이미 합격 수준의 실력을 갖춘 수험생들이 누적된 구조다. 이는 과거의 사법고시나 임용고시처럼, 합격권 실력을 갖춘 예비 합격자들이 먼저 빠져나가야 그 다음 자리가 생기는 구조와 유사하다. 이러한 현실을 감안하면, 수시에서 실질적인 합격 가능성을 높이기 위한 전략 수립이 그 어느 때보다 중요하다.

교육이 입시가 되어 가는 시간

1 동시대를 살아온 교사 부모가 또 다른 학부모 부모에게

1 왜 엄마들은 "엄마는 어떻게 했어요?"라고 물을까?

한 자녀가 태어나 초·중·고 12년의 긴 교육 과정을 마치고 대학에 진학하는 것은 한 사회에서 매우 중요한 교육제도이다. 대학은 '교육'이라는 보편적 제도의 종착점인 동시에 '직업'이라는 경제·사회적 제도의 출발점이기도 하다. 한 아이가 받은 교육의 총합이라고 할 수 있는 대학 입학이 여전히 우리 사회에서 중요한 이유는 그것이 성인 이후의 사회적 삶에 큰 영향을 미치기 때문이다.

자녀가 행복하고 안정된 삶을 살기를 바라는 부모의 애절한 마음은 이 중요한 문제를 아이에게만 맡길 수 없게 만든다. 이것이 바로 대학 입시를 준비하는 엄마들이 이미 입시를 성공적으로 마친 엄마들에게 간절히 "엄마는 어떻게 했어요?"라고 묻는 이유이다.

육아, 유아교육, 초등교육, 중등교육, 고등교육을 거쳐 대학입시에 이르는 19년의 긴 여정 속에서 엄마들은 늘 "엄마는 어떻게 했어요?"라고 궁금해한다.

각 교육 단계마다 엄마들은 새로운 정보가 필요하고, 그 정보를 찾기 위해 노력한다. 이 과정에서 엄마는 자녀를 위해 보다 능동적이고 주도적인 역할을 하고자 전문가의 책을 읽거나 다양한 방식으로 도움을 구한다. 하지만 자녀가 자라고 교육 단계가 올라갈수록 부모가 할 수 있는 역할은 점점 줄어들고, 무엇을 해야 하는지 명확히 알 수 없어 막연한 불안감을 느끼게 된다. 그렇게 엄마들이 무엇을 해야 할지 고민하고 정보를 찾기 위해 애쓰는 동안 자녀는 어느덧 고3이 되어 있다.

일반적으로 "엄마는 어떻게 했어요?"라는 질문에 대한 해답을 찾는 방법 중 하나는 책을 읽거나 강연을 통해 지식과 정보를 얻는 것이다. 육아 분야에서는 교육이나 의학을 전공한 전문가들이 쓴 육아 관련 서적이 도움이 된다. 부모교육이나 학습법에 관한 내용은, 실제로 자녀를 합격시킨 수험생 부모나 수험생 본인이 쓴 책을 통해 현실적이고 생생한 조언을 얻을 수 있다. 교육 분야에서는 교사 등 교육전문가가 집필한 교육과정, 수업, 평가, 기록 등에 대한 책이 도움이 되며, 대학 입시와 관련해서는 각 대학이 제공하는 모집요강이나 입시 전문 서적이 유용하다. 또한 진로·진학 분야는 공교육 진로진학 전문가나 사교육 입시 전문가가 쓴 책을 통해 정보를 얻는 것이 도움이 된다.

그러나 "엄마는 어떻게 했어요?"라는 이 단순한 질문에 대한 답은, 사실 육아, 교육과정, 대학입학, 진로·진학 등이 얽히고 설켜 있는 복잡한 총합이다. 이 질문에 진지하게 답하고자 한다면, 엄마는 육아, 부모교육, 과목별 학습법, 교육과정, 수업, 평가, 학생부 기록, 그리고 진로·진학·입시 전반에 대해 공부하고 배워야 한다. 하지만 이 모든 영역을 다 익히는 것은 결코 쉬운 일이 아니다. 게다가 이처럼 방대한 내용을 하나로 연결해 설명해 주는 책도 거의 없다. 그래서 이 책은 "엄마는 어떻게 했어요?"라는 깊고 넓은 질문에 대한 실질적인 답을 찾고자 하는 엄마들을 위해 기획되었다.

엄마가 알아야 할 필수적인 내용을 한 권에 엮어, 육아에서부터 입시까지 이어지는 교육 여정을 통합적으로 안내하고자 한다. 교육제도와 입시제도 안에서 자녀보다 더 절박한 당사자가 되는 부모의 마음에, 이 책이 조금이라도 도움이 되기를 바란다. 이 책은 오랜 시간 동안 누적된 실제 경험을 바탕으로, 교육제도와 입시제도를 함께 다룬다는 점에서 유의미한 길잡이가 되어줄 것이다.

"엄마는 어떻게 했어요?"라는 질문은 단순해 보이지만, 그 답은 매우 복잡하다. 이 질문에 답을 찾고자 하는 부모는 먼저 이 책을 통해 대학 합격을 위한 기본적인 지식을 갖추고, 이후 입시설명회나 각종 자료를 통해 실전적인 정보를 보완하면 좋을 것이다.

기본 지식 없이 실전 정보만으로는 교육과 진학에 대한 정확한 판단이 어렵고, 반대로 실전 정보 없이 기본 지식만으로는 구체적인 전략을 세우기 어렵다. 이 책을 정독하고 나면, 부모로서 자신이 무엇을 할 수 있고 무엇을 할 수 없는지 조금은 분명히 알게 될 것이다. 인생이 그러하듯, 정답은 주어지지 않는다. 그 이유는 각자의 삶이 다르고, 각자의 여정이 다르기 때문이다. 마찬가지로 이 실문의 답도 결국 부모 스스로 만들어가야 한다. 이 책은 그 여정을 도와주는 안내서이다. 네비게이션처럼 모든 길을 알려주지는 못하지만, 최소한 현재 내가 서 있는 자리가 어디인지를 알려주는 이정표가 되어줄 것이다.

이정표를 통해 지금 위치를 확인한 부모는, 다음에 가야 할 방향을 찾고, 그 지점에서 필요한 공부와 정보 탐색을 이어갈 수 있다. 그렇게 부모와 자녀는 합격이라는 목적지에 한 걸음 더 가까이 다가설 수 있을 것이다.

인류는 수천 년 동안 "본성이냐, 양육이냐"라는 질문을 놓고 현실에서 부딪히며 치열한 논쟁을 벌여 왔다. 이 위대한 담론은 석학들의 오랜 학문적 탐구를 통해, 단순한 정답이 아닌 복합적 이해로 나아가는 길을 열어주었다. 마찬가지로 현실의 문제에 대한 해답은 단순히 현실 속에 있는 것이 아니라, 그 문제를 둘러싼 끊임없는 공부와 성찰의 과정 속에 있다. "엄마는 어떻게 했어요?"라는 질문 또한 마찬가지다.

이 물음에 대한 자신만의 답을 찾기 위해 지금은 부모가 교육과 진학에 대해 공부해야 할 시간이다. 다음에 제시한 자료는, 엄마가 공부해야 할 핵심 내용을 시각적으로 정리한 차례이다. 이 자료를 이해하려 노력하는 그 자체가, 답을 찾아가는 여정의 시작이 될 것이다

["엄마는 어떻게 했어요?"라는 물음에 대한 답을 찾아서....]

가정의 시간	교육과정. 고교학점제	교육과정 핵심역량	학교교육활동 (3년 간의 교육과정-수업-평가-기록)	학생부: 학교단위평가	수능: 전국단위평가	대학입학전형(의대 중심)						대학공통역량
						수시와 정시		학생부교과	학생부비교과	면접	수능	
부모의 양육 활동 · 아이의 주도성	학생 선택 중심 교육 과정	자기관리 역량 지식정보 처리역량 창의적사고 역량 심미적감성 역량 의사소통 역량 공동체역량	1.교육과정 : 학교별 고교학점제+ 공동교육과정 2. 수업 : 전과목 3. 평가 : 지필평가, 수행평가 4.기록	교과학습발달 사항 창의적 체험활동 세부능력및특 기사항 행동특성및종 합의견	국,수, 영, 과탐 사탐, 제2외 국어	수시	교과 전형	활용	일부	일부	일부	학업 역량 · 진로 역량 · 공동체 역량
							학생부 종합	활용	활용	활용	일부	
							논술 전형	활용			활용	
						정시	수능 위주				활용	
							수능+ 교과	활용		일부	활용	

엄마가 해야 할 일은 앞의 표에 있는 내용을 공부하면서 자녀의 도우미 역할을 하는 것이다.

첫째, 학교 교육과정에 대해 이해하고 아이 진로진학에 맞는 과목 선택을 돕는 '교육

과정 도우미 역할', 둘째, 수업-평가-기록을 이해하고 학생 참여수업과 수행평가 활동 자료 등을 아이에게 찾아주고 도와주는 '학교교육활동 도우미 역할', 셋째, 학생부 작성이 어떻게 되는지 이해하고 우수한 학생부 작성이 되도록 아이 활동을 돕는 '학생부 도우미 역할', 넷째, 수능에 대한 이해를 바탕으로 전국연합학력평가와 모의수능평가를 이해하고 돕는 '수능 도우미 역할', 다섯째, 입시 경향과 결과에 대한 이해를 바탕으로 입시 전략을 이해하거나 만들 줄 아는 '입시 도우미 역할' 등이다.

이 책은 엄마가 해야 할 일의 전반적인 기초 내용을 다루고 있다. 인생에 답이 없듯이 입시에도 답이 없다. 그냥 열심히 공부하는 것이 답이다.

2 이 책은 어떤 부모에게 도움이 될까?

오늘날 우리 사회는 부모의 경제력과 학생이 거주하는 아파트의 위치에 따라, 공교육과 사교육의 접근 수준에 큰 차이가 발생하고 있다. 이러한 양질의 교육 접근성의 차이를 우리는 교육격차라고 부른다. 이를 해소하기 위해 교육부와 각 시도 교육청에서는 다양한 정책과 예산을 투입하며 많은 노력을 기울이고 있다.

필자는 가르치는 교사로서, 그리고 자녀를 키우는 부모로서 이 같은 교육환경의 격차를 줄이는 데 조금이나마 기여하고 싶다. 교육격차가 완화되어 더 많은 아이들이 보다 나은 환경에서 자신의 잠재력을 발휘하고, 원하는 대학과 학과에 진학하여 자신이 꿈꾸는 분야에서 직업을 가지고 행복한 삶을 살아가기를 진심으로 바란다. 교육환경의 격차를 해소하는 데 내가 할 수 있는 일은 무엇일까? 어떻게 하면 더 많은 아이들에게 실질적인 도움을 줄 수 있을까? 이 질문이야말로 필자가 교육자로서, 부모로서 이 책을 쓰게 된 출발점이기도 하다.

오래전부터 필자는 "올바른 자녀로 키우면서, 아이가 원하는 대학과 학과에 보내는" 책을 써보고 싶었다. 이 책은 단순한 입시 지침서가 아니라, 자녀의 인성과 성장, 학업과 진로, 부모의 역할과 교육관을 함께 고민하는 부모를 위한 책이다.

자녀를 올바르게 자라게 하고 싶지만, 현실에서는 불안감을 느끼는 부모, 많은 학원을 보내지 않더라도 자녀를 잘 키우고 싶은 부모, 좋은 학원만 믿고 의지하며 불안한 마음을 감추려는 부모, 사교육비를 줄이면서도 교육의 본질을 지키고자 하는 부모, 또는 자녀가 의대에 적성과 학업 능력을 갖췄음에도 부모로서 도울 방법을 몰라 막막한 부모—이 책은 이런 모든 부모들에게 작은 길잡이가 되기를 바라는 마음으로 쓰였다. 이 책은 공부하는 자녀와 함께 성장하기 위해, 교육과 진학을 공부하고자 하는 부모를 위한 책이다.

이 책의 내용 중 일부는 용어나 개념이 다소 낯설게 느껴질 수 있다. 그러나 교육과 진학에 대한 의지가 있는 부모라면, 낯선 개념에 주저하지 않고, 차근차근 읽고 의미를 찾아가며 이해해 나갈 수 있을 것이다. 그것은 자녀가 매일 학교에서 해내고 있는 공부에 비하면 결코 어려운 일이 아니다. 만약 이 책의 내용을 이해하려는 노력을 하지 않고, 어렵다는 이유로 그냥 넘긴다면, 부모가 자녀에게 해줄 수 있는 일은 결국 좋은 성적을 바라거나 좋은 학원과 사교육 선생님을 연결해주는 역할에 머물 수밖에 없다. 물론, 사교육은 특정 과목의 성적 향상에 긍정적인 기여를 할 수 있다. 하지만 부모가 교육과 진학에 대한 기본적인 이해를 갖게 되면, 자녀의 이야기를 더 깊이 듣고, 함께 고민하며, 진로를 함께 설계하는 동반자가 될 수 있다.

이 책은 부모가 자녀의 교육 여정에 더 적극적으로 참여할 수 있도록 돕고자 한다. 책을 읽고 이해하려는 과정 속에서, 자녀와의 대화와 공감, 그리고 함께 노력하는 기쁨을 발견하게 되기를 바란다.

자녀와 조금이라도 더 행복한 시간을 보내고, 함께하는 순간을 더 많이 갖고 싶다면, 부모는 교육과 진학에 대해 더 많이 이해하고 공부해야 한다. 고등학교 3년은 단순한 학교생활이 아니라, 대학 입학이라는 무대에 이르기까지 치밀하게 준비되어야 하는 오케스트라 공연과 같다. 이 공연에서 악기를 연주하는 주인공은 아이 자신이지만, 훌륭한 연주를 위해서는 유능한 지휘자가 반드시 필요하다. 때로는 자녀가 연주자이자 지휘자 역할까지 떠맡아야 하기도 하고, 담임교사나 사교육 선생님이 지휘자가 되기도 한다. 그러나 자녀의 성장과 진로를 가장 깊이 이해하고, 가장 오래 곁을 지킬 수 있는 사람은 바로 부모다. 그래서 고교생활과 대학입학이라는 인생의 큰 연주를 함께 지휘하고 싶은 부모에게 이 책을 권한다. 부모가 자녀의 든든한 지휘자가 되어줄 수 있다면, 자녀는 훨씬 더 안정되고 조화로운 선율로 자신의 미래를 연주해 나갈 수 있을 것이다.

많은 부모가 자녀의 교육에 관심을 갖는 가장 현실적인 이유는, 의대를 비롯한 우수한 대학 진학을 바라는 마음 때문이다. 필자 또한 부모로서, 오랜 시간에 걸친 자녀의 공부 여정을 돕고자, 육아·교육·진학이라는 세 영역을 유기적으로 연결한 책을 쓰고자 한다. 육아에서 시작해 초등학교, 중학교, 고등학교를 거쳐 대학 진학에 이르기까지, 이 모든 과정을 하나의 흐름으로 이해하려면 일관된 지식과 관점이 반드시 필요하다. 그러나 대부분의 책이나 정보는 이 각각의 단계를 따로따로 다루고 있어, 부모 입장에서 전체 교육 여정을 연결해 이해하기란 쉽지 않다. 과연 누가 육아부터 대학 진학까지의 흐름을 꿰뚫는 통합적 안목으로, 부모에게 실질적인 정보를 제공해 줄 수 있을까? 이 책은 바로 그 질문에 대한 응답이 되고자 한다.

육아는 육아를 실제로 경험한 부모가 가장 잘 알고, 초등학교·중학교·고등학교 교육은 해당 학교의 교사나 초·중등 교육 전문가가 가장 잘 이해하고 있다. 대학 진학에 대해서는 고3 담임교사, 대학 입시 관계자, 그리고 입시 기관 전문가들이 풍부한 지식을 가지고 있다. 비록 본 저자는 이 모든 분야의 전문가는 아니지만, 아이를 집에서 직접 키우며 육아를 공부하고 실천하려 노력해 왔고, 두 자녀를 어린이집부터 유치원, 초등학교, 중학교, 고등학교에 이르기까지 보내면서 각 교육 단계의 특성과 흐름을 체험적으로 이해하고자 노력해 왔다.

동시에 고등학교 교사로서 실제 진학지도를 수년간 경험하며, 입시 현장에서 학생과 부모의 고민을 가까이에서 마주해 왔다. 필자는 이처럼 육아, 교육, 진학의 전 과정을 통합적으로 바라보는 관점과 경험을 가지고 있으며, 그것을 나누고자 한다. 열심히 공부하고 고민한 끝에 이 책을 통해 세 영역을 하나의 흐름으로 연결하고자 했고, 그 안에 담긴 생각과 정보들이 많은 부모와 아이들에게 실질적인 도움이 되기를 진심으로 바란다.

평범한 보통의 부모들이 교육과 진학에 대해 더 많이 알고자 노력한다면, 아이들은 학교의 도움뿐만 아니라 가장 가까운 부모로부터도 교육과 진로에 대한 든든한 지원을 받을 수 있는 기회를 얻게 된다. 이 책은 바로 그런 부모들의 노력에 조금이라도 힘이 되고자 하는 마음으로 쓰였다. 육아, 교육, 진학이라는 길지 않은 듯 길고, 익숙한 듯 낯선 여정을 함께 걷고자 하는 모든 부모에게 이 책이 따뜻한 안내서이자 응원의 메시지가 되기를 바란다.

2024년 어느 겨울밤, 서울대학교 생명과학부 수시 하나를 제외하고 의대 수시 지원서 5장이 한순간에 모두 불합격으로 돌아온 그날의 쓰라림을, 필자는 부모로서 온몸으로 경험했다.

그 깊은 밤의 아픔이, 다른 부모에게는 조금이라도 덜 찾아오기를 바라는 마음으로 이 책을 쓰기 시작했다. 그리고 시간이 흘러, 큰아들이 부산대학교 의과대학, 울산대학교 의과대학에 합격하고, 의대 증원으로 인해 1년 6개월 동안 의대 수업이 멈춰섰던 시간을 지나 이제 경우 정상화을 시작하고 있는 지금까지 이 책과 함께 하고 있다. 우리는 종종 대학 합격의 기쁨은 주변에서 쉽게 접하지만, 그 이면의 실패와 쓰라림은 잘 만나지 못한다. 이 책은 진학지도에 한 번은 아픔을 겪었지만 끝내 성공을 이룬 부모의 이야기이자, 수많은 학생들의 진로와 진학을 함께 고민해 온 교사의 이야기이기도 하다.

3 자녀를 키우는 부모가 꼭 알아야 할 육아 원칙은?

여기에 소개하는 육아 원칙은 수많은 육아서를 읽으며 마음에 깊이 남았던 내용들을 토대로 정리한 것이다. 대부분은 20여 년 전에 읽었던 책들에서 얻은 지혜로, 지금은 책 제목도 가물가물하지만, 당시에는 큰 도움이 되었던 내용들이었다.

이제 그 기억을 다시 꺼내어, 오늘도 아이 키우기에 고군분투하는 부모들에게 전하고자 한다. 되돌아보면, 육아는 '공부하는 부모'가 만들어가는 삶의 여정 그 자체였다.

이 원칙들이 작은 참고가 되어, 조금이라도 자녀 키우는 길이 덜 외롭고 덜 막막해지기를 바란다.

■ 기억해 두면 좋은 육아 원칙

- 아이의 잠재력과 교육 시기에는 '체감의 법칙'이 있다.
- 세 살 이전의 영아기는 대량 입력의 시기로, 풍부한 자극을 아낌없이 제공하라.
- 일상생활의 모든 순간에서 아이가 '주인공'이 되도록 하라.
- 일상은 곧 학습이며, 놀이다.

- 언어 발달 수준은 지능지수와 거의 일치한다.
- 아이가 즐거워하는 것을 배우게 하라. 흥미는 최고의 학습 동기다.
- 가정환경은 아이의 심리·지능 발달에 결정적이다.
- 인간의 뇌세포는 160억 개이며, 청각·시각·촉각 자극을 통해 발전하고 진화한다.
- 0~3세는 뇌세포 발달의 황금기이며, 초등학교 1학년까지 두뇌의 총명함이 결정된다.
- 운동 능력도 일찍 시작할수록 향상의 폭이 크다.
- 아이에게는 정확한 발음, 선별된 어휘, 올바른 문법을 사용하라.
- 아이의 질문에는 논리적이고 과학적인 태도로 답변하라.
- "오른손으로 벌을 주고 왼손으로 안아준다"는 균형 잡힌 양육의 태도를 지녀라.
- 책을 읽는 힘은 중학교 2학년 무렵부터 학교 공부로 연결되기 시작한다.
- 언어가 수직적으로 발달하는 시기를 놓치지 말고, 그 시점에 적절한 언어 환경을 제공하라.
- 37~72개월은 독립적으로 책을 읽기 시작할 수 있는 시기다.
- 아이가 밤새도록 책을 읽어달라고 한다면, 그 밤을 함께 지새울 각오를 하라.
- 영재의 특징은 빠른 언어 습득, 조기 독서, 강한 호기심, 뛰어난 기억력과 유머감각, 상상력, 집중력, 향상심 등이다.
- 클래식 음악은 기억력과 집중력을, 악기 학습은 공간 추리력을 향상시킨다.
- 피아노 연주는 눈(악보), 귀(음정), 손(건반), 발(페달)의 종합 훈련이다. 전뇌 발달에 좋다.

더 깊이 있는 육아 공부를 하고 싶은 부모는 이 책의 마지막에 수록된 참고문헌 목록을 참고하여, 직접 책을 구입해 읽어보는 것을 권한다. 꾸준히 공부하는 부모야말로, 아이에게 줄 수 있는 최고의 환경이다.

4 ▶ 공부를 잘하는 아이들이 의대를 꿈꾸는 이유는?

한국은행의 《초저출산 및 초고령화 사회: 극단적 인구구조의 원인·영향·대책》이라는 심층 연구 보고서에 따르면, 저출산의 주요 원인은 경쟁 압력, 고용 불안, 주거 불안, 양육 부담 등 미래에 대한 전반적인 불안으로 나타났다.

공부를 잘하는 아이들이 의대를 선택하는 이유 역시 이와 다르지 않다.

그들도 사회가 해결해주지 못하는 불확실한 미래를 마주하면서, 뛰어난 학업 역량과 노력으로 자신만의 해법을 찾으려는 개인적 선택을 하는 것이다. 의대 진학은 단지 직업의 선택이 아니라, 미래를 안정적으로 설계하기 위한 생존 전략이 된 현실을 반영한다. 그러나 문제는, 이러한 개인적 해법이 반복되면서 사회 전반이 '의대 블랙홀' 현상을 겪고 있음에도, 정작 우리 사회는 이를 넘어서려는 구조적·제도적 해법을 제시하지 못하고 있다는 점이다.

의대를 향한 쏠림을 한탄하기 전에, 우리는 경제·사회·문화·교육 전반에 걸친 근본적 개혁과 여건 개선에 힘써야 한다. 한국은행의 보고서가 제시하듯, 사회의 미래 안정성을 높이는 것 자체가 교육 선택의 다양성과 균형을 회복하는 길이다.

'의대 블랙홀' 현상이 사회 전체적으로 바람직하지 않다는 점은 분명하다. 그러나 한 편으로는, 공부가 개인 생존의 주요한 수단이 되어버린 현실 또한 우리가 외면할 수 없는 사실이다. 프랑스의 신학자이자 철학자인 앙토냉 질베르 세르티양주(Antoine Gilbert Sertillanges)는 《공부하는 삶》에서 이렇게 말했다.

"우리는 공부를 하려고 할 때마다, 토마스 아퀴나스를 비롯한 많은 성인들이 그랬듯이 기도부터 시작하자. 우리의 공부가 건전한 것이기를, 누구에게도 해를 끼치지 않기를, 그리고 우리가 자신뿐 아니라 공동체 전체에 이바지할 수 있기를 기도해야 한다."

이 말은 공부가 단지 개인의 성취를 넘어, 공동체와 더 나은 미래를 향해 나아가는 도구여야 함을 다시 일깨워 준다. 비록 지금은 공부가 곧 생존의 도구로만 여겨지는 시대를 지나고 있지만, 언젠가는 의대 쏠림의 시대가 끝나고, 공부와 진로가 선순환을 이루는 시대가 다시 올 것이라는 희망을 품어본다. 그 희망이, 지금 이 책을 읽는 부모와 아이들에게 작은 위로와 방향이 되기를 바란다.

공부가 어떠한 것이어야 하는지에 대해 앙토냉 질베르 세르티양주가 말한 바를 믿을 수 있다면, 우리는 그 믿음 안에서 행복할 수 있다. 필자 역시 그 믿음과 행복을 바탕으로, 의대를 희망하는 학생과 부모에게 작은 정보와 방향이라도 전하고 싶다는 마음으로 이 책을 쓰게 되었다. 더 나아가, 이 책이 단지 입시 정보에 그치지 않고, 아이들이 의학을 진심으로 사랑하는 학문으로 받아들이기를 바란다. 또한 대학이 요구하는 인재상에 부합하기 위해 더 많이 고민하고, 무엇보다 의학이 다루는 '생명'이라는 주제 앞에서 경외심을 느끼는 가치관을 갖게 되기를 희망한다. 그러한 희망이 이루어질 때, 이 책 또한 공동체에 작게나마 기여하는 책이 될 수 있으리라 믿는다.

5 ▶ 좋은 고등학교란 어떤 학교일까?

처음으로 '교사'라는 직업을 생각했던 그 시절 이후, 다시금 '교육'이라는 개념을 깊이 되새기게 되었다. 예전보다 이제는 교육에 대해 조금 더 알게 된 것 같다.

《교육과정 총론》,《교육과정-수업-평가-기록 일체화》,《민주주의와 교육》,《교육의 목적과 난점》 같은 책들을 읽으며, 교육의 목적과 의미에 대해 다시금 성찰할 수 있었다. 그 과정에서 깨닫게 된 것은, 교육의 목적이란 단지 교육만의 문제가 아니라, 공부의 목적, 학문의 목적, 나아가 삶의 목적과도 밀접하게 닿아 있다는 사실이다. 개인적으로는 미국의 교육철학자 존 듀이(John Dewey)가 말한 다음의 견해에 깊이 공감한다.

"교육의 목적은, 학생이 자기 자신의 교육을 계속해 나갈 수 있도록 돕는 데에 있다."

좋은 고등학교란 무엇인가에 대해 고민하는 지금, 그 물음은 곧 학생이 자기 주도적으로 성장할 수 있도록 도울 수 있는 학교인가라는 질문과 같다고 느껴진다.

그렇다면 교육의 목적을 실천하고 있는 학교는 어떤 모습일까? 세상에서 학교만큼 복잡한 구조와 기능을 동시에 수행하는 공간도 드물다.

국어, 영어, 수학, 사회, 과학, 체육, 예술, 교양 등 다양한 교과 활동을 비롯해, 자율활동·동아리·봉사·진로로 구성된 창의적 체험활동, 학교의 고유한 색깔을 반영한 특색활동, 그리고 보이지 않는 곳에서 끊임없이 돌아가는 교육행정활동까지 이 모든 것이 학급

단위로, 하루를 기준으로, 계절별로, 학기별로, 3년 동안 동시다발적으로 반복된다. 이러한 활동 하나하나는 성격도 다르고, 내용과 방법도 다르며, 교과마다 요구하는 사고방식과 역량도 서로 다르다. 학생들은 매일 익숙하지만 낯설고, 반복되지만 매번 다른 하루를 살아낸다. 게다가 이 모든 과정 위에, 학생 개개인의 진로와 진학이라는 무거운 과제가 함께 얹혀 있다. 정신을 조금만 놓쳐도 하루가 순식간에 지나가 버리고, 한 번 흐름에서 이탈하면 다시 따라잡기 어려운 그런 긴장과 밀도가 가득한 공간이 바로 학교다.

그러나 어쩌면, 이 복잡함을 있는 그대로 경험하는 것 자체가 교육일지도 모른다. 그렇다면 학교는 매 순간, 매 시간마다 교육의 진수를 실현하고 있는 곳이다.

학교는 교육과정과 진로진학이라는 두 축이 공존하는 공간이다. 이 두 영역은 서로 다른 방향성과 목적을 지니고 있으며, 학생의 삶 속에서 끊임없이 교차하고 연결된다. 교육과정은 개인을 넘어 공동체와 인류라는 더 큰 관점에서, 학생들이 반드시 배워야 할 내용과 가치를 국가가 정리한 공적이고 방향성 있는 교육 내용이다.

이는 공동체의 지속 가능성과 사회적 통합을 위한 최소한의 합의로, 학생들이 어떤 인간으로 성장해야 할지를 제시하는 교육의 지도이자 철학의 선언이라 할 수 있다. 반면 진로진학은 개인과 학교라는 보다 현실적이고 구체적인 차원에서 출발한다.

학생의 가치관, 적성, 성격, 능력을 고려하고, 대학이 요구하는 인재상과 사회가 요구하는 역량에 부합하도록 준비하며, 행복한 삶과 경제적 안정이라는 목표를 향해 나아가는 삶의 전략이다. 진학은 입시 제도를 통과하는 과정을 포함하며, 필요에 따라 효율적인 사교육의 도움을 받기도 하고, 최종적으로는 원하는 대학과 학과에 진학해 자신에게 맞는 직업을 찾고, 사회 속에서 의미 있는 삶을 영위해 나가는 일련의 과정이다.

교육과정과 진로진학이 함께 존재하는 현실 속에서, 과연 '좋은 학교'란 어떤 학교일까?

오늘날 이 질문에 대한 대답은 누가 답하느냐에 따라 크게 달라진다. 일부 교사들은 교육학적 관점에서, 교육과정 중심의 이상을 이야기할 것이고, 많은 학생과 학부모는 대학 입시를 기준으로 한, 보다 현실적인 관점을 내놓을 것이다. 그러나 이러한 답들은 각자의 입장에 따른 조각난 단면일 뿐, 교육공동체 전체의 관점을 고려하지 않는 한 완성된 답이 되기는 어렵다. 그렇다면 답을 하나로 확정짓기 어려울 때, 우리는 어떻게 해야 할

까? 완벽한 정답이 존재하지 않는 상황에서는, 이상과 현실을 모두 존중하며, 각기 다른 관점에서 제시된 답들을 조율하고 균형을 잡아가는 것이 현실적인 해법이 될 수 있다.

가장 이상적인 답은, 교육과정이 담고 있는 교육적 철학과 목적 안에 있고, 가장 현실적인 답은, 세상 속에서 자신의 삶을 꾸려가는 학생과 그 곁에 있는 학부모의 시선 속에 있다. 결국, 좋은 학교란 이 이상과 현실의 접점을 찾고, 교육의 본질과 삶의 방향 사이에서 조화를 이뤄나가는 학교일 것이다.

오랫동안 나는 '좋은 학교란 무엇일까?'라는 질문을 품고 살아왔다. 답을 찾지 못한 시기도 있었고, 찾은 답이 틀렸음을 뒤늦게 깨달은 순간도 있었다. 그리고 지금 마음속에 있는 이 답 역시 완전한 정답이라고는 생각하지 않는다. 그럼에도 불구하고 현실은 답을 요구한다. 그래서 지금 내가 생각하는 '좋은 학교'란, "교육과정이 진로진학으로 실현되는 학교", 즉, 교육의 이상이 교육의 현실로 연결되는 학교라고 말하고 싶다.

그러한 학교는 교육 이상과 현실 사이의 간격을 좁혀주는 역할을 해야 한다. 하지만 이 간격을 좁히는 일은 결코 단순하지 않다. 이상을 포기하고 현실에 맞추는 것이 해결책이 될 수 없듯, 현실을 무시하고 이상만을 추구하는 것도 답이 되지 않는다. 중요한 것은, 간격을 없애는 것이 아니라, 간격을 인식한 채 최대한 좁혀가는 것이다. 여기서 착각이 생기기 쉽다. 이상을 버리는 일은 마치 답처럼 보이지만, 실제로는 해답이 아니다. 반면, 간격을 좁혀가는 과정은 당장은 답이 아닌 것처럼 보일 수 있지만, 그것이야말로 답을 향해 나아가는 유일한 길일 수 있다.

기나긴 긴 길을 걸어왔다. 36년 전, 처음 '교사'라는 직업을 떠올렸던 그때는 지금의 이 지점까지 오리라고는 상상하지 못했다. 수많은 시간을 돌고 돌아, 이제야 비로소 교육과 진학에 대해 스스로 깊이 생각할 수 있는 자리에 서게 된 것 같다. 자신만의 답은 누구도 대신 줄 수 없다. 책 속에도 정답은 없다. 다만, 그 답을 향해 나아가는 길 위에서 수많은 사람과 책이 소중한 도움을 줄 수 있을 뿐이다.

'좋은 학교란 어떤 곳인가'에 대해 어렴풋이 생각해 오던 나의 답에 확신을 가지게 된 계기는, 가정에서 큰아들이 고3이 되어 의대를 지원했다가, 거의 모든 수시에서 불합격할 뻔했던 그날 밤이었다. 그날의 감정은 나를 교육자이자 부모로서 다시 돌아보게 했고, 개인의 답과 공동체의 답이 자주 불일치하더라도, 결국은 그 둘이 공유할 수 있는 답을 함께 찾아야 한다는 믿음에 도달하게 해주었다.

이제 나는 이렇게 생각한다.

‘교육과정’에만 중심을 두고 진로진학을 소홀히 하는 학교도, ‘진로진학’에만 초점을 맞추고 교육과정을 형식적으로 운영하는 학교도, 모두 더 노력해야 할 여지를 가진 학교이다.

우리가 진정으로 추구해야 할 학교는 “교육과정이 진로진학으로 실현되는 학교” 그리고 “교육과정과 진로진학의 균형이 갖춰진 학교”이다.

지금 필자가 쓰고 있는 이 부족한 책이, 그러한 학교를 꿈꾸고 실천하려는 이들에게 조금이나마 의미 있는 길잡이로 남기를 진심으로 바란다.

2 성장하는 자녀와 함께하는 부모의 역할

1 ▸ 오래전의 예비 부모가 지금의 예비 부모에게

큰아들이 태아였던 시절, 초기에는 아버지로서 태교에 대해 잘 알지 못했다. 다행히 아내가 태아에 대한 교육의 중요성을 잘 이해하고 있었고, 그 덕분에 필자는 그녀의 설명과 행동을 통해 조금씩 태교를 배우고 실천할 수 있게 되었다.

아내는 태아를 위해 좋은 음악을 듣고, 책을 읽고, 늘 아이를 떠올리며 조용하고 따뜻한 하루하루를 보냈다. 필자는 초반에는 그런 태교의 의미를 깊이 체감하지 못했지만, 후반기로 갈수록 태교란 단순한 행동이 아니라 '태아와 함께 존재한다'는 마음의 상태라는 걸 점점 깨닫게 되었다. 좋은 음악을 들려주고, 좋은 책을 함께 읽고, 건강하고 따뜻한 음식을 준비하며 아이를 생각하는 그 모든 순간이, 태아에게는 분명히 마음으로 전해지는 울림이 있었을 것이라 믿게 되었다.

자녀를 키우는 일에는 언제나 그렇듯이, 태교에서도 아빠의 역할은 매우 중요하다. 태교 시기에 아빠는 자녀를 위해 할 수 있는 모든 노력을 기울여야 한다. 아내의 배를 쓰다듬으며 태아와 대화를 나누고, 좋은 음악을 들려주고, 책을 읽어주는 일은 아빠가 꾸준히 실천할 수 있는 태교의 방법이다. 아이가 바르게 자라고 지적으로 건강하게 성장하기 위해서는 엄마의 노력만으로는 충분하지 않다. 아빠가 함께할 때, 아이의 마음과 잠재력은 훨씬 더 풍부하게 자라난다.

요즘처럼 대부분의 엄마가 태교에 열심인 시대에는, 아빠의 태교 참여 여부가 아이의 정서와 인지 발달, 더 나아가 미래의 삶에까지 큰 영향을 미친다. 모든 태아가 정서적으로 안정되고 인지 능력이 향상된다면, 그것은 개인과 가정을 넘어 사회 전체에도 유익한 일이다.

세상 모든 부모가 아이를 잘 키우기를 바라는 이 시대에, 만약 아이를 키우는 일이 엄마의 몫으로만 여겨진다면, 그것은 곧 아빠는 아이를 잘 키우길 원하지 않는다는 말과 다르지 않다고 생각한다. 직장 업무로 바빠 집에서 아이와 보내는 시간이 부족한 많은 아빠가 자녀가 고등학교 3학년쯤 되었을 때 비로소 관심을 보이기도 한다. 그러나 너무 늦은 시기에 나타난 아빠의 관심은 아이에게 큰 도움이 되기 어렵고, 오히려 부담으로 다가올 수도 있다.

모든 아빠가 바쁘고 지치겠지만, 아이의 더 나은 삶을 위해서는 태아 시기부터 엄마와 함께 아이를 키운다는 마음가짐이 필요하다. 엄마가 하는 태교에 아빠의 태교가 더해진다면, 아이의 정서와 인지 발달은 더욱 풍부해질 수 있다. 엄마 혼자 할 때보다 두 사람이 함께 노력한다면, 그 효과는 분명 더 클 수밖에 없다.

자녀의 미래를 걱정하는 부모라면 육아 책을 읽어야 한다. 그것은 아이에 대한 부모의 중요한 책임이자 의무이다. 지금까지 여러 육아 책에서 도움을 받았고, 우리 부부가 직접 겪은 육아 경험을 바탕으로 정리해 보면, 부부가 함께 실천할 수 있는 태교의 핵심 원칙은 다음과 같다. 물론 세상의 많은 아빠가 태교에 열정적으로 동참하기란 쉽지 않겠지만, 태교는 아빠가 반드시 함께해야 할 중요한 일임을 잊지 말자.

- 엄마는 좋은 음악이나 자신이 좋아하는 음악을 꾸준히 들으며 정서적 안정을 유지해야 한다.
- 아빠는 태아가 있는 엄마의 배를 자주 마사지해 주고, 좋은 태교 동화책을 소리 내어 읽어주어야 한다.
- 아빠는 엄마와 함께 태아를 위해 가까운 자연환경 속, 공기 좋은 곳으로 자주 산책하러 나가야 한다.
- 아빠는 태아를 위해 맛있고 영양가 있는 음식을 엄마에게 정성껏 차려 주어야 한다.
- 아빠는 임신한 엄마의 감정과 입맛을 세심히 배려하며, 태아가 편안한 환경에서 자랄 수 있도록 노력해야 한다.

2 영·유아 시기에 부모가 해야 할 일

■ 아기의 인성과 잠재력을 위해 부모가 알아야 할 것

육아 연구 학자들에 따르면, 아이들의 발달 시기는 다음과 같이 구분할 수 있다고 한다.

의존기(0-12개월), 걸음마 시기(13-18개월), 어휘력 급증 시기(17개월), 제1반항기(18-36개월), 젖병 떼기(19개월), 대소변 가리기(24-32개월), 문자성숙기 시기(3세), 한글 습득 시기(19-36개월), 대량 입력 시기(3세 이전), 진정한 의사소통시기(만3세), 협동놀이 시기(36개월 이후), 독립적 책읽기 시기(37개월 이후), 황금시기(36-48개월) 활발한 상상력 시기(3세~10세), 균형기(60-72개월), 취학전 시기(8세 전)로 구분할 수 있다고 한다.

부모는 아이의 발달 시기를 잘 이해하고 이 단계에 따라 중요한 내용을 집중적으로 아이에게 해주어야 한다. 부모가 아이의 시기에 맞게 많은 노력을 하면 분명히 아이들은 바른 품성과 좋은 능력을 갖추게 될 것이고, 초중고 시기에는 뛰어난 학습력을 발휘할 가능성이 높아질 것이다.

우리 부부의 경우도 그랬지만, 대부분의 부모에게 아이를 낳고 기르는 일은 처음 겪는 일이다. 부모 모두가 사회적 활동에 많은 시간을 쓰는 요즘과 같은 사회에서는, 아이의 인성과 잠재력이 형성되는 중요한 시기를 제대로 인식하고 잘 키운다는 것이 정말 어려운 일이다.

처음 시행하는 사회제도가 실패를 겪을 수 있듯이, 처음 아이를 키워보는 부모 역시 시행착오를 겪을 수밖에 없다. 그러나 부모든 사회든 더 나은 성장을 이루기 위해서는 이러한 실패를 줄이고 최소화하는 노력이 필요하다. 이를 위해서는 지식과 경험이 잘 전달되는 사회적 구조가 갖춰져야 하며, 가정 또한 예외는 아니다. 부모의 지식, 경험, 그리고 사랑이 아이에게 자연스럽게 전해지는 가정이야말로, 아이의 건강한 성장을 돕는 가장 든든한 기반이 될 수 있다.

■ 영·유아기 부모가 할 일

영유아기 시기에 가장 중요한 것 중 하나는 부모와 자녀 간의 신체 접촉이다. 생물학적 신체 접촉을 충분히 경험하며 자란 영유아는 정서적으로 안정되고, 인성과 인지 발달 측면에서도 긍정적인 영향을 받을 가능성이 크다. 하지만 이러한 신체 접촉은 부모에게 상당한 체력 소모를 요구한다.

아무리 아이를 사랑하는 마음이 크다 해도, 엄마 혼자 온종일 아이와 신체적으로 밀접한 접촉을 유지하는 데는 한계가 있다. 실제로 엄마가 1시간 동안 아이를 안거나 업는 일만으로도 체력 소모는 상당하다. 그렇기 때문에 신체적으로 더 여유가 있는 아빠의 역할이 중요해진다.

아빠가 아이와의 신체 접촉 시간을 의식적으로 늘리게 되면, 부모 전체의 신체 접촉 양도 자연스럽게 증가하게 된다. 이는 아이에게 정서적 안정감을 더욱 풍부하게 제공하는 방법이 된다.

다음으로 영양가 높은 신선한 음식을 이유식 형태로 아이에게 정성껏 먹이는 것이 매우 중요하다. 매일 적정량의 육류와 신선한 채소를 간단하게 조리해 이유식을 만들어 주는 습관은, 아이가 건강하게 자라고 바른 품성과 총명함을 갖추는 데 큰 도움이 될 수 있다.

이유식을 엄마가 직접 해주면 좋지만, 상황이 여의찮다면 아빠가 기꺼이 나서는 것도 좋은 선택이다. 아이를 잘 키우는 일에는 엄마의 역할도 크지만, 때로는 아빠가 더 많이 참여해야 할 일들도 있다. 누가 더 많이 하느냐보다 중요한 것은, 부모가 함께 책임을 나누고 실천하는 마음가짐이다.

영유아 시절에 특히 아빠가 할 일은 주말에 도서관에 가서 좋은 그림책을 찾아내 매일 밤 잠들기 전 아이에게 읽어주는 것이다. 마쓰이 다다시가 쓰고 이상금 교수가 엮고 한림출판사가 펴낸 1996년 《어린이와 그림책의 세계》이라는 책은 좋은 그림책을 찾는 눈 밝은 독자를 위하여 쓰여진 책이다. 엮은이 이상금 교수는 이 책을 통해서 그림책을 선택하는 바른 지혜를 독자들에게 주고자 하였다. 부모라면 반드시 일독해야 할 책임이 틀림없다. 다음 내용은 《어린이와 그림책의 세계》에서 부모들이 꼭 알아야 할 내용을 일부 발췌한 것이다.

이 책은 자녀에게 좋은 그림책을 보여주고 읽어주고 싶은 부모라면 반드시 일독해야 할 좋은 책이다.

- 예술적으로 뛰어난 그림책이 좋다.
- 독서력은 유아기에 얼마나 좋은 그림책을 접하느냐, 그래서 풍부한 상상력을 키우느냐에 의해 결정된다.
- 그림책을 읽어주고 난 후 아이를 그대로 내버려 두어야 한다. 일부러 질문할 필요가 없다. 자연스러운 대화는 괜찮다.
- 어른은 그림책을 펴들면 글자부터 읽지만, 아이들은 그림책을 펴면 그림부터 본다.
- 앞표지부터 끝표지에 이르기까지 하나의 세계가 펼쳐지는 그림책이 좋다.
- 아이에게는 시적인 말을 많이 해주어야 한다.
- 책을 보며 말하듯이 읽어주는 것이 좋다.
- 아이가 쉽게 들어갈 수 있는 이야기와 그림이 많은 그림책이 좋다.
- 그림을 보면서 저절로 줄거리를 읽어낼 수 있는 그림책이 좋다.
- 생활의 언어와 문학의 언어를 일치시키면 좋다.
- 책을 읽어주는 부모의 목소리가 아이를 키운다.
- 초등학교 이후에도 읽어주기를 계속 해야 한다.
- 아이들은 마음에 드는 책을 몇 번이고 반복해서 읽고 싶어 한다.
- 유아기 교육 중에 중요한 것은 '귀'를 통한 것, 따뜻하고 풍부한 언어를 많이 듣고 자라는 일이다.

출처 : 「어린이와 그림책」 – 마쓰이 다다시 지음/이상금 엮음

3　초등학교 시기에 부모와 아이가 함께해야 할 일

지금 우리는 한 번도 경험해 본 적 없는 저출생 시대를 살아가고 있다. 현재 전국에는 6,175개의 초등학교가 있으나, 저출생의 영향으로 그 수는 계속 줄어드는 추세다.

초등학교는 국립, 공립, 사립으로 구분되며, 학교 배정은 주소지 관할 동사무소에서 담당하는 행정 업무를 통해 이뤄진다. 요즘은 아이의 초등학교 입학이 가정의 이사 결정 요인 중 하나가 되기도 한다. 일반적으로 좋은 아파트가 밀집된 지역에 위치한 초등학교

와 중학교는 선호 학군으로 여겨지며, 이러한 지역에 있는 초등학교는 높은 인기와 좋은 평판을 얻는다.

초등학교에 다니는 학생들은 학교 수업이 끝난 후 주로 방과후 프로그램이나 학원에 참여한다. 2004년부터 시작된 초등 방과후 프로그램은 현재 더욱 체계적이고 다양하게 운영되고 있다. 방과후 학교에서는 국어, 영어, 수학 등의 교과목 중 하나, 악기 중 하나, 그리고 한자나 요리와 같은 취미 프로그램 중 하나를 아이의 특성에 맞춰 수강하면 좋다. 맞벌이 부부인 우리에게는 초등 방과후 학교가 정말 고맙고 든든한 교육 제도였다. 아이는 몇 년 동안 바이올린, 피아노, 한자, 레고 등을 안전하게 배우고 즐길 기회를 가질 수 있었다.

앞쪽에 있는 "아이를 키우는 부모가 알면 도움이 되는 육아 법칙"을 보면, 음악과 악기에 관한 내용이 있다. 초등학교 시절에는 악기 하나쯤은 꼭 배우도록 권하고 싶다. 악기가 인생에서 차지하는 정서적 의미도 중요하지만, 중고등학교 음악 수업에서도 큰 도움이 된다. 더불어 고등학교 시절에는 악기를 다양한 활동에 유익하게 활용할 수 있으며, 대학 입학에도 긍정적인 영향을 줄 가능성이 크다. 특히 요즘처럼 융합수업과 융합 교과목이 강조되는 시대에는, 자신만의 취미나 강점을 하나라도 더 가지고 있는 것이 대학 합격에도 유리하게 작용할 수 있다.

큰아들과 작은아들은 모두 초등학교 시절에 대학교와 교육청의 과학영재원 과학반과 수학반을 수료했다. 아이가 3~4학년이 되면 영재학급과 과학영재원에 관심을 가져 보는 것이 좋다. 무리해서 영재원을 시도할 필요는 없지만 약간의 과학, 수학, 영어, 컴퓨터 재능이 있다면 주말에 학원 다닌다는 생각으로 접근하면 이점이 참 많다.

일부 초등학교에서는 3~4학년을 대상으로 영재학급을 운영하고 있고, 영재학급을 수료한 학생은 교육청 혹은 대학교 부설 과학영재 교육원에 들어갈 가능성이 커진다. 그래도 절대 부모의 과욕으로 영재원을 시도해서는 안 된다. 과학영재원은 서류전형, 영재성 검사, 과제해결 및 면접평가 등의 방식을 조합해서 최종 선발하는 경우가 많다. 수학.과학.영어.IT에 관심이 많고 잘하는 아이는 2~3학년 때부터 조금씩 준비해서 영재학급에 합격하거나 혹은 바로 과학영재원에 지원하여 합격 후 수업을 받으면 좋은 경험이 될 것이다. 영재원 입학을 위한 교수님과의 면접 경험과 영재원 수업 시 발표 경험은 대학 진학 및 대학 면접에서 자연스러운 준비와 도움이 된다.

큰아들과 작은아들 모두 운 좋게 몇 년간 대학 부설 과학영재원에 다녔다. 한 달에 한두 번씩 토요일마다 영재원 수업에 참여하는 일은 부모로서도 하나의 작은 즐거움이었으며, 동시에 사교육비 부담을 줄일 수 있다는 점에서도 의미가 있었다.

지금 돌이켜보면, 초등 시절 과학 교수님들과 면접을 보고 영재원에 합격했던 경험은 매우 소중했고, 이후 의대 면접을 준비하는 데에도 많은 도움이 되었던 것 같다. 10여 년 전 당시의 면접 질문은 유전자 조작의 미래, 자동차 후면 와이퍼의 유무 이유, 나침반 없이 방향을 찾는 방법, 도르래의 원리 등으로 구성되어 있었다. 특히 도르래의 원리가 적용된 물건의 예를 들어보라는 교수님의 질문에, 답이 떠오르지 않던 큰아이는 교실 안에 있던 블라인드를 보고 임기응변으로 그것을 예로 들어 좋은 결과를 얻었다. 어린 시절의 면접 경험이 훗날 대학입시 면접에까지 긍정적인 영향을 줄 수 있다는 사실을 지금은 알고 있지만, 그 당시에는 미처 알지 못했다.

영유아기 시절처럼, 초등학교 시절에도 아빠가 최대한 좋은 책을 많이 찾아내어 매일 밤 잠들기 전에 아이에게 읽어주는 것이 좋다. 초등학생 아이는 아빠가 읽어주는 책을 들으며 일상생활을 영위하는 동시에, 학교 도서관이나 집 근처 도서관을 찾아 스스로 책을 고르고 읽는 즐거움과 능력을 키워야 한다. 어린 시절의 책 읽기는 이후 하게 될 모든 공부의 기초가 된다.

뇌 과학 분야의 세계적 연구자인 인지신경학자 매리언 울프(Maryanne Wolf)는 "인류는 책을 읽도록 태어나지 않았다. 책을 읽는 모든 뇌는 성장 과정 내내 가소적인 상태에 있는 새로운 회로를 자신의 뇌에 구축해야만 한다. 깊이 읽기 과정은 우리가 지닌 가장 중요한 사유 능력인 유추와 추론, 공감, 비판, 분석의 많은 부분을 포함한다"라고 말하고 있다.

우리 부부의 아이는 세 살 무렵부터 종이접기를 무척 좋아해 중학교 시절까지 꾸준히 즐겼다. 가까운 문구점에서 색종이를 자주 사다 주었고, 아이는 그것으로 다양한 작품을 만들었나. 종이접기를 워낙 좋아해서 서울 종이나라박물관에도 종종 데려가곤 했다.

때로는 건치호랑이, 비무장지대의 곤충 등 독창적인 작품을 만들어 종이접기 대회에 응모하기도 했다. 종이접기는 피아노처럼 손가락을 섬세하게 사용하는 활동이기 때문에 뇌 발달에도 매우 긍정적인 영향을 준다. 하지만 뇌에 좋다는 이유로 어떤 활동을 억지로 시키기는 어렵다.

아이가 좋아하는 활동 가운데 뇌 발달에 도움이 되는 것이 있다면, 그 활동을 존중하고 적극적으로 도와주는 것만으로도 충분한 도움이 된다. 다만 유의할 점은, 목적을 위해 아이의 활동을 지나치게 수단화하지 않아야 한다는 것이다. 아이가 좋아하는 것을 진심으로 장려하고, 그 활동이 어떤 긍정적인 의미를 지니는지 부모가 이해하고 지원하는 자세가 중요하다.

요한 볼프강 폰 괴테(Johann Wolfgang von Goethe)는 '명심하라'라는 시에서 "올바른 목적에 이르는 길은 그 어느 구간에서든 바르다. 그대 일에 있어서 다만 바른 일만 행하라. 다른 건 저절로 이루어질 것이다"라고 말하였다.

4 ▶ 중학교 시기에 아이가 할 일

두 아들의 영유아기와 초등학교 시절을 돌아보면, 두 아이 모두 머리가 좋다는 생각이 들었다. 그러나 그 생각은 어느새 부모도 모르게 욕심으로 바뀌고 있었다. 그 욕심은 아이를 한국과학영재학교에 진학시키고 싶다는 희망으로 이어졌다. 아이에게 직접적인 강요는 하지 않았지만, 은근히 그 길을 선택하도록 유도했다. 전문학원에 다니지는 않았지만, 아이는 대체로 부모의 기대를 순순히 받아들이며 열심히 노력했고, 다양한 활동도 즐겼다. 그러나 중학교 2학년이 되면서 아이는 점차 자신의 정체성을 형성해 나갔고, 경험이 부족했던 부모는 그 정체성을 제대로 인지하지 못했다.

아들이 중학교 2학년이 되었을 무렵, 우리는 부모로서 자신의 욕심에 대해 솔직하게 이야기해야 할 시점이 되었음을 느꼈다. 그러나 부모보다 먼저 자신의 마음을 알아차린 아이는, 영재학교에 갈 실력과 능력이 자신에게는 없다고 단호하게 말했다. 부모에게 그렇게 단호하게 말한 것은 그때가 처음이었다. 그날 이후 우리 부부는 잠시 실의에 빠졌지만, 아이는 오랜만에 마음 편한 시간을 보냈다.

그렇게 한 달이 흐른 뒤, 우리는 비로소 오랜 부모의 욕심을 꿋꿋이 무너뜨린 아이가 참대단하다는 사실을 깨달았다. 비록 말로는 표현하지 않았지만, 영재학교 진학은 아이에게 큰 부담이었던 것이다. 부모의 바람은 때때로 아이에게 무거운 짐이 된다는 사실을 우리는 잘 알지 못했다. 이번 경험은 부모로서 뼈아프고 쓰라리지만, 동시에 감사한 실수였다.

큰아들은 사춘기 시기를 큰 어려움 없이 지나갔지만, 작은아들은 다소 예민하게 겪었다. 아이의 사춘기 예민함은 부모의 생활 태도와 일정한 관련이 있는 듯하다. 사춘기에는 어떤 조언이나 방법도 잘 통하지 않는다. 그 시기에는 그저 아이의 흐름을 따라가며 함께 걸어야 한다. 사춘기 동안 주도권은 철저히 아이에게 있다. 예전 어른들이 "피할 수 없으면 즐겨라"라고 말했듯, 아이의 사춘기도 결국 그런 시간이었다.

중학교 시기에는 사춘기를 건강하게 잘 보내는 것이 가장 중요하다. 그러나 동시에 학업 측면에서도 기본적으로 해야 할 공부는 해나가야 한다. 독서는 꾸준히 이어져야 하며, 과학, 영어, 수학은 아이의 학습 수준에 따라 선행학습이 필요한 때도 있다. 특히 과학과 수학은 일정 수준 이상의 선행이 이루어지지 않으면 고등학교에서 우수한 내신 성적을 받기 어렵고, 공부에 필요한 시간이 많아 다른 과목에도 부정적인 영향을 줄 수 있다. 다만 사춘기와 학업이 충돌하는 상황에서는 언제나 사춘기에 우선순위를 두어야 한다. 공부든 다른 무엇이든 사춘기를 이길 수는 없다. 공부는 언제든 다시 시작할 수 있지만, 사춘기는 그 시기를 잘 넘기지 못하면 다시 돌아오지 않는다. 부모는 이 점을 반드시 기억해야 한다.

물리학자 에르빈 슈뢰딩거(Erwin Schrödinger)는 《생명이란 무엇인가》라는 책에서 다음과 같이 말한다. "의식은 자기 자신과의 불일치와 불가분의 관계에 있다. 심지어 의식과 자기 자신과의 불일치는 말하자면 서로 비례한다. 이는 역설적으로 보이지만, 모든 시대와 사람들이 진실이라 증언해 온 가장 지혜로운 결론이다. 그러므로 우리는 극복하는 자이면서 동시에 극복 당하는 자이다. 실제로 삶은 끊임없는 '자기 극복'이다."

5　어린 시절에는 자유롭고 다양한 경험이 필요하다

아이의 적성과 진로는 선천적인 요인이 크지만, 후천적인 노력으로 다듬어질 수도 있다. 따라서 선천적인 적성과 진로를 최대한 살려 주는 것이 중요하며, 후천적으로 이를 다듬는 과정도 자연스럽게 이루어져야 한다. 고등학교 시기에는 사회적 요인이나 학교 성적에 따라 적성과 진로가 달라지기도 한다. 이처럼 변화할 수 있는 성격의 것이기에, 부모가 아이의 적성과 진로를 무리하게 만들어 내려 해서는 안 된다. 그렇게 되면 시간이 흐른 뒤 아이가 행복하지 않을 수 있다.

그런 결과는 결국 부모의 욕심에서 비롯된 것이며, 그에 대한 책임 또한 부모에게 있다. 아이의 인생은 아이 스스로 만들어 가야 하며, 부모는 그 여정을 존중하며 도와야 한다.

부모가 해야 할 일은 아이의 적성과 진로를 파악하고 이를 키워 주는 것이다. 오늘날과 같은 시대에 그 적성과 진로가 의학 분야와 관련되어 있다면 물론 반가운 일이지만, 그렇지 않다고 해서 결코 아쉬워할 일은 아니다.

부모는 아이의 적성과 진로를 가꾸고 다듬는 데 도움을 줄 수는 있지만, 그것을 완전히 바꿀 수는 없다. 따라서 적성과 진로를 조급하게 의대 진학 쪽으로 맞추려 하기보다는, 조금씩 천천히 다듬어 가는 것이 바람직하다. 특히 어린 시절에는 자유롭고 다양한 경험을 할 수 있도록 부모가 적극적으로 도와주는 것이 중요하다.

존 듀이(John Dewey)는 《경험과 교육》(Experience and Education, 1938)에서 "모든 진정한 교육은 경험을 통해 이루어진다"(All genuine education comes about through experience)라고 말한 바 있다.

우리 세대가 어린 시절을 보낼 때만 해도 사람의 지능을 판단하는 기준은 오직 하나, 지능지수(IQ)뿐이었다. IQ가 얼마인가가 중요했던 시대였다.

20여 년 전, 아이를 키우면서 육아 책을 읽던 중 하워드 가드너 교수의 다중지능이론에 관한 내용을 접하게 되었다. 다중지능이론은 1983년 미국의 하워드 가드너 교수가 제창한 이론으로, 인간의 지능은 단순하지 않으며, 논리·수학적 지능, 언어 지능, 공간 지각 지능, 신체 운동 지능, 대인 관계 지능, 음악 지능, 자기 성찰 지능, 자연 친화 지능 등 다양한 영역으로 구성된다는 내용을 담고 있다. 당시 처음 접했던 이 이론은 매우 신선하고 놀라운 통찰이었다.

그 당시 다중지능이론 덕분에 국영수 중심의 아이 교육에서 벗어날 수 있었다. 언어 지능, 공간 지각 지능, 신체 운동 지능, 음악 지능, 자연 친화 지능 등 다양한 영역을 아이가 골고루 갖출 수 있도록 노력했다. 만약 그 시절에 다중지능이론을 알지 못했다면, 내가 알고 있는 세상 외에 또 다른 세상이 존재한다는 사실을 깨닫지 못했을 것이다.

지금, 이 시점에서 돌아보면, 언제나 세상에는 내가 알지 못했던 또 다른 세상이 존재해 왔다. 중요한 것은, '내가 모르는 세상'이 있다는 사실을 인식하게 되는 순간, 지금의 답이 반드시 정답이 아닐 수도 있다는 것을 깨닫게 된다는 점이다. 답을 모르는 상태에서 진정한 답을 찾는 방법은, 그 답을 찾을 수 있도록 스스로를 최대한 자유롭게 놓아두는 것이다.

6 학령인구 감소의 시대

학령인구는 학령 아동의 총인원수를 말한다. 모든 세대가 저출생과 고령화를 처음 겪어보고 있다.

이 책은 의대 입시에 관한 책이므로, 저출생과 고령화 속에서 학령인구와 의대 입시를 관련지어 살펴볼 필요도 있다. 저출생이지만 고령화이기에 전체 인구는 서서히 줄어들지만, 학령인구는 지속적으로, 때로는 급격히 줄어든다. 학령인구가 줄어들더라도 AI와 같은 과학기술의 변화만 제외한다면, 어느 시기까지는 의대 지원자가 계속 증가할 가능성이 있어 의대 합격이 쉽게 되지는 않을 것이다.

의대 합격은 여전히 어려운 일이겠지만, 의사로서 사회에 첫발을 내디딜 즈음에는 의료서비스 경쟁이 지금보다 훨씬 더 치열해질 수도 있다.

아래에 학령인구 표이다. 학령인구 감소는 점진적으로 진행되다가도 어느 시기에는 급격히 나타나기도 한다. 이러한 학령인구 감소가 의대 입시에 미칠 영향에 대해서도 한 번쯤 생각해 볼 필요가 있다.

출처 : 교육통계 서비스(2024년 기준)

2024년생	2023년생	2022년생	2021년생	2020년생	2019년생	2018년생
242,334	230,028	280,765	310,726	336,156	280,765	310,726

2017년생	2016년생	2015년생	2014년생	2013년생	2012년생	2011년생
336,156	366,994	427,683	423,185	423,652	469,831	455,469

2010년생	2009년생	2008년생	2007년생	2006년생	2005년생	
450,371	427,411	442,317	388,077	347,826	321,731	

학령인구 감소와 함께 연도별 수능 응시 인원도 변화하고 있다. 저출생 시대를 반영하듯 고3 재학생 수는 지속해서 줄어드는 반면, 의대 쏠림 현상으로 인해 검정고시생과 N수생은 계속 증가하고 있다. 검정고시생은 내신을 포기하고 수능을 통해 대학 진학을 시도하는 경우가 많으며, N수생 중 상위권 학생들은 대부분 의대를 목표로 한다.

이에 따라 재학생이 수능에서 영역별 1등급을 받는 것이 점점 더 어려워지고, 수능 최저학력기준을 충족하지 못할 가능성도 커지고 있다.

출처 : 한국교육과정평가원

학생 \ 년도	2020학년도 수능	2021학년도 수능	2022학년도 수능	2023학년도 수능	2024학년도 수능	2025학년도 수능
재학	394,024	346,673	360,710	350,239	326,646	340,777
졸업생	142,271	133,070	134,834	142,303	159,742	161,784
검정고시	12,439	13,691	14,277	15,488	18,200	20,109
전체	548,734	493,434	509,821	508,030	504,588	522,670
재학생 비중	71.81%	70.26%	70.75%	68.94%	64.74%	65.2%
졸업생 비중	25.93%	26.97%	26.45%	28.01%	31.66%	31.0%
검정고시 비중	2.27%	2.77%	2.80%	3.05%	3.61%	3.8%
졸업생+검정고시 비중	28.19%	29.74%	29.25%	31.06%	35.26%	34.88%

수능 응시생 구성 측면에서 보면, 재학생 수는 줄어들고 있지만, 졸업생과 검정고시생은 늘어나고 있어 수능 전체 응시 인원에는 큰 변동이 없다. 그러나 이와 같은 구조에서는 재학생이 수능에서 영역별 1등급을 받기가 점점 더 어려워지고, 결국 재학생이 다시 재수를 선택하는 상황으로 이어지고 있다. 이러한 악순환의 고리는 일단 형성되면 쉽게 끊기지 않기 때문에, 구조적 변화 없이는 반복될 가능성이 크다. "학령인구 감소의 시대"를 입시의 관점에서 보면 '1등급'이 보이고, 교육의 관점에서는 '학교의 감소'가 보이며, 사회의 관점에서는 '공동체의 위기'가 보인다. 이처럼 본다는 것은 결국, 자신과 관련된 것만이 보인다.

의과대학
추천도서

1 ▶ 읽기란 무엇인가: 감각에서 가치로의 여정

인간의 감각기관이 책과 만나는 순간, 비로소 '소통으로서의 읽기'가 시작된다. 위키피디아는 읽기를 "의미를 구성하거나 도출하기 위해 기호를 해독하는 인간의 인지적 과정"이라고 정의한다. 이 정의는 읽기를 인지 중심의 해독 행위로 설명하지만, 읽기는 이보다 훨씬 더 깊은 차원의 활동이다.

읽기와 학습 분야의 권위자인 나오미 배런(Naomi S. Baron) 교수는 "읽기는 체화된 경험(embodied experience)이며, 단순히 단어를 받아들이고 해석하는 것 이상의 활동을 수반한다"고 말한다. 즉, 읽기는 몸과 마음이 함께 반응하고 참여하는 복합적이고 총체적인 경험이라는 것이다. 또한 인지신경학자이자 세계적인 뇌 연구자인 매리언 울프(Maryanne Wolf) 교수는 오늘날과 같은 다매체 시대에는 "하나의 방식이 더 이상 읽기의 표준이 될 수 없으며, 읽기의 도구와 개념 모두 새롭게 확장되어야 한다"고 강조한다. 그러나 그보다 더 중요한 점은, "우리가 읽기를 통해 궁극적으로 어떤 가치를 얻고자 하는지를 아는 것"이라고 말한다.

책을 사랑한 위대한 독서가들은 독서가 무엇인가에 대해 많은 이야기를 하였다. 위대한 독서가들이 책과 독서에 관한 언급 그 자체가 책과 독서의 개념 역사라고 볼 수 있다.

"모든 좋은 책의 독서는 책의 저자인 지난 세기 최고의 교양인들과 나누는 대화나 마찬가지다."
(마르셀 프루스트, 《프루스트의 독서》, 마음산책, 2018, p. 49.)

"인간이 자연에게서 거저 얻지 않고 스스로의 정신으로 만들어낸 수많은 세계 중 가장 위대한 것은 책이라는 세계다."
(헤르만 헤세, 《헤르만 헤세의 책이라는 세계》, 뜨인돌, 2006, p. 16.)

"책과 독서의 경지에 이르면 영역의 경계가 허물어지고 아무런 편견 없이 모든 것을 오직 하나의 관점에서 보게 된다. 즉 그것이 자신에게 뭔가 아름다운 것을 이야기해주고 보여주는지, 자기 삶과 정서와 사고를 윤택하게 해주는지, 힘과 풍요와 기쁨과 인식의 새로운 원천을 열어주는지에 주목할 따름이다."

(헤르만 헤세, 《헤르만 헤세의 책이라는 세계》, 뜨인돌, 2006, p. 196.)

"시대마다 특유의 관점이 있다. 특히 잘 포착하는 진리가 있고 특히 범하기 쉬운 과오가 있다. 그래서 우리 모두에게 이 시대 특유의 과오를 바로잡아 줄 책들이 필요한데, 그것이 바로 고서다."

(C. S. 루이스, 《책 읽는 삶, 두란노》, 2021, p. 54.)

"듣는 것은 눈앞의 교사에게서 배우는 것이고 읽는 것은 모습이 보이지 않는 교사에게서 배우는 것이다. 일생 동안 줄곧 계속해서 배우고 계속해서 '발견'하려면 책을 가장 좋은 스승으로 삼느냐 하는 것을 터득하는 것이 중요하다."

(모티머 J. 애들러(외), 《독서의 기술, 범우사》, 1993. pp. 20~21.)

혼자하는 독서는 시공간의 제약을 넘어서서 '위대한 대화'라는 대화에 참여하도록 해 준다. 고대부터 현재까지 이어지는 사상 사이의 대화이다. 독서는 언제 어디서든 이러한 위대한 대화로 이끈다."

(수잔 와이즈 바우어, 《독서의 즐거움》, 민음사, 2020, p. 20.)

인지신경학자 매리언 울프(Maryanne Wolf)는 독자는 자신의 뇌에 가소적인 상태에 있는 새로운 회로를 구축해야 한다고 말한다. 그래서 사람의 생명을 다루는 훌륭한 의사가 되고자 한다면 좋은 책을 읽고 또 읽어야 한다.

좋은 책을 읽고 많은 생각을 한 사람에게서는 읽은 책의 향기가 난다. 읽은 책의 그 향기는 의대 면접장에서도 퍼져나가게 되어있다. 그러면 면접 담당 교수들도 그 향기를 맡게 될 것이고 책을 읽은 학생에게 호감이 가게 될 것이다. 그렇게 우리는 조금씩 조금씩 책과 함께 성장하며 새로운 세상을 만나는 경험을 하게 된다. 당연히 그 성장의 길이 학업역량과 진로역량을 강화시켜 의대 합격의 길로 나아가게 할 것이다.

2 ▶ 의과대학 진학을 위한 추천도서

울산대학교 아산의학도서관은 "울산의대 학생 및 서울아산병원 직원들의 학습 역량과 인문학적 소양을 함양시키고 울산의대와 서울아산병원의 미션 공유와 전통확립에 기여하고자 울산대 의대 교수 추천도서 123선을 선정하였다"라고 밝히고 있다.

고전은 예전에 쓰인 작품으로, 시대를 뛰어넘어 변함없이 읽을 만한 가치를 지니는 것들을 통틀어 이르는 말이다. 우스갯말로 고전은 읽히는 책이 아니라 꽂혀있는 책이라는 말도 있다. 꽂혀있는 '고전'보다는 읽어내는 '위대한 책'이 더 필요한 시대이다. 아무리 좋은 약도 너무 써서 먹을 수 없다면 약의 기능을 수행하지 못한다. 효능이 떨어지더라도 사람들이 먹는 약을 만들어야 한다. 울산대 의대 교수 추천도서 123선의 특징은 읽을 수 있는 고전을 선정했다는 점에서 너무 훌륭한 책들이다.

학문이란 지식의 체계를 말한다. 우리는 학문을 배우러 대학에 간다. 대학에는 학문적으로 훌륭한 스승이 있기 때문이다. 위대한 스승이 대학에만 있는 것은 아니다. 위대한 스승은 《책》에도 있다. 우리가 배우는 이유와 책을 읽는 이유는 같다.

UCLA 인지신경학자 매리언 울프 (Maryanne Wolf) 교수는 우리가 학문을 하고 배우는 이유는 배움이 궁극적으로 지혜가 되어 스스로의 독자적 판단을 내릴 수 있도록 돕는 것이다라고 말한다. 의대를 진학하고자 하는 학생이 추천도서를 많이 읽어야 하는 이유도 그와 같다.

마르틴 하이데거는 《존재와 시간 Sein und Zeit》에서 "언어는 존재의 집이다. 언어의 집 속에 인간은 산다"고 말했다.

인간은 자신이 언어를 형성시키고 주인인 양 행세하지만, 사실은 언어가 인간의 주인으로 군림하고 있다.

의대를 진학하고자 하는 학생이 더 넓은 집을 짓도록 돕기 위해 울산대학교 아산의학도서관의 동의를 받아 울산대 의대 교수 추천도서 123선을 권한다.

이 책을 읽어보는 학생들은 '울산대 의대 교수들이 직접 읽고 한 권 한 권 정성을 담아서 선정했다'는 것을 알게 될 것이다. 한 권 한 권들이 직접 읽어보지 않고는 고를 수 없는 책들이다.

출처 : 울산대학교 아산의학도서관

No	서명	저자	출판사
1	학문의 즐거움	히로나가 헤이스케	김영사
2	백년동안의 고독	마르께스, 가브리엘, G	문학사상사
3	신경림의 시인을 찾아서	신경림	우리교육
4	태백산맥 太白山脈: 조정래 대하소설.	조정래	해냄
5	土地 : 박경리 대하소설	박경리	나남출판
6	파우스트. 1-2	괴테, 요한 볼프강 폰	민음사
7	변신·시골의사	카프카, 프란츠	민음사
8	젊은 예술가의 초상	조이스, 제임스,	민음사
9	(완역) 신곡	단테, 알리기에리	서해문집
10	레 미제라블	위고, 빅또르	펭귄클래식코리아
11	하늘과 바람과 별과 시	윤동주	푸른책들: 보물창고
12	카라마조프가의 형제들. 1-3	도스토예프스키, 표도르	민음사
13	카프카 단편선	카프카, 프란츠	매월당
14	하늘과 바람과 별과 詩 : 尹東柱 時集 증보판.	윤동주	소와다리
15	사람아 아, 사람아! : 중국 현대 휴머니즘 문학의 기수 다이호우잉	다이 호우잉	다섯수레
16	변신 : 카프카 대표단편선	카프카, 프란츠	좋은생각
17	간디 자서전 : 나의 진리실험이야기 3판.	함석헌,	한길사
18	일리아스 = Ilias 2판.	호메로스	숲
19	변신 이야기 = Metamorphoses : 오비디우스 서사시	오비디우스	열린책들
20	관촌수필 : 이문구 연작소설집 4판.	이문구	문학과지성사
21	전쟁과 평화. 1-4	톨스토이, 레프	민음사
22	기드 모파상 : 비곗덩어리 외 62편	모파상, 기 드	현대문학
23	젊은 예술가의 초상	조이스, 제임스	범우사
24	로마인 이야기	시오노, 나나미	한길사
25	백범일지 : 백범 김구 자서선	김구	돌베세
26	서양미술사	곰브리치, E.H	예경
27	삼국유사/	일연	을유문화사

No	서명	저자	출판사
28	(임진년 아침이 밝아오다) 난중일기	이순신	서해문집
29	화폐전쟁 Currency Wars. 3, 금융하이 프런티어	쑹훙빙	랜덤하우스코리아
30	통섭: 지식의 대통합	윌슨, 에드워드	사이언스북스
31	(스캇 펙 박사의) 아직도 가야 할 길 개역판.	펙, M. 스캇	열음사
32	화폐전쟁 = Currency Wars	쑹훙빙	랜덤하우스코리아
33	아웃라이어 : 성공의 기회를 발견한 사람들	글래드웰, 말콤	김영사
34	사기열전 史記列傳. 1-2 =	사마천	민음사
35	역사	헤로도토스	숲
36	정의란 무엇인가	샌델, 마이클	김영사
37	교양 : 사람이 알아야 할 모든 것	슈바니츠, 디트리히	들녘
38	오주석의 한국의 美 특강	오주석	솔
39	멈추면, 비로소 보이는 것들	혜민	쌤앤파커스
40	어떻게 원하는 것을 얻는가 : 13년 연속 와튼스쿨 최고 인기 강의	다이아몬드, 스튜어트	세계사
41	국가란 무엇인가 : 신봉승의 한국형 리더십 강의	신봉승	청아출판사
42	장자 : 동양 고전에서 인생의 길을 묻다	장자	북팜
43	논어	공자	더클래식
44	닥터 홀의 조선회상 개정판.	홀, 셔우드	좋은씨앗
45	화폐전쟁 Currency wars. 2, 금권천하 =	쑹훙빙	랜덤하우스코리아
46	화폐전쟁 Currency wars. 4, 전국시대 =	쑹훙빙	알에이치코리아
47	목민심서 : 마음으로 읽는 다산 정신	정약용	풀빛
48	명상록 2판.	아우렐리우스, 마르쿠스	인디북
49	국가 = Politeia	플라톤	숲
50	(교감완역) 난중일기 증보.	이순신	여해
51	몽테뉴 수상록 제2판.	몽테뉴, 미셸 드	문예
52	자본론 정치경제학 비판. 1-3: 2015년 개역판[실은4판].	마르크스, 카를	비봉출판사
53	문명의 충돌 : 세계질서 재편의 핵심 변수는 무엇인가 2판.	헌팅턴, 새뮤얼,	김영사
54	퇴계선집 개정판.	이황	현암사

No	서명	저자	출판사
55	소유냐 삶이냐 = To have or to be 2판.	프롬, E.	홍신문화사
56	열하일기 熱河日記. 1-3 = 개정판(개정신판)[실은 2판].	박지원	돌베개
57	삼국사기 = 三國史記 2판.	김부식	동서문화사
58	르몽드 세계사. 1-3	르몽드 디플로마티크	휴머니스트
59	철학적 탐구 = Philosophische Untersuchungen	비트겐슈타인, 루트비히	아카넷
60	한국통사 = 韓國痛史 : 국망의 아픈 역사를 되돌아보는 거울	박은식	아카넷
61	정의란 무엇인가	샌델, 마이클	와이즈베리
62	역사란 무엇인가 개역판(개정판).	카, 에드워드 핼릿	까치글방
63	어떤 글이 살아남는가 : 우치다 다쓰루의 혼을 담는 글쓰기 강의	우치다 다쓰루	원더박스
64	무량수전 배흘림기둥에 기대서서	최순우	학고제
65	오뒷세이아 = Odysseia 2판	호메로스	숲
66	문명의 충돌	헌팅턴, 새뮤얼	김영사
67	칼의 노래	김훈	생각의 나무
68	(셰익스피어 4대 비극) 리어 왕	셰익스피어, 윌리엄	민음사
69	(셰익스피어 4대 비극) 햄릿	셰익스피어, 윌리엄	민음사
70	(셰익스피어 4대 비극) 오셀로	셰익스피어, 윌리엄	민음사
71	(셰익스피어 4대 비극) 맥베스	셰익스피어, 윌리엄	민음사
72	변신 : 프란츠 카프카 소설	카프카, 프란츠	문학동네
73	인연 : 피천득 수필집	피천득	민음사
74	어떻게 죽을 것인가 : 현대의학이 놓치고 있는 삶의 마지막 순간	가완디, 아툴	부키
75	이타적 유전자	리들리, 매트	사이언스북스
76	거의 모든 것의 역사	브라이슨, 빌	까치
77	꿈의 해석 신판[2판].	프로이트, 지그문트	열린책들
78	의학사의 터닝포인트 24 : 히포크라테스에서 인간유전체까지	애들러, 로버트 E	아침이슬
79	의학사의 이단자들	펜스터, 줄리 M	Human & books

의대생 학부모이며 현직 고등학교 교사가 쓰다

No	서명	저자	출판사
	: 현대 의학을 일군 개척자들의 열정과 삶		
80	코스모스 특별판.	세이건,칼	사이언스북스
81	인간은 왜 병에 걸리는가 : 다윈 의학의 새로운 세계	네스, 랜덜프	사이언스북스
82	엔트로피 3판.	리프킨, 제레미	세종연구원
83	우연과 필연	모노,자크	궁리
84	(박문호 박사의) 뇌과학 공부	박문호	김영사
85	잃어버린 치유의 본질에 대하여	라운, 버나드	책과함께
86	생명이란 무엇인가 : 물리학자의 관점에서 본 생명현상 중판[2판].	슈뢰딩거, 에르빈	한울
87	三國志 개정판.	나관중	민음사
88	(한 권으로 보는) 사기 개정판	사마천	서해문집
89	Why we get sick : the new science of Darwinian medicine	Nesse, Randolph M	Vintage books
90	박완서 소설전집. 10, 나목	박완서	세계사
91	근세 서양의학사 : 그 사회적, 과학적 요인들의 해석	슈라이옥, 리챠드 해리슨	위드 ,: 디엘컴 ;
92	시간의 역사	Hawking, Stephen W	삼성출판사
93	이중나선: 핵산의 구조를 밝히기까지	Watson, James D	전파과학사
94	과학혁명의 구조 개역판.	쿤, 토마스 S	까치
95	이기적 유전자 전면개정판 [3판].	도킨스, 리처드	을유문화사
96	(옥스퍼드컬러판) 종의 기원	다윈, C.R.,	동서문화사
97	침묵의 봄	카슨, 레이첼	에코 리브르
98	총, 균, 쇠 : 무기·병균·금속은 인류의 운명을 어떻게 바꿨는가 개정증보판.	다이아몬드, 재레드	문학사상사
99	난장이가 쏘아 올린 작은 공: 조세희 소설집/	조세희	이성과힘
100	칼의 노래	김훈	생각의나무
101	장미의 이름 : 움베르토 에코 장편소설 4판.	에코, 움베르토	열린책들
102	말과 사물	푸코, 미셸	민음사
103	월든 개정2판 [실은 3판].	소로우, 헨리 데이빗	이레
104	리바이어던 교회국가 및 시민국가의 재료와 형태 및	홉스, 토머스	나남

No	서명	저자	출판사
	권력. 1-2 :		
105	한 권으로 읽는 국부론 = (The) wealth of nations	스미스, 애덤	박영사
106	사후생 : 죽음 이후의 삶의 이야기 개정판.	퀴블러 로스, 엘리자베스	대화문화아카데미
107	아픔이 길이 되려면	김승섭	동아시아
108	(알랭드 보통의) 영혼의 미술관	드 보통, 알랭	문학동네
109	(러셀) 서양철학사	러셀, 버트런드	을유문화사
110	이반 데니소비치의 하루 중판.	솔제니친, 알렉산드르 이자에비치	소담
111	눈먼 자들의 도시 개정판.	사라마구, 주제	해냄
112	잃어버린 시간을 찾아서. 1-11	프루스트, 마르셀	국일미디어
113	종의 기원	다윈, 찰스	사이언스북스
114	카네기 인간관계론	카네기, 데일	씨앗을 뿌리는 사람
115	침묵의 봄 개정판.	카슨, 레이첼	에코리브르
116	코스모스 풀컬러양장판	세이건, 칼	사이언스북스
117	암 : 만병의 황제의 역사	무케르지, 싯다르타	까치글방
118	나미야 잡화점의 기적	히가시노 게이고	현대문학
119	불평등의 대가 : 분열된 사회는 왜 위험한가	스티글리츠, 조지프	열린책들
120	이방인	까뮈, 알베르	민음사
121	앵무새 죽이기	리, 하퍼	문예출판사
122	사피엔스 = Sapiens	하라리, 유발	김영사
123	몽테뉴 수상록 개정판	몽테뉴, 미셸 드	육문사

감사의 말

처음으로 책을 쓰면서, 책을 써 본 적 없는 사람이 책을 쓰는 데에는 주변 사람의 많은 격려와 용기가 필요하다는 것을 알게 되었다. 처음으로 책을 출간하면서, 책을 출간하는 데에는 많은 사람의 도움이 있어야 한다는 것도 알게 되었다.

처음으로 책 쓰기를 완료하면서, 책을 쓰는 일은 끝없는 과정의 일이라는 것을 알게 되었다. 되돌아보면 인생의 모든 일이 처음이었다. 초등학교에 들어가는 것도, 대학과 전공을 선택하는 것도, 부모가 되는 것도, 아이를 낳고 기르는 것도 처음이었다. 처음은 설레기도 하지만 실수도 많이 한다. 그래서 언제나 처음으로 가는 길은 배움일 것이다.

이 책을 쓰면서 좋은 책의 도움도 많이 받았다. 감사를 표하고 싶은 책이 많지만, 모두 표할 수 없기에 우선 서울대 교육학과 이홍우 명예교수님의 《교육의 목적과 난점》에 감사를 드린다. 교육에 대한 많은 고민 속에서 이 책을 통해 교육의 목적과 이유, 교육과정의 목적, 고등학교 교육의 목표, 교과의 목표, 수업의 목적 등에 대해 다시 생각해 볼 수 있는 기회를 가졌다. 나오미 배런(Naomi S. Baron) 《다시, 어떻게 읽을 것인가》에도 감사를 드린다. 목차를 어떻게 만들어야 하는가에 대한 고민을 이 책에서 많은 도움 받았다.

어느 초겨울 날, 이 책을 써보라고 첫 용기를 준 김요섭 선생님, 책 내용을 검토해주시고 정정해주신 고태훈 선생님과 허용회 경남입시전략연구소장님, 언제나 책 전반에 대해 말벗이 되어주신 김재룡 선생님, 정성률 선생님, 한백형 선생님, 교육에 대한 담소를 멀리서 전화로 받아주고 용기를 주신 석경동 선생님, 이 책을 쓸 수 있는 시간을 확보하도록 도움을 주신 본교 교장 선생님과 교감 선생님, 진학 정보에 많은 자문을 해 주신 성중재 선생님, 의학 추천도서를 사용하도록 허락해주신 울산대학교 아산의학도서관을 비롯한 여러분께 감사를 표하며, 또한 이 책을 쓰기 위한 공부에 많은 도움을 주신 여러 참고문헌 저자분들 모두께 감사드린다.

책을 쓰는 동안 자주 나물 반찬을 보내주신 어머니, 언제나 죄송한 마음을 가지고 있는 장인어른과 장모님, 언제나 남편을 믿고 격려해준 아내와 과목별 내신 공부법에 대해 자세하게 설명해 준 큰아들과 언제나 사랑스러운 작은 아들 찬혁에게 이 책을 바친다.

참고 문헌 및 도움 자료

　그동안 수많은 번역서와 일부 원서를 읽으면서 왜 그렇게 외국 학자들은 참고 문헌을 그렇게나 많이 적어놓았는지 의아했다. 그냥 '많은 책을 참고하고 공부를 열심히 한 학자구나'라고 생각했다. 이제 처음으로 책을 써보니 그 이유를 알게 되었다. 그것은 '자기와 타자'에 대한 인정이었다. 자신을 알고 타자를 인정하는 것이다. 보잘것없지만 이 책을 쓰면서 인용과 표절, 나의 생각과 타인의 생각, 단어의 독점 등 많은 생각을 했다. 타자를 존중하기 위해 나의 생각과 타자에게서 배운 생각을 구분해야 함을 알게 되었다.

　뉴턴은 《프린키피아》라는 자신의 책이 인간이 만든 책 중에서 가장 위대한 책이라는 찬사를 받았을 때 이런 찬사에 대해 "내가 멀리 본 것은 거인들의 어깨 위에 서 있었기에 가능했다. (If I have seen farther, it is by standing on the shoulders of Giants)"라고 말했다. 책을 쓰면서 작은 거인들을 많이 만났다. 그 작은 거인들에 대해 감사를 표하고, 예의를 지키는 방법은 빠트리지 않고 참고 문헌에 그 작은 거인들을 기록하는 것이라는 생각을 하게 되었다. 또한 인용이란 '생각의 교류'라는 것을 배웠다. 생각은 교류를 해야 하듯이 인용은 널리 되어야 한다. 부족한 저의 생각과 자료가 '인용'의 원칙만 지킨다면 언제든지 감사히 사용해주시면 좋겠다. 저의 발전을 위해 많은 도움을 주신 책들에 마음 깊은 속에서부터 '감사'를 표한다.

참고 문헌 및 도움 자료

마쓰이 다다시 (지은이),이상금 (옮긴이),《어린이와 그림책》, 샘터사, 2012.

샬린 하버마이어 (지은이),김은정 (옮긴이),《좋은 음악이 총명한 아이를 만든다》, 경성라인, 2005.

이홍우,《교육의 목적과 난점》, 교육과학사, 2016.

나오미 배런 (지은이), 전병근 (옮긴이),《다시, 어떻게 읽을 것인가》, 어크로스, 2023.

최승후, 최승후쌤의《면접, 진로진학 특강》, 대가, 2021.

송민호,《따라하면 합격하는 실전 의대 입시》, 미디어숲, 2023.

송민호, 김진만,《실전 의대 핵심 전략》, 미디어숲, 2021.

이해웅,《의대입시 팩트체크》, 타임북스, 2022.

박권우,《수박먹고 대학간다 기본편》, 리빙북스, 2023.

배영준 외 34인,《2022 대입 학생부 족보》, 예한, 2021.

이종만, 최영득,《2024 합격하는 의대 인적성 면접 MMI 실전분석》, 시대교육, 2023.

카렌 암스트롱 (지은이) 정영목(옮긴이),《축의 시대》, 교양인, 2010.

박석무,《다산 정약용 평전》, 민음사, 2014.

루키우스 안나이우스 외(지은이) 정지인(옮긴이),《공부의 고전》, 유유, 2020.

신영복 외,《모든 이가 스승이고 모든 곳이 학교다》, 창비교육, 2017.

앙토냉 질베르 세르티양주(지은이) 이재만(옮긴이),《공부하는 삶》, 유유, 2013.

김덕년,《교육과정-수업-평가-기록 일체화 실전편》, 에듀니티, 2017.

마르셀 프루스트,《프루스트의 독서》, 마음산책, 2018.

헤르만 헤세, 헤르만《헤세의 책이라는 세계》, 뜨인돌, 2006,

C. S. 루이스,《책 읽는 삶, 두란노》, 2021.

모티머 J. 애들러(외),《독서의 기술》, 범우사, 1993.

수잔 와이즈 바우어,《독서의 즐거움》, 민음사, 2020.

한국대학교육협의회 대입상담센터, 〈2024학년도 대입정보 119〉, 한국대학교육협의회, 2022.

노원교육플랫폼(NEP) 진학지원센터, 〈2023년 진로진학자료집〉, 노원교육플랫폼, 2023.

한국대학교육협의회, 〈대입정보포털 어디가〉, 한국대학교육협의회, https://www.adiga.kr

한국대학교육협의회, 〈어디가샘〉, 한국대학교육협의회, https://sam.adiga.kr

교육부, 〈교육과성 총론〉, 교육부, 2020.

39개 대학 입학처 및 39개 의과대학 홈페이지

의대생 학부모이며
현직 고등학교 교사가 쓰다

의대 입시
합격 방식

지은이 **이경욱**
펴낸이 **최봉규**

1판1쇄 발행_ 2025년 8월 28일

책임편집 **최상아**
북코디 **밥숟갈(최수영)**
편집&교정교열 **주항아 최진영**
표지디자인 **이성자**
본문디자인 **이오디자인**
마케팅 **김낙현**

펴낸곳 **지상사(청홍)**
등록번호 **제2017-000075호**
등록일자 **2002년 8월 23일**
주소 서울특별시 용산구 효창원로64길 6(효창동) 일진빌딩 2층
우편번호 04317
전화번호 02)3453-6111 팩시밀리 02)3452-1440
홈페이지 www.jisangsa.com
이메일 c0583@naver.com

ISBN 978-89-6502-350-0 (03370)